U0139269

民間文學

歌謠擷玉

王志健編著

陳奇祿題

陳奇祿

文史哲出版社印行

國立中央圖書館出版品預行編目資料

歌謠擷玉 / 王志健編著. -- 初版. -- 臺北市
: 文史哲, 民84
面 ; 公分. -- (民間文學 ; 3)
ISBN 957-547-924-6(平裝)

1. 民謠歌曲 - 中國

539.12 84001855

民間文學 ③

歌謠擷玉

編著者：王志健
出版者：文史哲出版社
登記證字號：行政院新聞局局版臺業字五三三七號
發行人：彭正雄
發行所：文史哲出版社
印刷者：文史哲出版社
台北市羅斯福路一段七十二巷四號
郵撥〇五一二八八一二彭正雄帳戶
電話：三五一一〇二八

實價新台幣四六〇元

中華民國八十四年七月初版

ISBN 957-547-924-6

歌謠擷玉 目錄

古詩源的歌謠

歌謠的起源是人類自然生長的一個發明，一種心聲，一樣創造。

歌謠在沒有文字以前，即流傳於人們口頭，沒有文字記錄，但有音耳相傳。

吾人初生時，呀呀學語，手舞足蹈，是成長的活動。表達原始的感情，則由歌謠的形態出現。沈約「謝靈運傳」論：「雖虞夏以前，遺文不睹。稟氣懷靈，理無或異，然則歌謠所興，宜自生民始也。」這個觀點是對的。

莊子齊物論認爲自然的運行是天道。他說：

> 南郭子綦，隱机而坐，仰天而噓，荅焉似喪其耦。顏成子游立侍乎前曰：「何居乎？形固可使如槁木，而心固可使如死灰乎？今之隱机者，非昔之隱机者也？」子綦曰：『偃，不亦善乎而問之也。今者吾喪我，汝知之乎？女聞人籟，而未聞地籟。女聞地籟而未聞天籟夫。』」子游曰：『敢問其方？』子綦曰：『夫大塊噫氣，其名爲風。是唯無作，作則萬竅怒呺。而獨不聞之翏翏乎？山林之畏佳，大木百圍之竅穴，似鼻，似口，似耳，似枅，似圈，似臼，似洼者，似污者，激者，謞者，叱者，吸者，叫

者，譹者，宎者，咬者。前者唱于，而隨者唱喁；泠風則小和，飄風者大和。厲風濟則衆竅爲虛，而獨不見之調調之刁刁乎？子游曰：『地籟則衆竅是已，人籟則比竹是已，敢問天籟？』子綦曰：『夫吹萬不同，而使其自己也。咸其自取，怒者其誰邪？」

以上這段話，說明天地人我與萬籟聲氣種種身神精氣的形成與切膚的關係，且人可忘我於自然的流形，四肢百骸，眼耳口鼻，俱皆屬之於萬物之一體。大塊的自然之音，與人我之聲，喜怒哀樂，虛實始終之變幻。雖屬之於哲學的思靈，但於歌謠亦有相通之脈理。

禮記檀弓：「人喜則斯陶，陶斯咏，咏斯猶，猶斯舞。」

人們陶醉於喜樂的事而歌詠舞蹈。是自然也是天性。

尙書堯典：「予擊石拊石，百獸率舞。」

擊石而爲節奏，來模倣百獸一般的歌舞。這種群舞在祈雨的祭典中也可見到，如卜辭通纂：

今日雨。其自西來雨？其自東來雨，其自北來雨，其自南來雨？

這種歌聲是多麼親和悅耳，且使人想到：江南可採蓮與陪萬有杜鵑的情調，古已有之，後者繼之。又如呂氏春秋古樂篇：

「昔葛天氏之樂，三人操牛尾，投足以歌八闋。」闋是唱了又唱的歌謠，使人有如見牛尾的舞者，如聞其聲的歌手。

歌謠的演化於詩大序言就是：

> 詩者志之所之也，在心爲志，發言爲詩。情動於中而形於言，言之不足故嗟嘆之，嗟嘆之不足故永歌之，永歌之不足，不知手之舞之足以蹈之也。

對於早古的歌謠說，這種聲容形態的心神過程，也是適當的。淮南子道應訓中有個例子：

> 今夫舉大木者，前呼邪許，後亦應之，此舉重勸力之歌也。

這種號子一人引歌，衆聲和唱，一直延續到現在的各地方。

帝王世紀有擊壤歌，以帝堯之世，天下太和，百姓無事，有老人擊壤而歌：

> 日出而作，日入而息，鑿井而飲，耕田而食，帝力于我何有哉！

老人是位老農，他用農具敲擊著能夠鑿井耕田的黃土地，在歇息的時候歌唱，有種自食其力，悠然自得之意。

康衢謠見於列子，帝治天下，微服出巡，聽到街頭有兒童在歌唱：

> 立我蒸民，莫匪爾極，不識不知，順帝之則。

這是民安於風尚的表現。在伊耆氏蜡辭有祝頌的歌：

> 土反其宅，水歸其壑。昆蟲毋作，草木歸其澤。

這首歌謠說明當時農家生活的常態，也重視到農業順昌的原則，此歌所指的土是土產的穀物，水暢其流，有害的蟲易萎消除，草木歸根於耕稼的土地之外，與伊耆氏蜡辭相近的歌是帝載歌：

日月有常，星辰有行，四時順經，萬姓允誠。於予論樂，配天之靈，遷於賢善，莫不咸聽。鼚乎鼓之，軒乎舞之，菁華已竭，褰裳去之。

舜有彈五弦之歌的南風之謠：

南風之薰兮，可以解吾民之慍兮。南風之時兮，可以阜吾民之財兮。

國富民安，這自然是帝王的希望。民之所適。周時，敬天崇祖，也是先民的生活觀念。祭祀祈禱的言行與儀式，乃是舉國上下一致信仰與尊奉的。淮南子說：「倉頡作書，而天雨粟，鬼夜哭」。中國最早的象形文字，可說是天地陰陽，風雨雷電，人神鬼魅，山河氣勢，各體各類色聲香味觸和喜怒哀樂愛惡欲等意會境界的總和；其奇妙靈動，非可捉摸與想像的。王充論衡說倉頡是四隻眼睛神聖的人物，豈儘是四隻眼睛，他的創造藝術，乃是萬物的化身，宇宙的韻律。它的美誠如老子所說：是：

有無相生，難易相成，長短相較，高下相傾，音聲相和，前後相隨。

而成為一種人間的奇蹟。

於易經裡，歌謠有顯然的妙用；如屯的部分：

屯如，邅如，

乘馬班如。

匪寇，婚媾。

乘馬班如，
泣血漣如。

這種歌謠的節奏，有如現代法國象徵派詩的節奏，簡短，跳動，有聲，有色，如繪，如畫。前面三句描寫男方馳馬來搶親的鏡頭，活脫是蒙太奇的寫實，讓人看得過癮，飛馳電騍，如痴如狂。後面兩句，表現的是，女郎隨馬上男兒奔跑而又大呼小叫的哭泣，那搶她的人並不是匪寇，所以「泣血」之說，不過是應景的習尙而已。這種風俗流傳於民間，在現今的苗瑤僻地仍有搶親的儀式存在，成爲一種喜慶的節目。

另如「歸妹」一節：

女承筐，无實；
士刲羊，无血。

這是農牧生活的寫照，女子拿著空著的筐子等著承接羊毛，男的蹲著在剪羊毛，田野靜穆，眞是一幅和樂融融的圖畫。

在中孚裡有一首歌謠：

鳴鶴在陰，其子和之；
我有好爵，吾與爾靡之。

這種唱和的情景，是和詩經首篇「關雎」的「關關雎鳩，在河之洲，窈窕淑女，君子好述。」的意味相似的。自如另外一首作戰的歌謠：

得敵！
或鼓或罷，
或泣或歌。

則是一首感情崩發，淋漓痛快，伴著鼓聲哭聲，歌聲叫聲的戰歌。較之詩經中的「君子于役」或「無衣」更具有粗獷與直爽的氣魄。

在短歌裡有詼諧的調子，如大過中的兩節：

老夫得其女妻。
枯楊生稊，
老婦得其士夫。
枯楊生華，

自髮紅顏與老嫗少夫，反映出隨興所欲或各取所好的社會現象，謔而不虐，令人莞爾。

詩經裡的歌謠

詩經裡歌謠是經過孔子刪定的。本來有三百十一篇，當中南陔，白華，華黍，由庚，崇丘，由儀六篇是沒有辭句的樂譜，所以留下來三百零五篇。風雅頌有極豐富的內容，包含了抒情，敘事，宴獵與宗教各部分。孔子不講怪力亂神，說詩經樂而不淫哀而不傷，是「思無邪」和「溫柔敦厚」的作品。因此，也是所謂：美德之餘義的作品。亦可稱之爲社會進步的謳歌。在形式上，正是一種大集成。周南召南中的詩歌大多是民間的抒情歌謠，有整飭的格式，有和諧的節奏，有修飾過的句法，有適當的描寫。所以孔子有誦詩與弦歌的話。詩序說：「上以風化下，下以風刺上。主文而譎諫，言之者無罪，聞之者足以戒，故曰風。」這是「不踰矩」的一種解釋。朱熹認爲：風是里巷的歌謠，是男女相與詠歌。因此，二南是男女言情之作，是民間的歌，這一點是與俗文學相近的。

詩經中的歌謠，以民間男女愛情爲軸心，發展而爲萬古以來人性最眞切的流露，這是人生的天然，是俗的最有興味的，數量之多，有如川上之水，天上之星。黃昏時候，正是情人們約會的吉辰，如「東門之楊」：

東門之楊，其葉牂牂；
昏以爲期，明星煌煌。
東門之楊，其葉肺肺；
昏以爲期，明星晢晢。

聽著風吹著樹葉，凝望著星月，等著情人來。又如「月出」：

月出皎兮，佼人僚兮；

舒窈糾兮，勞心悄兮。

月出皓兮，佼人懰兮；
舒懮受兮，勞心慅兮。

月出照兮，佼人燎兮；
舒夭紹兮，勞心慘兮。

這是一種單戀的心情，向月兒傾吐。李太白愛月，月就是他意象中的愛人。李商隱借星辰來象徵他難以言說的情態。而這首「月出」則是說美人的美在他心中佔有無可言說的懾魄消魂的地位，相思病害的他憂愁到難以忍受的地步。「摽有梅」這首是坦白表示梅子熟透要人採，女兒懷著要出嫁的心情：

摽有梅，其實七兮；
求我庶士，迨其吉兮。

摽有梅，其實三兮；
求我庶士，迨其今兮。

摽有梅，頃筐塈兮；
求我庶士，迨其謂之！

說的如此直率，爽朗極了。樹上結的梅子已經熟透了，都落地了，都被採擷光了，你怎麼還不來向我求婚呀？選個好日子，我要出嫁，你呀，快來娶我吧。「野有死麕」是更赤裸裸的獻奉和愛情：

野有死麕，白茅包之；
有女懷春，吉士誘之。
林有樸樕，野有死鹿；
白茅純束，有女如玉。
舒而脫脫兮，
無感我帨兮，
無使尨也吠！

這裡完全是兩情相悅，男歡女愛的歌謠。這裡的吉士，顯然是個年輕健壯的獵人，已經獵獲了一隻死獐和鹿，用白茅包起來；一隻獵犬跟著他，替他看守。可愛的村姑含情脈脈看著他，擁抱接吻的甜密，叫人魂消，喲！慢些兒解開我的圍裙，哥喲！莫要驚了狗兒叫！

以上兩首歌謠的特點，是語言結構的少許變換；「標有梅」三字是直說出口，無需多加一個字，三言剛好。「野有死麕」後面三句，用五個字，也是語氣歌唱上的自然，順口溜出就好。兮字與啊與喲的意思並無分別。如此，就無需計較在理論上去做文字與聲韻的解釋了。

「靜女」是一個純情的相見於城隅的約會。女孩兒躲在一邊悄悄等著情郎來。那位有著文學氣質愛好音樂的青年來了，不見美妙的姑娘眞著急，想不到娟秀的女孩在他身後笑，且送給他一管朱紅的洞簫，一束鮮嫩可口的茅荑。女孩兒的心思眞是叫人傾倒，這贈品的珍貴，是因爲送的人情義重。

「出其東門」眞的是首情義深重，專一不二的歌謠。我們看它的內容：

出其東門，有女如雲；
雖則如雲，匪我思存。
縞衣綦巾，聊樂我員。

出其闉闍，有女如荼；
雖則如荼，匪我思且。
縞衣茹藘，聊可與娛。

對如雲的美女不動心，甘願「素富貴行乎富貴，素貧賤行乎貧賤」的修養是高尚的。同時，青衣紅粉是值得相依偎終生的。另外，「子衿」的寄語情人的纏綿，說是溫柔敦厚，應該是合適的：

青青子衿，悠悠我心；
縱我不往，子寧不嗣音？

青青子佩，悠悠我思；
縱我不往，子寧不來？
佻兮達兮，在城闕兮，
一日不見，如三月兮。

流露思念的摯誠深切，自然體貼的以「一日不見如三月」，切實是令人魂牽夢縈，同其感應的。「將仲子」是另一種的情味：

將仲子兮，無踰我里，
無折我樹杞！
豈敢愛之？
畏我父母。
仲可懷也，父母之言，亦可畏也。

將仲子兮，無踰我牆，
無折我樹桑！
豈敢愛之？
畏我諸兄。
仲可懷也，諸兄之言，亦可畏也。
將仲子兮，無踰我園，
無折我樹檀！
豈敢愛之？
畏人之多言。
仲可懷也，人之多言，亦可畏也。

這裡提出了一個家庭的制度，一種不可踰禮，不可踰分，不可亂來的融情理法一體的忠告，仲可懷也，二哥，你是我的心上人，你應該走正路，光明磊落來，不可以視父母兄弟之可輕可欺也。

「碩人」這一篇是鄭重提出了一個美學的觀念，是文學的，是直覺的，也是大衆歌頌的：高、白、圓、潤、莊、明、健、美，是否就爲城京都會，市井鄉野一致首肯的「碩人」呢？我們看他的描述：

碩人其頎，衣錦褧衣。
齊侯之子，衛侯之妻，東宮之妹，邢侯之姨，譚公維私。

手如柔荑，
膚如凝脂，
領如蝤蠐，
齒如瓠犀，
螓首蛾眉，
巧笑倩兮，
美目盼兮。

碩人敖敖，說于農郊。
四牡有驕，朱幩鑣鑣，翟茀以朝，大夫夙退，無使君勞。

河水洋洋，北風活活。
施罛濊濊，鱣鮪發發，葭菼揭揭。
庶姜孽孽，庶士有朅。

「碩人」前段讚美齊姜出身的高貴，後兩段歌頌車騎扈從的前呼後擁。不僅迎婚的衛國莊公感覺無比的歡躍榮耀，更奇妙的是中段極富於比喻靈巧，透過旁觀者踴躍爭看其天上少有人間無雙的花容月貌，要妙宜修；而不由的從心底脫口而出「眞美呀，恰似神仙一般的麗人」。這段歌謠，便成爲以後陌上桑，洛神賦之所本。這種比興的手法，於「子衿」就是「一日不見，如三月」，在「將仲子」中，就使人於其歌中看到「仲可懷也」情愫外的父母諸兄，鄰里諸人，以及人物之外的里衖牆屋，以及女家園堵內外的樹木景色，可說是如見其人，如聞其聲，如歷其景，這也是白描的一種成功。

「一日不見，如三月」的相思，更外眞切的，是「采葛」這首歌謠：

彼采葛兮，一日不見，如三月兮。
彼采蕭兮，一日不見，如三秋兮。
彼采艾兮，一日不見，如三歲兮。

這樣的難耐相思，我認爲是新婚人兒的心聲，不論那人兒是出門去採藤，採荻，採艾，都叫人牽腸掛肚，望眼欲穿，這是十分合乎歌謠的情調的。

「褰裳」是首你不來找我，我便來找你的情詩，有點不好意思，但一見面便忍不住打情罵俏，「你這小子眞不懂我的心」：

子惠思我，褰裳涉溱；
子不思我，豈無他人？

狂童之狂也且！

子惠思我，褰裳涉洧；
子不我思，豈無他士；
狂童之狂也且！

「狂童之狂也且」，換成現代的話就是「你有什麼了不起？哼！你太過份了！」或者是「你呀，你眞是一個大傻瓜！」另外一首「綢繆」跟題目一樣，男女說不出來的恩愛，說不出的鍾情，有些樹纏藤，藤纏樹的味道：

綢繆束薪，三星在天；
今夕何夕？見此良人；
子兮，子兮！
如此良人何！

綢繆束芻，三星在隅；
今夕何夕？見此邂逅；
子兮，子兮！
如此邂逅何？

綢繆束楚，三星在户；
今夕何夕？見此粲者；
子兮，子兮！
如此粲者何？

「子兮，子兮！」換成俗語，可以叫做「哥呀，哥呀！」以及「妹呀！妹呀！」所謂把綢繆比做薪，芻，楚，也有乾柴著火的味道。三星在天，在隅，在戶，指的是良宵苦短，天怎麼就亮了！

「蒹葭」是首意味深長，指涉面廣而有多義性，旨趣高瞻，寓情於理，而又令人迴腸蕩氣，玩味再三之作：

蒹葭蒼蒼，白露爲霜，所謂伊人，在水一方。
溯洄從之，道阻且長；溯游從之，宛在水中央。
蒹葭淒淒，白露未晞，所謂伊人，在水之湄。
溯洄從之，道阻且躋；溯游從之，宛在水中坻。
蒹葭采采，白露未已；所謂伊人，在水之涘。

溯洄從之，道阻且右；溯游從之，宛在水中沚。

王國維以爲：「詩蒹葭一篇，最得風人深致。」（見人間詞話卷上一四）此篇是秦風中的一篇，詞意委婉，意境優美，以自然景物抒情，融情入景，不著痕跡，盡得風韻。可歌可頌，可吟可詠；不沾不滯，若即若離。走在渺茫天際，宛然一方。此篇用象徵手法，尤爲出奇。

「君子于役」一篇歌唱山野茅舍人家，婦人在竹籬邊，雞塒旁，看著牛羊在黃昏時走下山坡，她眼巴巴的等著服役的丈夫平平安安歸來，口裡念念有詞：「怎麼還不回來呀？我都煮好了飯在候著你快回家來呀！」你饑不渴不？

君子于役，不知其期。曷至哉！
雞棲於塒；日之夕矣，羊牛下來。
君子于役，如之何勿思？

君子于役，不日不月，曷其有佸？
雞棲于桀，羊牛下括。
君子于役，苟無飢渴！

雞窩上栓了，羊牛進欄了，你去服役還不回來，祝福你無饑無渴少病痛。

「無衣」是捍衛國土，視死如歸的戰歌，也是同仇敵愾，袍襗親如手足之歌：

豈曰無衣，與子同袍。
王于興師，脩我戈矛，與子同仇。
豈曰無衣？與子同澤。
生于興師，脩我矛戟，與子偕作。
豈曰無衣？與子同裳。
王于興師，脩我甲兵，與子偕行。

共穿一件戰衣，站在同一條戰線，一同並肩上前線，面對敵人作戰。

「風雨」是從古至今以風雨象徵黑暗，恐怖，艱難困苦，孤獨等待，以至敵人敗退，戰士勝利歸來，黎明的曙光燦然亮麗，雞鳴不已，妻子歡迎丈夫解甲歸來的大好日子，而凄凄，瀟瀟的風雨已去，歌聲與歡聲雷動。由個人的喜悅到民族的歡欣，全呈現在這首凱旋歌中：

風雨淒淒，雞鳴喈喈；既見君子，云胡不夷。
風雨瀟瀟，雞鳴膠膠；既見君子，云胡不瘳？
風雨如晦，雞鳴不已；既見君子，云胡不喜？

「鴻雁」是小雅七十四篇歌中的一篇，叙述的是災殃和暴政下，流浪逃亡的同胞背井離鄉，哀鴻遍野的慘狀，生息撫養乃是有力出力有錢出錢者救苦救難的責任：

鴻雁于飛，肅肅其羽。
之子于征，劬勞于野。
爰及矜人，哀此鰥寡。

鴻雁于飛，集于中澤。
之子于垣，百堵皆作。
雖則劬勞，其究安宅。

鴻雁于飛，哀鳴嗷嗷。
維此哲人，謂我劬勞。
維彼愚人，謂我宣驕。

尤其後兩句的意思是「這種善行是出之於天性，而不是爲了釣名沽譽，才去做的」。

「凱風」與「蓼莪」這兩篇歌，一是頌揚慈母養育兒女苦辛而「誰言寸草心，報得三春暉」的心情。後面是悼念「子欲養而親不待」及失怙失恃哀痛至極的孝思。

凱風自南，吹彼棘心；
棘心夭夭，母氏劬勞！

凱風自南，吹彼棘薪；
母氏聖善，我無令人！
爰有寒泉，在浚之下；
有子七人，母氏勞苦。
睍睆黃鳥，載好其音；
有子七人，莫慰母心！

七個兒子，慈母辛苦養大成人，但是他們的孝順卻還不足。後面的歌自然是孝子悼念父母的哀歌。

詩經中有敘事的歌謠，「將仲子」寫情紀事，輕易爲之。如「谷風」之作，較「上山採蘼蕪」及「棄婦詩」有質樸而扣人心弦的語言：

習習谷風，以陰以雨。
黽勉同心，不宜有怒。
采葑采菲，無以下體？
德音莫違，及爾同死。

行道遲遲，中心有違。
不遠伊邇，薄送我畿。
誰謂荼苦，其甘如薺。
宴爾新昏，如兄如弟。

涇以渭濁，湜湜其沚。
宴爾新昏，不我屑以。
毋逝我梁，毋發我笱。
我躬不閱，遑恤我後？

就其深矣，方之舟之；
就其淺矣，泳之游之。
何有何亡，黽勉求之；
凡民有喪，匍匐救之。

不我能慉，反以我爲讎。

既阻我德，賈用不售。
昔育恐鞫，及爾顚覆。
既生既育，比予于毒。

我有旨蓄，亦以御冬。
宴爾新昏，以我御窮。
有洸有潰，既詒我肄。
不念昔者，伊余來塈？

丈夫忘恩負義，把妻子趕出家門，妻子把自己甘心爲他含辛茹苦過日子及生了兒子的操持勞碌種種，樁樁件件向他講，盼望他回頭。另外一篇叙事詩，說的是一個女人不幸的婚姻悲劇，他遇到了一個油腔滑調的浪蕩子，騙了她的人騙了她的財，遭受到無情的虐待，最後只好下決心離開他。這篇詩有頭有尾，有聲有色，有怨有恨，有骨有肉，可算得上開了孔雀東南飛那篇叙事長詩的先河：

氓之蚩蚩，抱布貿絲。
匪來貿絲，來即我媒。
送子涉淇，至於頓丘。
匪我愆期，子無良媒。

將子無怒，秋以爲期。

乘彼垝垣，以望復關。
不見復關，泣涕漣漣，
既見復關，載笑載言。
爾卜爾筮，體無咎言。
以爾車來，以我賄遷。

桑之未落，其葉沃若。
于嗟鳩兮，無食桑葚。
于嗟女兮，無與士耽。
士之耽兮，猶可說也。
女之耽兮，不可說也。

桑之落矣，其黃而隕。
自我徂爾，三歲食貧。
淇水湯湯，漸車帷裳。

女也不爽，士貳其行。
士也罔極，二三其德。

三歲爲婦，靡室勞矣。
夙興夜寐，靡有朝矣。
言既遂矣，至于暴矣。
兄弟不知，咥其笑矣。
靜言思之，躬自悼矣。
及爾偕老，老使我怨。
淇則有岸，隰則有泮。
總角之宴，言笑晏晏。
信誓旦旦，不思其反。
反是不思，亦已焉哉！

這首歌的第三段，出現了一個旁觀的長者，用勸諭的口氣說：妳好比鮮嫩的桑葚，可別讓貪吃的斑鳩吃了。女孩兒家要留神，不要和不懷好意的男子廝混；女孩不知好歹去跟不能負託終身的男子約會，可怕的就是一失足成千古恨！這段警惕之言，實在值得人去細細體味。這也是這首叙事詩極爲特出之處。

在農事方面，値得我們重視與推崇的是「七月」的這首細膩情至的紀實長詩：

七月流火，九月授衣。
一之日觱發，二之日栗烈；
無衣無褐，何以卒歲？
三之日于耜，四之日舉趾。
同我婦子，饁彼南畝，田畯至喜。

七月流火，九月授衣。
春日載陽，有鳴倉庚。
女執懿筐，遵彼微行，爰求柔桑。
春日遲遲，采蘩祁祁。
女心傷悲，殆及公子同歸！

七月流火，八月萑葦。
蠶月條桑，
取彼斧斨，以伐遠揚，猗彼女桑。

七月鳴鵙，八月載績。
載玄載黃，我朱孔陽，爲公子裳。

四月秀葽，五月鳴蜩。
八月其穫，十月隕蘀。
一之日于貉，取彼狐狸，爲公子裘。
二之日其同，載纘武功，言私其豵，獻豜于公。

五月斯螽動股，六月莎雞振羽。
七月在野，八月在宇，九月在户，
十月蟋蟀入我床下。
穹窒熏鼠，塞向墐户。
嗟我婦子，曰爲改歲，入此室處。

六月食鬱及薁，七月亨葵及菽，
八月剝棗，十月穫稻。
爲此春酒，以介眉壽。

七月食瓜，八月斷壺，九月菽苴。
采荼薪樗，食我農夫。

九月築場圃，十月納禾稼。
黍稷重穋，禾麻菽麥。
嗟我農夫，我稼既同，上入執宮功。
晝爾于茅，宵爾索綯，亟其乘屋，其始播百穀。

二之日鑿冰沖沖，三之日納于凌陰。
四之日其蚤，獻羔祭韭。
九月肅霜，十月滌場。
朋酒斯饗，曰殺羔羊。
躋彼公堂，稱彼兕觥，
萬壽無疆。

這是豳國風謠中最長一首農事詩，歌農家四季的生活，有濃厚的鄉土味，把農人的食衣住行都編織在裡面，平平實實，沒有一點斧鑿痕跡，只是愷惠，只是家常法，天時地利人和，男女老幼，夫子夫婦一團和氣，意思簡單，卻眞實的透露出「人之初，性本善」的本色。而陶淵明及唐詩中田家詩亦未臻此境界。

姚氏際恆云：鳥語蟲鳴，草榮木實，似月令；婦子入室，茅綯升屋，似風俗書；流火寒風，似五行志；養老慈幼，躋堂稱觥，似庠序禮；田官溺床職，狩獵藏冰，祭獻執功，似國家典制書。其中又有似採桑圖、田家樂圖、食譜、穀譜、酒經。一詩之中無不具備，洵天下之至文也。

重要的是「七月」農事一詩，開了古歌謠的一片新天地。這樣的安居樂業，戰爭出征時便沒有如此的幸運了。

豳風中有「東山」一詩，敘述戰士在戰場上的經歷與思鄉的情緒，思念原野上蠶蠋桑柔，老屋待修，環保宜理，與佳人結縭的喜樂，各種景象，歷歷在目，相對於戰場的荒涼，而生出悲涼的感覺：

我徂東山，慆慆不歸。我來自東，零雨其濛。我東曰歸，我心西悲。制彼裳衣，勿士行枚。蜎蜎者蠋，烝在桑野，敦彼獨宿，亦在車下。

我徂東山，慆慆不歸。我來自東，零雨其濛。果贏之實，亦施于宇。伊威在室，蠨蛸在戶。町畽鹿場，熠燿宵行，不可畏也，伊可懷也。

我徂東山，慆慆不歸。我來自東，零雨其濛。鸛鳴于垤，婦嘆于室。洒掃穹窒，我征聿至。有敦瓜苦，烝在栗薪。自我不見，于今三年。

我徂東山，慆慆不歸。我來自東，零雨其濛。倉庚于飛，熠燿其羽。之子于歸，皇駁

其馬。親結其縭，九十其儀，其新孔嘉，其舊如之何？

這是周公東征三年，平定管、蔡、武庚之亂的大事。

小雅中「采薇」講的是遠征北蠻玁狁（匈奴）南侵，保國衛民，歷盡艱苦之戰，這首詩共分六段，寫自然景物與時間的變換，每段都用「曰歸曰歸」來加強內心的煎熬與出征的悲涼，行軍於大隊與戰車之間，警戒於敵人威脅與攻擊之時，無刻不是提心吊膽，只盼勝利回鄉；這種心情，迴環而又曲折的表達在最後一節的詩裡：

昔我往矣，楊柳依依；今我來思，雨雪霏霏。行道遲遲，載渴載飢。我心傷悲，莫知我哀。

這樣發人性情的描寫，成爲千古的絕唱。

漢魏歌謠

楚民族是一個能歌善舞，活潑健康的民族。屈原之作「離騷」，表現了擇善固執，死而後已，眞美善的愛國情操。其創作能融匯詩經溫柔敦厚的意旨，風謠多采多姿的特色，神話想像瑰麗的綺貌，比喻馳會巧妙的手法，將歷史記錄，傳奇人物，山川風雲，香花穢草；運用楚國民間方言，交錯表現於其文學藝術，創造了抒情叙事、說理寫景於一豐變而完整的長詩中，實是一篇令人驚嘆不置的大作品。他以香花芳草比喻品德高潔，人格完美的君子賢士；以穢物惡鳥咀咒敗德亂行，同流合污的奸佞小人。而以其整個生命的旋律，完全燃燒的靈魂，服役於憂時愛民的情懷：「長太息以掩涕兮，哀民生之多艱。」終於抱著「皇天不純命兮，何百姓之震愆；民離散而相失兮，方仲春而東遷。」（哀郢）的哀痛，自沈於一去不回頭的滾滾東流！

楚地風謠之優美有足可怡人心目者，如越人歌的含情蘊藉：

「今夕何夕兮，搴舟中流，今日何日兮，與王子同舟？蒙羞被好兮，不訾詬恥，心幾煩而不絕兮，知得王子，山有木兮木有枝，心悅君兮君不知！」

又如「滄浪歌」的敦厚樸實，意在言外，都是值得我們玩味再三的：

滄浪之水清兮，可以濯我纓；
滄浪之水濁兮，可以濯我足。

有楚歌風味的作品，秦時不多，但史記記載箕子過殷墟荒廢感傷而歌：

麥秀漸漸兮，禾黍油油。
彼狡童兮，不與我好兮。

現在看起來，卻是一首戀歌。吳越春秋記「彈歌」：

斷竹　續竹　飛土　逐宍。

宍是古肉字，言孝子將弓彈逐禽戰以守父母之骸骨。

「易水歌」是荊軻刺秦王辭燕，至易水之上，高漸離擊筑，荊軻和而歌，為變徵之聲：

風蕭蕭兮易水寒，
壯士一去兮不復返。

至今讀之，仍令人有慷慨激昂的氣概。

秦末，楚漢相爭，項羽兵敗於垓下，自刎於烏江前，悲歌當泣：

力拔山兮氣蓋世，
時不利兮騅不逝。
騅不逝兮可奈何？

虞兮虞兮奈若何！

虞姬柔腸寸斷，歌以應和：

漢兵已略地，
四方楚歌聲。
大王意氣盡，
賤妾何聊生。

項王滿腔悲劇性格，以無顏見江東父老，把頭給了他的故人。史記項羽本紀之言筆感人，結念於楚歌聲中。

劉邦得有天下，歸其故鄉，沛然而歌：

大風起兮雲飛揚，
威加海內兮歸故鄉，
安得猛士兮守四方！

漢之初，尚無樂府之名。詩序言：「情發於聲，聲成文謂之音。」詩經是可歌可誦的風謠。漢高崩逝前，戚夫人求立其子如意爲太子。呂后求於張良，不惜下跪，張良薦商山四皓爲劉盈說情，如意終不能爲太子，劉邦乃有鴻鵠歌，表示無奈之情：

鴻鵠高飛，一舉千里。
羽翼已就，橫絕四海。

橫絕四海，又可奈何？
雖有矰繳，尚安可施！

劉邦去逝，戚夫人被呂后髡鉗，衣赭衣令舂，戚夫人哀聲歌唱：

子爲王，母爲虜，終日舂薄暮，常與死爲伍！
相離三千里，當使誰告汝？

無何，戚氏母子慘死於呂后手。

漢文帝延周官有大司樂之屬，以夏侯寬爲樂府令。武帝以李延年爲協律都尉立樂府，遂有樂府之名。博望侯張騫通西域，傳摩訶兜勒歌曲及樂器入中國。李延年因胡曲造新聲二十八解爲邊聲，今有失去歌詞的黃鵠等十曲。

李延年中山人知音善歌舞，平陽公主言延年有女弟，上稱號名李夫人妙麗善舞，由是得幸，歌謠是：

北方有佳人，
絕世而獨立。
一顧傾人城，
再顧傾人國，
傾城復傾國，
佳人難再得。

李夫人早逝，帝不得就視，作此哀歌：

是耶，非耶，
立而望之，
翩何姍姍其來遲？

「秋風辭」也是武帝的歌：

秋風起兮白雲飛，草木黃落兮雁南歸，
蘭有秀兮菊有芳，懷佳人兮不能忘；
汎樓船兮濟汾河，橫中流兮揚素波。
簫鼓鳴兮發棹歌，歡樂極兮哀情多；
少壯幾時兮奈老何？

「蒲梢天馬歌」見於史記武帝伐大宛得千里馬名蒲梢作此歌：

天馬徠兮從西極，
經萬里兮歸有德。
承靈威兮降外國，
涉流沙兮四夷服。

「悲愁歌」是漢書西域傳元封中，遣江都王建女細君爲公主，以妻烏孫昆莫，昆莫年老，言語不通，公主悲，自作此歌：

吾家嫁我兮天一方，遠託異國兮烏孫王。
穹廬為室兮旃為牆，以肉為食兮酪為漿。
居常土思兮心內傷，願為黃鵠兮歸故鄉。

「琴歌」見於列女傳，齊人杞梁殖襲莒，戰死，其妻哭於城下，七日而城崩。琴操云殖死，其妻援琴作歌：

樂莫樂兮新相知，
悲莫悲兮生別離。

由此歌見出姜女歌謠的一些蛛絲馬跡。

「烏鵲歌」見於彤管集。韓憑為宋康王舍人，妻何氏美，王欲之，捕舍人，築青陵之臺，何氏作烏鵲見志，遂自盡：

南山有烏，北山張羅；
烏自高飛，羅當奈何？
烏鵲雙飛，不樂鳳凰；
妾是庶人，不樂宋王。

像「烏鵲歌」、「琴歌」、「悲愁歌」、「天馬歌」、「佳人歌」等都是具有故事性質，並且，也不完全是民間的歌謠，另「易水歌」，項王與漢高祖的歌，更是屬於歷史性的，是宮庭的歌，因其流行民間也可說是民間的歌。

具有民間歌謠色彩的可見之於古樂府如漢鐃歌「有所思」，這首歌謠十七句，直抒情懷，而恰合於詩經賦比興的手法：

有所思，乃在大海南。
何用問遺君？雙珠瑇瑁簪，用玉紹繚之。
聞君有他心，拉雜摧燒之。
摧燒之！當風揚其灰。
從今以往，勿復相思！相思與君絕。
雞鳴狗吠，兄嫂當知之。
妃呼狶！秋風肅肅晨風颸。
東方須臾高知之。

我如此排列，是要大家清楚的知道他的內容，完全是首情歌，這相思是無可斷絕的，雙珠瑇瑁簪用玉纏繞著，是不可分離的。現在聽說你別戀變了心，我還要這信物幹什麼？恨不得燒掉他，變成灰，隨風飄散！唉，再也不要相思了！跟你斷絕這關係。你不要來找我，你難道不曉得雞會啼狗會叫嗎？哥哥嫂嫂都會聽到！老天爺呀！秋天來了，肅殺淒涼的悲傷隨著溺溺的冷風在吹動，黑夜去白晝來，這痛苦呀有誰知道。

「上邪」更是赤誠的愛的誓言：

上邪！我欲與君相知，長命無絕衰。

山無陵，江水爲竭，冬雷震震，夏雨雪，天地合，乃敢與君絕。

老天作見證，我愛你的心天長地久永遠不會變的，你想，山會平，海會枯，春夏秋冬，風雨霜雪會改變嗎？天在上，地在下，我跟你是永遠不會分開的。

古詩中，叙事的成分顯明，最感動人而發生共鳴的詩是下面這一首：

上山採蘼蕪，下山逢故夫；
長跪問故夫，新人復何如？
新人雖言好，未若故人姝；
顏色類相似，手爪不相如；
新人從門入，故人從閤去；
新人工織縑，故人工織素；
織縑日一匹，織素五丈餘；
將縑來比素，新人不如故。

既然新人不如故，爲何故婦要被休掉？問題出在新人能織細緻的絹縑，而故婦只會織白布。但故婦見了勢利無情的丈夫依然柔順，毫無怨言，才是令人產生無限同情的地方。歌詞素樸，尤令人欣賞。

古樂府中「日出東南隅行」（或稱：陌上桑）是一篇描寫特出的歌謠，可以入樂：

日出東南隅，照我秦氏樓，秦氏有好女，自名秦羅敷。羅敷善蠶桑，採桑城南隅。青絲爲籠繩，桂枝爲籠鉤，頭上倭墮髻，耳中明月珠，緗綺爲下裙，紫綺爲上襦。行者見羅敷，下擔捋髭鬚，少年見羅敷，脫帽著帩頭，耕者忘其犁，鋤者忘其鋤，來歸相怨怒，但坐觀羅敷。使君從南來，五馬立踟躕，使君遣吏往，問：「是誰家姝？」「秦氏有好女，自名爲羅敷。」「羅敷年幾何？」「二十尚未足，十五頗有餘。」使君謝羅敷：「寧可共載不？」羅敷前致詞：「使君一何愚？使君自有婦，羅敷自有夫。東方千餘騎，夫婿居上頭，何用識夫婿，白馬從驪駒，青絲繫馬尾，黃金絡馬頭，腰中鹿盧劍，可值千萬餘。十五府小吏，二十朝大夫，三十侍中郎，四十專城居。爲人潔白皙，鬑鬑頗有鬚。盈盈公府步，冉冉府中趨。坐中數千人，皆言夫婿殊。

此詩初寫景中有樓，樓中有女；南隅有桑，採桑有人。續寫羅敷的衣著打扮；不寫羅敷之美，而見行者無論老少耕鋤，皆爭相停注於採桑的羅敷。此處較詩經碩人之描寫更富於客觀的觀照。以下靈動於一串問答，跳躍於羅敷智巧慧黠的答覆，玉吟琳琅，聲韻圓轉，表現伊的瑩潔清燦，較晨旭之光尤爲絢麗。

「羽林郎」一詩，作者辛延年。顏師古謂羽林宿衛之官，言其如羽之疾如林之多。羽林郎掌宿衛侍從，常選漢陽隴西安定北地上郡西河六郡良家輔之。所謂良家就是有聲望的人家子弟，且身體健壯的兒郎擔任。羽林郎一詩，述馮子都出入酒家調戲胡姬的情形，胡姬指胡人開的酒店中，賣酒及招待客人的胡人女兒。

昔有霍家奴，姓馮名子都。依倚將軍勢，調笑酒家胡。胡姬年十五，春日獨當爐。長裙連理帶，廣袖合歡襦。頭上藍田玉，耳後大秦珠。兩鬟何窈窕，一世良所無。一鬟五百萬，兩鬟千萬餘。「不意金吾子，娉婷過我廬。銀鞍何昱爚，翠蓋雲峙嵎。就我求請酒，絲繩提玉壺。就我求珍肴，金盤膾鯉魚。貽我青銅鏡，結我紅羅裙。不惜紅羅裂，何論輕賤軀。男兒愛後婦，女子重前夫。人生有新故，貴賤不相踰。多謝金吾子，私愛徒區區。」

這首詩流瀉著一種小說的趣味。由桑間濮上的「陌上桑」到街市酒家的「羽林郎」，背景完全不同，但前者的使君與後者的金吾子的嘴臉，卻是類似的。羅敷的儀容打扮與胡姬的特色裝飾，各有其不同的味道，羅敷的娟秀典雅，胡姬的變婉靈動，也表現了各自的風格。羽林郎的驕縱，說明了一個社會現象，那時胡姬是新聞，但和漢已有不隔的習性。對於羽林郎的調笑與動手動腳，也做了很技巧的化解。特別是這首詩的民間性是很鮮明的。

故事性最強烈的長詩「爲焦仲鄉妻作」，這首可歌可頌，可悲可泣的叙事之作，流傳民間，千古不朽。人性的弱點在這首詩中表現無遺，人性的堅持在這首詩中也到達了頂點。死雖可解決人生的痛苦，但他們的死卻換來永世不磨的同情，告訴讀者，他們永遠不曾死去：

孔雀東南飛，五里一裴徊。「十三能織素，十四學裁衣，十五彈箜篌，十六誦詩書，十七爲君婦，心中常苦悲。君既爲府吏，守節情不移；賤妾守空房，相見常日稀。雞鳴入機織，夜夜不得息。三日斷五疋，大人故嫌遲；非爲織作遲，君家婦難爲。妾不堪驅使，徒留無所施，便可白公姥，及時相遣歸。」府吏得聞之，堂上啓阿母：「兒已薄祿相，幸復得此婦。結髮同枕席，黃泉共爲友。共事三二年，始爾未爲久，女行無偏斜，何意致不厚？」阿母謂府吏：「何乃太區區！此婦無禮節，舉動自專由。吾意久懷忿，汝豈得自由？東家有賢女，自名秦羅敷，可憐體無比，阿母爲汝求。便可速遣之，遣去愼莫留！」府吏長跪告：「伏維啓阿母，今若遣此婦，終老不復取。」阿母得聞之，槌牀便大怒：「小子無所畏，何敢助婦語！吾已失恩義，會不相從許。」府吏默無聲，再拜還入戶，舉言謂新婦，哽咽不能語：「我自不驅卿，逼迫有阿母。卿但暫還家，吾今且報府，不久當歸還，還必相迎取。以此下心意，愼勿違我語。」新婦謂府吏：「勿復重紛紜！往昔初陽歲，謝家來貴門；奉事循公姥，進止敢自專？晝夜勤作息，伶俜縈苦辛。謂言無罪過，供養卒大恩；仍更被驅遣，何言復來還？妾有繡腰襦，葳蕤自生光，紅羅複斗帳，四角垂香囊。自簾六七十，綠碧青絲繩，物物各自異，種種在其中。人賤物亦鄙，不足迎後人，留待作遺施，於今無會因。」時時爲安慰，久久莫相忘。雞鳴外欲曙，新婦起嚴妝：著我繡裌裙，事事四五通；足下躡絲履，頭上玳瑁光；腰若流紈素，耳著明月璫。指如削葱根，口如含朱丹。纖纖作細步；精妙世無雙。上堂拜阿母，阿母怒不止。「昔作女兒時，生小出野里，本自無教訓，兼愧貴家子。受母錢帛多，不堪母驅使；今日還家去，念母勞家裡。」卻與小姑別，激落連珠子：「新婦初來時，小姑始扶床；今日被驅遣，小姑如我長。勤心養公姥，好自相扶將。初七及下九，嬉戲莫相忘！」出門登車去，涕落百餘行。府吏馬在前，新婦車在後，隱隱何甸甸，俱會大道口。下馬入車中，低頭共耳語：「誓不相隔卿，且暫還家去，吾今且赴府；不久當歸還，誓天不相負。」新婦謂府吏：「感君區區懷。君既若見錄，不久望君來，君當作磐石，妾當作蒲葦：蒲葦紉如絲，磐石無轉移。我有新父兄，性行暴如雷，恐不任我意，逆以煎我懷。」舉手長勞勞，二情同依依。入門上家堂，進退無顏儀。阿母大拊掌：「不圖子自歸！十三教汝織，十四能裁衣，十五彈箜篌，十六知禮儀，十七遣汝嫁，謂言無誓違。汝今何罪過，不迎而自歸？」蘭芝慚阿母：「兒實無罪過。」阿母大悲摧。還家十餘日，縣令遣媒來，云有第三郎，窈窕世無雙，便言多令才。阿母謂阿女：「汝可去應之。」阿女含激答：「蘭芝初還時，府吏見丁寧，結誓不別離；今日違情義，恐此事非奇。自可斷來信，徐徐更謂之。」阿母白媒人：「貧賤有此女，始適還家門，不堪吏人婦，豈合令郎君？幸可廣問訊，不得便相許。」媒人去數日，尋遣丞請還，云有第五郎，嬌逸未有婚。遣丞爲媒人，主簿通語言，直說：「太守家，有此令郎君，既欲結大義，故遣來貴門。」阿母謝媒人：「女子先有誓，老姥豈敢言？」阿兄得聞之，悵然心中煩，舉言謂阿妹：「作計何不量！先嫁得府吏，後嫁得郎君，否泰如天地，足以榮汝身。不嫁義郎體，其往欲何云？」蘭芝仰頭答：「理實如兄言！謝家事夫婿，中道還兄門，處分適兄意，那得自任專？雖與府吏要，渠會久無緣。登即相許和，便可作婚姻。」媒人下床去，諾諾復爾爾。還部白府君：「下官奉使命，言談大有緣。」府君得聞之，心中大歡喜。視曆復開書：「便利此月内，六合正相應，良吉三十日。今已二十七，卿可去成婚。」交語速裝束，絡繹如浮雲。青雀白鵠舫，四角龍子幡，婀娜隨風轉，金車玉作輪，躑躅青驄馬，流蘇金鏤鞍。齎錢三百萬，皆用青絲穿。雜綵三百疋，交廣市鮭珍。從人四五百，鬱鬱登郡門。阿母謂阿女：「適得府君書，明日來迎汝。何不作衣裳。莫令事不舉。」阿女默無聲，手巾掩口啼，淚落便如瀉。移我琉璃榻，出置前窗下。左手持刀尺，右手執綾羅，朝成繡裌裙，晚成單羅衫。晻晻日欲暝，愁思出門啼。府吏聞此變，因求假暫歸，未至二三里，摧藏馬悲哀。新婦識馬聲，躡履相逢迎，悵然遙相望，知是故人來。舉手拍馬鞍，嗟歎使心傷：「自君別我後，人事不可得！果不如先願，又非君所詳。我有親父母，逼迫兼弟兄，以我應他人，君還何所望？」府吏謂新婦：「賀卿得高遷！磐石方且厚，可以卒千年；蒲葦一時紉，便作旦夕間。卿當日勝貴，吾獨向黃泉。」新婦謂府吏：「何意出此言？同是被逼迫，君爾妾亦然！黃泉下相見，勿違今日言。」執手分道去，各各還家門，生人作死別，恨恨那可論！念與世間辭，千萬不復全。府吏還家去，上堂拜阿母：「今日大風寒，寒風摧樹木，嚴霜結庭蘭。兒今日冥冥，令母在後單。故作不良計，勿復怨神鬼。命如南山石，四體康且直。」阿母得聞之，零淚應聲落：「汝是大家子，仕宦於臺閣；愼勿爲婦死，貴賤情何薄？東家有賢女，窈窕豔城郭，阿母爲汝求，便復在旦夕。」府吏再拜還，長歎空房中，作計乃爾立。轉頭向户裡，漸見愁煎迫。其日牛馬嘶，新婦入青廬。奄奄黃昏後，寂寂人家初。「我命絕今日，魂去尸長留。」攬裙脫絲履，舉身赴清池。府吏聞此事，心知長別離，徘徊顧樹下，自掛東南枝。兩家求合葬，合葬華山旁。東西植松柏，左右種梧桐，枝枝相覆蓋，葉葉相交通。中有雙飛鳥，自名爲鴛鴦，仰頭相向鳴，夜夜達五更。行人駐足聽，寡婦起彷徨。多謝後世人，戒之愼勿忘。

這首長一千七百八十五字的至情作，歌唱焦仲卿與劉蘭芝生死相許的堅貞情節，雜出十數人口語，如見其人，如聞其聲，如觀其行，如感其痛徹心肝之至美。二人生死以之，乃知眞情摯愛爲天地之靈秀，宇宙之日月。

「孤兒行」是述兄嫂虐待么弟的故事：

孤兒行，孤子遇生，命獨當苦！父母在時，乘堅車，駕駟馬，父母已去，兄嫂令我行賈。南到九江，東到齊與魯，臘月來歸，不敢自言苦。頭多蟣蝨，面目多塵（土）。大兄言辦飯，大嫂言視馬。上高堂，行取殿下堂，孤兒淚下如雨，使我朝行汲，暮得水來歸，手爲錯，足下無菲，愴愴履霜，中多蒺藜。拔斷蒺藜腸月中，愴欲悲。淚下渫渫，清涕纍纍。冬無複襦，夏無單衣。居生不樂，不如早去，下從地下黃泉。」

這也是屬之於家庭悲劇，自然是人性自私的污點。

「羽林郎」中說到胡姬的打扮，有漢胡相揉的風味，漢詩有一首童謠，說出當時婦女裝飾的一種流行：

城中好高髻，四方高一尺；
城中好大眉，四方眉半額。
城中好廣袖，四方用匹帛。

這也說明了經濟繁榮，社會安定，婦女競尚新奇，成爲一種流行。

另有「長安民歌」說君賞爲長安守，捕殺惡少數百人，親人葬骨哭於道：

安所求子死，桓東少年場。
生時諒不謹，枯骨後何葬！

惡少嚴重犯法，尹賞用法甚重，故以死刑以儆效尤者，親人喪骨哭於道，也是悽慘的事。

戰爭在古詩中，是必不可少的題材，因爲戰爭給予人生極大的災難與痛苦，如「戰城南」：

戰城南，死郭北，野死不葬烏可食。爲我謂烏：「且爲客豪！野死諒不葬，腐肉安能去子逃？」水深激激，蒲葦冥冥。梟騎戰鬥死，駑馬徘徊鳴。梁築室，何以南，何以北？禾黍不穫君何食？願爲忠臣安可得？思子良臣，良臣誠可思。朝行出攻，暮不夜歸。

這裡的豪是嚎的簡寫，「梟騎戰鬥死，駑馬徘徊鳴」是千古以來的名句，把戰場的死傷以梟騎之死與駑馬之不知何處去，來形容血肉狼藉的慘狀，以及戰爭的悽涼。

「木蘭詩」是女兒代父從軍，征戍十年而歸，解甲還家的作品：

唧唧復唧唧，㈠木蘭當户織。不聞機杼聲，惟聞女歎息。問女何所思，問女何所憶。「女亦無所思，女亦無所憶，昨夜見軍帖，㈡可汗㈢大點兵。軍書十二卷，卷卷有爺名。阿爺無大兒，木蘭無長兄。願爲市鞍馬，從此替爺征。」

東市買駿馬，西市買鞍韉，南市買轡頭，北市買長鞭。旦辭爺孃去，暮宿黃河邊；不聞爺孃喚女聲，但聞黃河流水鳴濺濺。旦辭黃河㈣去，暮宿黑水㈤頭，不聞爺孃喚女聲，但聞燕山㈥胡騎聲啾啾。」

萬里赴戎機，關山度若飛。朔氣傳金柝，㈦寒光照鐵衣。將軍百戰死，壯士十年歸。歸來見天子。天子坐明堂。策勳㈧十二轉㈨，賞賜百千強。可汗問所欲，「木蘭不用尚書郎；願借明駝千里足⑩送兒還故鄉。」

爺孃聞女來，出郭相扶將。阿姊聞妹來，當户理紅妝。小弟聞姊來，磨刀霍霍向豬羊。開我東閣門，坐我西間床。脱我戰時袍，著我舊時裳。當窗理雲鬢，對鏡貼花黃。⑪出門看伙伴，伙伴皆驚惶：同行十二年，不知木蘭是女郎。

雄兔脚撲朔，⑫雌兔眼迷離。⑬兩兔傍地走，安能辨我是雄雌？

㈠唧唧，蟲聲。首句一作『促織何唧唧。』㈡軍帖，徵兵之文書也。㈢可汗，北狄君主之稱。㈣黃河，指甘肅寧夏一帶之黃河而言。㈤黑水，指甘肅安西州之黑水而言。㈥燕山，即今外蒙古之燕然山。㈦金柝，番兵稱刁斗曰金柝，銅製，似斧，有三足及柄，軍士用以炊飲食，夕擊以守夜。㈧策勳，策，竹簡也。勳，功也。古者有功，則書於簡，故曰策勳。⑨轉，次也謂書功十二次也。⑩願借明駝千里足，此句據段成式酉陽雜俎。樂府詩集作：『願馳千里足。』⑪貼花黃，當時婦女之妝飾，額上塗黃色，面上貼花子。⑫撲朔跳躍貌。⑬迷離，不明貌。

木蘭呼爺喊娘的口吻與黃河黑水，燕山胡騎的景物，在在說明這首「木蘭詩」是北地風光之作。

故事詩的趨勢，到了蔡邕的女兒蔡琰有了新的格局。她先嫁衛氏，夫死後，遭胡騎所劫，留在南匈奴十有六年，生有二子，曹操贖他回國，又嫁陳留董祀。她回憶這段悲慘的經歷，以自述的賦式筆法，寫成五言「悲憤詩」，這是新的體裁，給後來詩人一種很好的範例：

蔡琰的五言的悲憤詩如下：

漢季失權柄，董卓亂天常，志欲圖篡弒，先害諸賢良；逼迫遷舊邦，擁主以自疆。海
內興義師，欲共討不祥。卓衆來東下，金甲耀日光。平土人脆弱，來兵皆胡羌，獵野
圍城邑，所向悉破亡。
車截無孑遺，尸骸相撐拒。馬邊縣男頭，馬後載婦女。馬驅入西關，迥路險且阻；還
顧邈冥冥，肝脾爲爛腐。所略有萬計，不得令屯聚。或有骨肉俱，欲言不敢語。失意
幾微間，輒言『斃降虜！要當以亭刃，我曹不活汝！』
豈復惜性命？不堪其詈罵。或便加捶杖，毒痛參並下，旦則號泣行，夜則悲吟坐。欲

死不能得，欲生無一可。彼蒼者何辜，乃遭戹禍！

邊荒與華異，人俗少義理。處所多霜雪，胡風春夏起：翩翩吹我衣，肅肅入我耳。感時念父母，哀嘆無窮已。

有客從外來，聞之常歡喜；迎問其消息，輒復非鄉里。邂逅徼時願，骨肉來迎己。己得自解免，當復棄兒子。天屬綴人心，念別無會期。存亡永乖隔，不忍與之辭。兒前抱我頸，問『母欲何之？人言母當去，豈復有還時？阿母常仁惻，今何更不慈？我尚未成人，奈何不顧思？』見此崩五內，恍念生狂癡。號泣手撫摩，當發復問疑。

兼有同時輩，相送告離別，慕我獨得歸，哀叫聲摧裂，馬爲立踟躕，車爲不轉轍，觀者皆歔欷，行路亦嗚咽。

去去割情戀，遄征日遐邁。悠悠三千里，何時復交會？念我出腹子，胸臆爲摧敗。

既至家人盡，又復無中外。城郭爲山林，庭宇生荊艾。白骨不知誰，從横莫覆蓋。出門無人聲，豺狼號且吠。煢煢對孤景，怛咤糜肝肺。登高遠眺望，魂神忽飛逝，奄若壽命盡。旁人相寬大，爲復彊視息，雖生何聊賴？託命於新人，竭心自勗厲！流離成鄙賤，常恐復捐廢。人生幾何時？懷憂終年歲。

這是很樸實的叙述。中間『兒前抱我頸』一段竟是很動人的白話詩。大概蔡琰也曾受樂府歌辭的影響。蔡琰另用賦體作的那篇悲憤，也只有寫臨行抛棄兒子的一段最好：

家既迎兮當歸寧。臨長路兮捐所生。兒呼母兮啼失聲。我掩耳兮不忍聽。

追持我兮走煢煢。頓復起兮毀顏形。還顧之兮破人情。心怛絕兮死復生。

「胡笳十八拍」，看來是以後的作品，但這個篇名的動人，充滿胡人的氣息，把這悲情詩的來由一語道破，且又含有絕大的吸引力。

與衆不同的是「秦女休」手刃仇人的紀實詩，這是民間詩人左延年的作品：

步出上西門，遙望秦氏盧。秦氏有好女，自名爲女休。休年十四五，爲宗行報讎。左執白楊刃，右據宛魯矛。讎家便東南。仆僵秦女休。女休西上山，上山四五里，關吏呵問女休，女休前置詞，平生爲燕婦，於今爲詔獄囚；平生衣參差，當今無領襦。明知殺人當死，兄言怏怏，弟言無道憂。女休堅詞：爲宗報讎死不疑。殺人都市中，徼我都市西。丞卿羅列東向坐，女休悽悽曳梏前，兩徒夾我持。刀刃五尺餘。刀未下，瞳朧擊鼓赦書下。

這個流傳於民間的故事，加上渲染，就格外有舖陳性了。後來到晉傅玄的手中，便擴大描寫秦女休殺仇人與自首的情節，而演變成爲高潮起伏的，富於戲劇性的效果了。

一、北地歌謠與吳聲

漢橫吹之歌，散佚不全。但是梁鼓角橫吹，是胡風最盛的時期，皆北方樂歌氣勢雄健，縱橫跳宕，不類纖巧細微的容色，而多大野風塵的激壯，如企喻歌：其結尾不免有些警告戒勸的味道。

企喻歌　四曲

男兒欲作健，結伴不須多。鷂子經天飛。群雀兩向波。

放馬大澤中，草好馬著臕。牌子鐵裲襠，鉅鉾鶴尾條。

前行看後行。齊著鐵裲襠。前頭看後頭，齊著鐵鉅鉾。

男兒可憐蟲，出門懷死憂。尸喪狹谷中，白骨無人收。

胡應麟說：「企喻歌元魏先世風謠也。」

琅琊王歌　八曲

古今樂錄曰琅琊王歌八曲。或云，『陰涼』下又有二句云：『盛冬十一月，就女覓凍漿。』

新買五尺刀，懸著中梁柱。一日三摩娑，劇於十五女。

琅琊復琅琊，琅琊大道王。陽春二三月，單衫繡裲襠。

東山看西水，水流盤石間。公死姥更嫁，孤兒甚可憐。

琅琊復琅琊，琅琊大道王。鹿鳴思長草，愁人思故鄉。

長安十二門，光門最妍雅。渭水從壟來，浮游渭橋下，

琅琊復琅琊，女郎大道王。孟陽三四月，移鋪逐陰涼。

客行依主人，願得主人彊。猛虎依深山，願得松柏長。

懀馬高纏鬃，遙知身是龍。誰能騎此馬？唯有廣平公。

古今樂錄記這是符融的詩，符融是符堅之弟。後面結尾一句的廣平公，據晉書載記：廣平公是姚典之子姚弼。古今樂錄說此歌是陳沙門智匠所撰。

紫騮馬歌辭 六曲

樂府詩集大序引古今樂錄云：「梁鼓角橫吹曲有：企喻、琅琊王、鉅鹿公主、紫騮馬、黃淡思、地驅樂、雀勞利、慕容垂、隴頭流水等歌三十六曲。五十五曲有歌有聲。十一曲有歌。」這些曲子，樂府詩集均有詞。

燒火燒野田，野鴨飛上天。童男娶寡婦，壯女笑殺人。
高高山頭樹，風吹葉落去。一去數千里，何當還故處。
十五從軍征，八十始得歸。道逢鄉里人，『家中有阿誰？』
遙看是君家，松柏冢纍纍。兔從狗竇入，雉從梁上飛。
中庭生旅穀，井土生旅葵。舂穀持作飯，採葵持作羹。
羹飯一時熟，不知貽阿誰！出門東向看，淚落沾我衣。

「琅琊王歌」說「公死姥更嫁，孤兒甚可憐」及「紫騮馬歌辭」說「童男娶寡婦，壯女笑殺人」都牽涉到戰爭。特別是「紫騮馬歌辭」說到「十五從軍征，八十始得歸」家中荒蕪的景況，令人鼻酸。北方廣大草原的征戰，由此可見。

寫情的歌，不知李延年新聲二十八解中，有沒有「黃淡思歌辭」與「地驅歌樂辭」；我們如今也不能確知，但北歌傳到南方，如孫楷第的研究說：「北歌入南，必在南北用兵，南師勝之時。晉太元中破苻堅，此一時也。義熙中劉裕南燕後秦，此又一時也。梁武帝時魏諸元來降，此又一時也。史稱永喜之亂，舊京樂沒於劉石。後入關右。及晉破苻堅，獲其樂工。於是四廂金石樂始備。」從他的話裡可知北地歌謠入中國是時代影響，也是風氣所趨。

黃淡思歌辭　四曲

歸歸黃淡思，逐郎還去來，歸歸黃淡百，逐郎何處索。
心中不能言，復作車輪旋。與郎相知時，但恐傍人聞。
江外何鬱拂！龍州廣州出。象牙作帆檣，綠絲作幃縴。
綠絲何葳蕤！逐郎歸去來。

地驅歌樂辭　四曲

古今樂錄曰：『側側力力』以下八句是今歌。最後云：『不可與力，』或云『各自努力。』

青青黃黃，雀石穨唐。槌殺野牛，押殺野羊。
驅羊入谷，自羊在前。老女不嫁，蹋地喚天。
側側力力，念君無極。枕郎左臂，隨郎轉側。
摩捋郎鬚，看郎顏色。郎不念女，不可與力。

前面一首是相思不了情，找尋情郎的歌謠。後面「老女不嫁，蹋地喚天」轉而爲「隨郎轉側」與「看郎顏色」，確實已至了繞指柔的地步。「郎不念女，不可與力」說的是「求你了解我，不要拒絕我」，是誓言相追隨之意。

「淳于王歌」的求愛情況更是直接了當：

淳于王歌　二曲

肅肅河中育，育我須含黃。獨坐空房中，思我百媚郎。

百媚在城中，千媚在中央。但使心相念，高城何所妨。

「獨坐空屋中，思我百媚郎」說的淸情楚楚；「但使心相念，高城何所妨」。只要我愛你，我心中的白馬王子呀，高城也擋不住我。

像以上爲愛情與生活的歌謠，尙有：

捉搦歌　四曲

粟穀難舂付石臼，弊衣難護付巧婦。男兒千凶飽人手，老女不嫁只生口。

誰家女子能行步，反著袂禪後裙露。天生男女共一處，願得兩個成翁嫗。

華陰山頭百丈井，下有流水徹骨冷。可憐女子能照影，不見其餘見斜領。

黃桑柘屐蒲子履，中央有系兩頭繫。小時憐母大憐婿，何不早嫁論家計！

「天生男女共一處，願得兩個成翁嫗」以及「小時憐母大憐婿，何不早嫁論家計」，這等話說出來自然生動，沒有一點粉飾和虛僞。又如：一兩句話，也是情深如海：

地驅樂歌　古今樂錄曰與前曲不同。

月明光光，星墮欲來。不來早語我！

紫騮馬歌　古今樂錄曰與前曲不同。

獨柯不成樹，獨樹不成林。念郎錦裲襠，恆長不忘心。

這自然是情歌，無論胡人漢人男女對愛情的執著是一樣的心思。

折楊柳歌辭　五曲

上馬不捉鞭，反折楊柳枝。蹀座吹長笛，愁殺行客兒。
腹中愁不樂，願作郎馬鞭。出入擐郎臂，蹀座郎膝邊。
放馬兩泉澤，忘不著連羈。擔鞍逐馬走，何得見馬騎。
遙看孟津河，楊柳鬱婆娑。我是虜家兒，不解漢兒歌。
健兒須快馬，快馬須健兒，跸跋黃塵下，然後別雄雌。

「腹中愁不樂，願做郎馬鞭」。這眞是北地女兒的本色。而「我是虜兒家，不解漢兒歌」。更指明馳騁大野胡兒的豪健。這首歌曲名出自魏晉樂府。

「幽州馬客吟歌辭」仍然不離生活與愛情，男女相悅，穿著彩色的衣裙，一同去燕遊，那是何等快意的歲月：風格近乎南曲，可能是南北曲交流產生的歌謠。唐時李白有幽州胡馬客的樂府詩與本詩相應：

幽州馬客吟歌辭　五曲

儈馬常苦瘦，勦兒常苦貧。黃禾起羸馬，有錢始作人。
熒熒帳中燭，燭滅不久停。盛時不作樂，春花不重生。
南山自言高，只與北山齊。女兒自言好，故入郎君懷。

郎著紫褲褶，女著彩裌裙，男女共燕遊，黃花生後園。
黃花鬱金色，綠蛇銜珠丹。辭謝床上女，還我十指環。

我們讀了，是不是有些吳歌柔綿的味道呢？又如「折楊柳四曲」：

上馬不捉鞭，反拗楊柳枝，下馬吹長笛，愁殺行客兒。
門前一株棗，歲歲不知老。阿婆不嫁女，那得孫兒抱？
敕敕何力力，女子臨窗織。不聞機杼聲，只聞女歎息。
問女何所思？問女何所憶？何婆許嫁女，今年無消息。

「阿婆不嫁女，那得孫兒抱？」的口氣和「阿婆許嫁女，今年無消息」的怨懟，是機伶而又無奈的。北地的豪氣已有南方女兒的顏色。另外的一首是「慕容家自魯企由谷歌」：

郎在十重樓，女在九重閣。郎非黃鷂子，那得雲中雀？

「郎非黃鷂子，那得雲中雀？」這個比諭，是明白的告訴男的，你要不來追我，怎麼能得到我！

「隴頭歌辭」是齣思鄉曲：

隴頭流水，流離山下。念吾一身，飄然曠野。
朝發欣城，暮宿隴頭。寒不能語，舌卷入喉。
隴頭流水，鳴聲幽咽。遙望秦川，心肝斷絕。

「高陽王樂人歌」描寫胡人嗜酒，有錢無錢，但有賒酒爲樂的情況，也能令人想到兩頰紅如火，相對桃花容顏的面貌：

可憐白鼻騧，相將入酒家，無錢但共飲，畫地作交賒。

何處碟觴來，兩頰色如火。自有桃花容，莫言人勸我。

李白樂府詩亦寫有「白鼻騧」一詩，可見這歌謠的影響。胡人嗜酒，亦可見嗜酒爲命的景像。

樂府詩八十六卷載斛律金敕勒歌：

敕勒川．陰山下，天似穹窿，籠罩四野。

天蒼蒼、野茫茫，風吹草低見牛羊。

王國維人間詞語卷上認爲：「寫景如此，方爲不隔」。以上所錄橫吹、鼓吹歌謠，皆從西域傳來，其聲激揚，且多慷慨悲歌，無矯揉造作的病態。是歌謠中難約的佳作。胡適說：

「風吹草低見牛羊」七個字，眞是神來之筆，何等樸素！何等眞實！樂府廣題說，北齊高歡攻宇文泰，兵士死去十分之四五，高歡憤怒發病。宇文泰下令道：「高歡鼠子，親犯玉壁。劍弩一發，元凶自斃。」高歡知道了，祇好扶病起坐。他把部下諸貴人都招集攏來，叫斛律金唱敕勒，高歡自和之，以安人心。我們讀這故事，可以想見這篇歌在當日眞可代表鮮卑民族的生活。

當四世紀初年（東晉太寧元年，三二二），劉曜同西州氐羌的首領陳安作戰，陳安敗走。劉曜差將軍平先丘中伯帶了勁騎去追他。陳安祇帶了十幾騎在路上格戰。他左手奮七尺大刀，右手執丈八蛇矛；敵人離近則他的刀矛齊發，往往殺傷五六人。敵遠了，他就用弓箭左右馳射而走。追來的平先也是一員健將，勇捷如飛，與陳安搏戰三合，奪了他的丈八蛇矛。那時天黑了，又遇大雨，陳安丟了馬匹，爬山嶺，躲在溪間裡。次日天晴，追兵跟著他們的腳跡，追著跟著他們的腳跡，追著陳安，把他殺了。陳安平日很得人心，他死後，隴上民間爲作隴上歌。其辭云：

隴上健兒曰陳安，軀幹雖小腹中寬，愛養將士同心肝。騄驄駿馬鐵鍛鞍，七尺大夕配鐶，丈八蛇矛左右盤。十盪十決無當前。

百騎俱出如雲浮，追者千萬騎悠悠。戰始三交失蛇矛，十騎俱盪九騎留。棄我騄驄攀巖幽。天非降雨追者休。

阿呵嗚呼奈子何！嗚呼阿呵奈子何！（紀事用晉書一百三，歌辭用趙書。）

這也是北方民族的英雄文學。這種故事詩體也可以同上章所說互相印證。

二、吳聲

說到吳聲，相和歌謠中「江南」最清麗宜人，一掃北人的粗獷豪邁：

江南可採蓮。蓮葉何田田！魚戲蓮葉間。

魚戲蓮葉東，魚戲蓮葉西，魚戲蓮葉南，魚戲蓮葉北。

田田兩字，委婉媚秀，甜如甘醇，不知醉倒多少人。魚戲蓮葉間，或東，或西，或南，或北，穿梭如閃爍的流星，眞是活色生香，玲瓏艷麗之極。這首歌後四句的源流，可參証第二頁卜辭通纂那首歌來相予印證。與此絕不相同的歌謠，是聲如雷鳴的「淫豫歌」：

灩預大如馬。瞿塘不可下。

灩預大如牛。瞿塘不可流。

「巴東三峽歌」也是令人心膽搖蕩，其聲悽厲，這首歷久不能忘懷的歌：

巴東三峽巫峽長。猿鳴三聲淚沾裳。

最富於戲劇性的歌謠是「箜篌引」：

公無渡河！公竟渡河。墮河而死，當奈公何！

「公無渡河」這個急迫的呼聲，追著奔跑者的腳步衝破寂靜的四周，成爲一個刺耳的高音直起。

「公竟渡河」，奔跑的狂人，並沒有停下來，反而更向河流飛奔而去。

「墮河而死」這個失去理智的狂奔者，一頭栽進滾滾的逝水中去，幾個翻流，竟浮沈上下而淹沒。令追者從喚奈何！

「艷歌何嘗行」亦名「飛鵠行」歌唱夫妻的分離，有凝結深鬱的悲情：

飛來雙白鵠，乃從西北來。十十五五，羅列成行。

妻卒被病，行不能相隨。五里一反顧，六里一徘徊。

吾欲銜汝去，口噤不能開。吾欲負汝去，毛羽何摧頹！
樂哉新相知，憂來生別離。躊躇顧群侶，激下不自知。
念與君離別，氣結不能言。各各重自然，遠道歸還難。妾當守空房，閉門下重關。若
生當相見，亡者會黃泉。今日樂相樂，延年萬歲期。

這是一個悲慘的故事，丈夫不顧妻子，斷然遠別，留下守空屋的婦人，另結新歡；這種行爲當然是令人氣結的。

「白頭吟」的歌謠，與前面意思不同，女子告訴要離開他的男人，既不能在一起白頭偕老，就一刀兩斷；

皚如山上雪，皎如雲間月。聞君有兩意，故來相決絕。
今日斗酒會，明旦溝水頭，躞蹀御溝上，溝水東西流。
淒淒復淒淒，嫁娶不須啼。願得一心人，白頭不相離。
竹竿何嫋嫋，角尾何簁簁！男兒重意氣，何用錢刀爲！

吳聲歌謠出自江南，皆可稱之爲雅歌，有荆襄語調的叫西曲，其實都包括在清商曲中。王易「樂府通編」將清商曲分爲吳聲、神弦、西曲、江南弄四類，（依據宋郭茂倩樂府詩集）並列表於次：

	吳聲	神弦	曲
諸類	子夜歌—四時歌警歌變歌　上柱歌 鳳將雛歌　上聲歌　歡聞歌　歡聞變歌 前溪歌　阿子歌　丁督護歌　團扇郎 七日夜女歌　長史變歌　黃生曲　黃鵠曲 碧玉歌　桃葉歌　長樂佳　歡好曲 懊儂歌　華山畿　讀曲歌（以上舊曲） 玉樹後庭花　堂堂　春江花月夜　黃驪留 金釵兩鬢垂　臨春樂（以上陳後主作） 萬歲樂　藏鉤樂　七夕相逢樂　舞席同心髻 玉女行觴　神仙留客　擲磚續命　斷雞子 鬥百草　泛龍舟　還舊宮　長樂花 十二時（以上隋煬帝作）	宿阿曲　道君曲　聖郎曲　嬌女詩 白石郎曲　青溪小姑湖曲　就姑曲　姑恩曲 採蓮童曲　明下童曲　同生曲	石城樂　烏夜啼　莫愁樂　估客樂 襄陽樂　三洲　襄陽蹋銅蹄　採桑度 江陵樂　青驄白馬　共戲樂　安東平 那呵灘　孟珠　醫藥　壽陽樂
雜曲雜歌類似者	自君之出矣　長干曲　飲酒樂 思公子　王孫遊　沐浴子 澤雉　大道曲　永明樂 （以上雜曲） 吳人歌　蘇小小歌　中興歌 （以上雜曲）		長相思　西洲曲　荊州樂 邯鄲歌　大垂手　小垂手 夜夜曲　春江行　江　曲 桃花曲　映水曲　登樓曲

西	江南上雲
（以上舞曲） 青陽度　女兒子　來羅　夜黃 夜度娘　長松標　雙行纏　黃督 黃纓　平西樂　攀楊枝　尋陽樂 自附鳩　拔蒲　作蠶絲　楊叛兒 西烏夜飛　月節折楊柳　（以上倚歌） 又孟珠翳樂中亦有倚歌之曲	江南弊　龍笛曲　採蓮曲　鳳笙曲 採菱曲　遊女曲　朝雲曲　（以上江南弄） 鳳臺曲　桐柏曲　方丈曲　方諸曲 玉龜曲　金丹曲　金陵曲　（以上上雲樂）
越城曲　迎客曲　送客曲 還臺樂　浮遊花　上林 樹中草　（以上雜曲） 襄陽童兒歌　涇豫歌　巴東三峽歌 （以上雜歌）	

吳聲歌謠之內容甚多，現參照王易「樂府詩選」錄其歌辭，以見其俚俗；並見其簡潔的形式中寓含深至的情思。

吳聲歌曲

晉書樂志曰吳歌雜曲，並出江南。東晉以來；稍有增廣。其始皆徒歌，既而被之管弦。樂府詩集曰：自永嘉渡江之後，下及梁陳，咸都建業。吳歌曲，起於此也。古今樂錄曰：吳聲十曲一曰子夜，二曰上柱，三曰鳳雛，四曰上聲，五曰歡聞，六曰歡聞變，七曰前溪，八曰阿子，九曰丁督護，十曰團扇郎，並梁所用曲。又有七日夜女歌，長史變，黃鵠碧玉，桃葉長樂佳，歡好懊惱曲，亦皆吳歌歌曲也。茲選子夜歌二十四曲子夜四時歌七十五曲，大子夜歌一曲，子夜警歌一曲子子夜變歌三曲，上聲歌七曲，歡聞歌一曲，歡聞變歌五曲前溪歌六曲，阿子歌一曲，團扇郎六曲，七日夜女歌三曲，黃曲四曲，碧玉歌五曲，桃葉歌四曲，懊儂歌七曲，華山畿二十五曲，讀曲歌六十四曲。

子夜歌　四十二曲錄三十四

宋書樂志曰：子夜歌者，有女子名子夜造此聲。晉孝武太元中，琅琊王軻之家有鬼歌子夜。殷允爲豫時，豫章僑人庚僧虔家亦有鬼歌子夜。殷允爲豫章，亦是太元中。則子夜是此時以前人也。

落日出前門，瞻矚見子度。冶容多姿鬢，芳香已盈路。

芳是香所爲，冶容不敢當。天不奪人願，故使儂見郎。

宿昔不梳頭，絲髮被兩肩。婉伸郎膝上，何處不可憐。

自從別歡來，奩器了不開。頭亂不敢理，粉拂生黃衣。

崎嶇相怨慕，始獲風雲通。玉林語石闕，悲思兩心同。

見娘喜容媚，願得結金蘭。空織無經緯，求匹理自難。

始欲識郎時，兩心望如一。理絲入殘機，何悟不成匹。

前絲斷纏綿，意欲結交情。春蠶易感化，絲子已復生。

今夕已歡別，合會在何時？明燈照空局，悠然未有期。
自從別郎來，何日不咨嗟，黃蘗鬱成林，當奈苦心多！
高山種芙蓉，復經黃蘗塢。果得一蓮時，流離嬰辛苦。
朝思出前門，暮思還後渚。語笑向誰道？腹中陰憶汝。
擥枕北窗臥，郎來就儂嬉。小喜多唐突，相憐能幾時！
駐筯不能食，蹇蹇步闈裡。投瓊著局上，終日走博子。
年少當及時，蹉跎日就老。若不信儂語，但看霜下草。
常慮有貳意，歡今果不齊。枯魚就濁水，長與倚流乘。
歡愁儂亦慘，郎笑我便喜。不見連理樹，異根同條起？
別後涕流連，相思情悲滿。憶子腹糜爛，肝腸尺寸斷。
道近不得數，遂致盛寒違。不見東流水，何時復西歸？
誰能思不歌？誰能飢不食？日冥當户倚，惆悵底不憶！
擥裙未結帶，約看出前窗。羅裳易飄颺，小開罵春風。
舉酒待相勸，酒還杯亦空。願因微觴會，心感色亦同。
夜覺百思纏，憂歎涕流襟。徒懷兵筐情，郎誰明儂心！
夜長不得眠，轉側聽更鼓。無故歡相逢，使儂肝腸苦。
歡從何處來，端然有憂色。三喚不一應，有何比松柏！

念愛情慊慊，傾倒無所借。重簾持自障，誰知許厚薄！
氣清明月朗，夜與君共嬉。郎歌妙意曲，儂亦吐芳詞。
驚風急素柯，白日漸微濛。郎懷函閨性，儂亦恃春容。
夜長不得眠，明月何灼灼。想聞散喚聲，虛應空中諾。
我念歡的的，子行由豫情。霧露隱芙蓉，見蓮不分明。
儂作北辰星，千年無轉移。歡行白日心，朝東暮還西。
憐歡好情懷，移居作鄉里。桐樹生門前，出入見梧子。
恃愛如欲進，含羞未肯前。口朱發豔歌，玉指弄嬌弦。
朝日照綺錢，光風動紈素。巧笑倩兩犀，美目揚雙蛾。

子夜四時歌　七十五曲

樂府解題曰：後人更爲四時行樂之辭，謂之子夜四時歌。今人陸侃如曰：古辭七十五曲，均存。計春歌二十曲，夏歌二十曲，秋歌十八曲，冬歌十七曲。我疑本八十曲，秋歌亡二曲，冬歌亡三曲也。

春歌　二十曲

春風動春心，流目矚山林。山林多奇采，陽鳥吐清管。
綠荑帶長路，丹椒重紫莖。流吹出郊外，共歡弄春英。
光風流月初，新林錦花舒。情人戲春月，窈窕曳羅裾。

妖冶顏蕩駘，景色復多媚。溫風入南牖，織婦懷春意。
碧樓冥初月，羅綺垂新風。含春未及歌，桂酒發清容。
杜鵑竹裡鳴，梅花落滿道。燕女遊春月，羅裳曳芳草。
朱光照綠苑，丹華粲羅星。那能閨中繡，獨無懷春情？
鮮雲媚朱景，芳風散林花。佳人步春花，繡帶飛紛葩。
羅裳方紅袖，玉釵明月璫，冶遊步春露，豔覓同心郎。
春林花多媚，春鳥意多哀，春風復多情，吹我羅裳開。
新燕弄初調，杜鵑競晨鳴。畫眉忘注口，遊步散春情。
梅花落已盡，柳花隨風散。歎我當春年，無人相要喚。
昔別雁集渚，今還燕巢梁。敢辭歲月久，但使逢春陽。
春園花就黃，陽池水方淥。酌酒初滿杯，調弦始終曲。
娉婷揚袖舞，阿那曲身輕。照灼蘭花在，容冶春風生。
阿那曜姿舞，逶迤唱新歌。翠衣發華洛，回情一見過。
明月照桂林，初花錦繡色。誰能不相思，獨在機中織？
崎嶇與時競，不復自顧慮。春風振榮林，常恐華花去。
思見春花月，含笑當道路。逢儂多欲摘，可憐持自誤。
自從別歡後，歎音不絕響。黃蘗向春生，苦心隨日長。

夏歌　二十曲

高堂不作壁，招取四面風。吹散羅裳開，動儂含笑容。

反覆華簟上，屛帳了不施。郎君未可前，待我整容儀。

開春初無歡，秋冬更增淒。共戲炎暑月，還覺兩情諧。

春別猶春戀，夏還情還久。羅帳爲誰褰，雙枕何時有？

疊扇放床上，企想遠風來。輕袖拂華妝，窈窕登高臺。

含桃已中食，郎贈合歡扇。深感同心意，蘭室期相見。

田蠶事已畢，思婦猶苦身。當暑理絺服，持寄與行人。

朝登涼臺上，夕宿蘭沐裡。乘月採芙蓉，夜夜得蓮子。

暑盛靜無風，夏雲薄暮起。攜手密葉下，浮瓜沈朱李。

鬱蒸仲暑月，長嘯出湖邊。芙蓉始結葉，花豔未成蓮。

適見戴青幡，三春已復傾。林鵲改初調，林中夏蟬鳴。

春桃初發紅，惜色恐儂摘。朱夏花落去，誰復相尋覓。

昔別春風起，今還夏雲浮。路遙日月促，非是我淹留。

青荷蓋淥水，芙蓉葩紅鮮。郎見欲採我，我心欲懷蓮。

四周芙蓉池，朱堂敞無壁。珍簟鏤玉床，繾綣任懷適。

赫赫盛陽月，無儂不握扇。窈窕瑤臺女，冶遊戲涼殿。

春傾桑葉盡，夏開蠶務畢。晝夜理機縛，知欲早成匹。
情知三夏熱，今日偏獨甚。香巾拂玉席，共郎登樓寢。
輕衣不重綵，飆風故不涼。三伏何時過，許儂紅粉妝？
盛暑非遊節，百慮相纏綿。汎舟芙蓉湖，散思蓮子間。

秋歌　十八曲

風清覺時涼，明月天色高。佳人理寒服，萬結砧杵勞。
清露凝如玉，涼風中夜發。情人不還臥，冶遊步明月。
鴻雁搴南去，口燕指北飛。征人難爲思，願逐秋風歸。
開窗取日光，滅燭解羅裳。合笑帷幌裡，舉體蘭蕙香。
適憶三陽初，今已九秋暮。追逐泰始樂，不覺華年度。
飄飄初秋夕，明月耀秋輝。握腕同遊戲，庭含媚素歸。
秋夜涼風起，天高星月明。蘭房競妝飾，綺帳待雙情。
涼風開窗寢，斜月垂光照。中宵無人語，羅幌有雙笑。
金風扇素節，玉露凝成霜。登高去來雁，惆悵客心傷。
草木不長榮，顦顇爲秋霜。今遇泰始世，年逢九春陽。
自從別歡來，何日不相思。常恐秋葉零，無復蓮條時。
掘作九洲池，盡是大宅裡。處處種芙蓉，婉轉得蓮子。

初寒八九月，獨纏自絡絲。寒衣尚未了，郎喚儂底爲？
秋愛兩兩雁，春感雙雙燕。蘭鷹接野雞，雉落誰當見？
仰頭看桐樹，桐花特可憐。願天無霜雪，梧子解千年。
白露朝夕生，秋風淒長夜。憶郎須寒服，乘月擣白素。
秋夜入窗裡，羅帳起飄颺。仰頭看明月，寄情千里光。
別在三陽初，望還九秋暮。惡見東流水，終年不西顧。

冬歌　十七曲

淵冰厚三尺，素雪覆千里。我心如松柏，君情復何似？
塗澀無人行，冒寒往相覓。若不信儂時，但看雪上跡。
寒鳥依高樹，枯林鳴悲風。爲歡顦顇盡，那待好顏容！
夜半冒霜來，見我輒怨唱。懷冰闇中倚，已寒不豪亮。
躡履步荒林，蕭索悲人情。一唱泰始樂，枯草含花生。
昔別春草綠，今還墀雪盈。誰佑相思老，玄鬢白髮生！
寒雲浮天凝，積雪冰川波。連山結玉巖，修庭振瓊柯。
炭爐欲夜寒，重抱坐疊褥。與郎對華榻，弦歌秉蘭燭。
天寒歲欲暮，朔風舞飛雪。懷人重衾寢，故有三夏熱。
冬林葉落盡，逢春已復曜。葵藿生谷底，傾心不蒙照。

朔風灑霰雨，綠柒蓮水結。願欲攘皓腕，共弄初落雪。
嚴霜白草木，寒風晝夜起。感時爲歡歎，霜鬢不可視。
何處結同心？西陸柏樹下。晃蕩無四壁，嚴霜凍殺我。
白雪停陰岡，丹華耀陽林。何必絲與竹，山水有清香。
未嘗經辛苦，無故彊自矜。欲知千里寒，但看廿中冰。
果欲結金蘭，但看松柏林。經霜不墮地，歲寒無異心。
適見三陽日，寒蟬已復鳴。感時爲歡歎，白髮綠鬢生。

大子夜歌 二曲錄一

歌謠數百種，子夜最可憐。慷慨吐清音，明轉出天然。

子夜警歌 二曲錄一

鏤椀傳綠酒，雕鑪薰紫煙。誰知苦寒調，共作白雪弦？

子夜變歌 三曲

人傳歡負情，我自未常見。三更開門去，始知子夜變。
歲月如流邁，春盡秋已至。熒熒條上花，零落何乃駛。
歲月如流邁，行已及素秋。蟋蟀吟堂前，惆悵使儂愁。

上歌聲 八曲錄七

古今樂錄曰：上聲歌者，此因上聲促柱得名。或用一調，或用無調名。如古歌辭所言，謂哀思之音，不及中和。

儂本是蕭草，持作蘭桂名。芬芳頓交盛，感郎為上聲。
郎作上聲曲，柱促使弦哀。譬如秋風急，觸遇傷儂懷。
初歌子夜曲，改調促鳴箏。四座暫寂靜，聽我歌上聲。
三月寒暖適，楊柳可藏雀。未言涕交零，如何見君隔！
新衫繡兩端，迮著羅裙裡。行步動微塵，羅裙隨風起。
裲襠與郎著，反繡持貯裡。汗汙莫濺浣，持許相存在。
春月暵何太，生裙迮羅襪。暖暖日欲冥，從儂門前過。

歡聞歌

古今樂錄曰：歡聞歌者，昔穆帝升平初，歌畢，輒呼「歡聞不」以為送聲，後因此為曲名。

遙遙天無柱，流漂萍無根。單身如螢火，持底報郎恩？

歡聞變歌 六曲錄五

古今樂錄曰：歡聞變歌者，晉穆帝升平初，童子輩忽歌於道曰阿子聞，曲終輒云：「阿子，汝聞不？」無幾而穆帝崩。褚太后哭「阿子汝聞不，」聲既悽苦，因之名之。

金瓦九重牆，玉壁珊瑚柱。中夜來相尋，喚歡聞不顧。
張罾不得魚，胡不櫓罾歸。君非鸊鵜鳥，底為守空梁？
刻木作班鵻，有翅不能飛。搖著帆檣上，望見千里磯。

鍥臂飲清血，牛羊持祭天。沒命成灰土，終不罷相憐。
駛風何曜曜，帆上牛渚磯。帆作繖子張，船如侶馬馳。

前溪歌　七曲錄六

宋書樂志曰：前溪歌者，晉車騎將軍沈玩所制。

憂思出門倚，逢郎前溪度。莫作流水心，引新都捨故。
前溪滄浪映，通波澄淥清。聲弦傳不絕，千載寄汝名。——永與天地並。
逍遙獨桑頭，北望東武亭。黃瓜被山側，春風感郎情。
逍遙獨桑頭，東北無廣親。黃瓜是小草，春風何足歎，憶汝涕交零。
黃葛結蒙籠，生在洛溪邊。花落逐水去，何當順流還！——還亦不復鮮。
黃葛生爛熳，誰能斷葛根？寧斷嬌兒乳，不斷郎殷勤。

阿子歌　三曲錄一

宋書樂志曰：阿子歌者，亦因升平初歌云：「阿子汝聞否，」後人演其聲爲阿小歡聞二曲。樂苑曰，嘉興人養鴨兒，鴨兒既死，因有此歌，樂府詩集曰：未知孰是。

野田草欲盡，東流水又暴。念我雙飛鳧，飢渴常不飽。

團扇郎　六曲錄四

古今樂錄曰：團扇郎歌者，晉中書令王珉捉白團扇，與嫂婢謝芳姿有愛，情好甚篤。嫂捶撻婢過苦，王東亭聞而止之。芳姿素善歌，嫂令歌一曲，當赦之。應聲歌曰：「白團扇，辛苦五流連，是郎眼所見」珉聞，更問之：「汝歌何遺？」芳姿即改云：「白團扇，顦顇非昔容，羞與郎相見。」

後人因而歌之。

七寶畫團扇，燦爛明月光。餉郎卻暄暑，相憶莫相忘。
青青林中竹，可作白團扇。動搖郎玉手，因風託方便。
團扇薄不搖。窈窕搖蒲葵。相憐中道罷，定是阿誰非！
御路薄不行，窈窕決橫塘，團扇障白日，面作芙蓉光。

同前 二曲

手中白團扇，淨如秋團月。清風任動生，嬌聲任意發。
團扇復團扇，持許自遮面。憔悴無復理，羞都郎相見。

七日夜女歌 九曲錄三

今人陸侃如曰：古辭九曲，均存，大都誦牛女之事。

春離隔寒暑，明秋暫相會。兩歡別日長，雙情若飢渴。
婉孌不終夕，一別周年期。桑蠶不作繭，晝夜長懸絲。
靈匹怨離處，索取隔長河。玄雲不應雷，是儂啼嘆歌。

黃鵠曲 四曲

列女傳曰，「陶嬰者，魯陶明之女也。少寡養幼孤，無彊昆弟，紡績爲產。魯人或聞其義將求焉。嬰聞之，恐不得免，乃作歌明己之不更二庭也。其歌曰：「悲夫黃鵠之早寡兮，七年不雙。宛頸獨宿兮，不與衆同。夜半悲鳴兮，想其故雄。天命早寡兮，獨宿何傷！寡婦念此兮，泣下數行。嗚呼哀哉兮，死者不可忘。飛尚然兮，雖於貞良！雖有賢雄兮，終不重行。』魯人聞之，不敢復求。」

黃鵠參天飛，半道鬱徘徊。腹中車輪轉，君知思憶誰？
黃鵠參天飛，半道還哀鳴。三年失群侶，生離傷人情。
黃鵠參天飛，凝翮爭風回。高翔入玄闕，時復乘雲頹。
黃鵠參天飛，半道還後渚。欲飛復不飛，悲鳴覓群侶。

碧玉歌 五曲

樂苑曰：碧玉歌，宋汝南王所作也。碧玉，汝南王妾名；以寵愛之甚，所以歌之。

碧玉破瓜時，郎爲情顛倒。芙蓉陵霜榮，秋容故尚好。
碧玉小家女，不敢攀貴德。感郎千金意，慚無傾城色。
碧玉小家女，不敢貴德攀。感郎意氣重，遂得結金蘭。
碧玉破瓜時，相爲情顛倒。感郎不羞郎，回身就郎抱。
杏梁日始照，蕙席歡未極。碧玉奉金杯，淥酒助花色。

桃葉歌 四曲

古今樂錄曰：「桃葉歌者，晉王子敬之所作也。桃葉子敬妾名，緣於篤愛，所以歌之。

桃葉映紅花，無風自婀娜。春花映何限，感郎獨采我。
桃葉映桃葉，桃樹連桃根。相憐兩樂事，獨使我殷勤。

桃葉復桃葉，渡江不用檝。但渡無所苦，我自來迎接。
桃葉復桃葉，渡江不待櫓。風波了無常，沒命江南渡。

懊儂歌　十四曲錄七

古今樂錄曰：懊儂歌者，晉石崇綠珠所作，唯「絲布澀難逢」一曲而已，後皆隆安初民間訛謠之曲。按隆安，晉安帝年號。

絲布澀難逢，令儂十指穿。黃牛細犢車，遊戲出孟津。
江陵去揚州，三千三百里。已行一千三，所有二千在。
寡婦哭城頹，此情非虛假。相樂不相得，抱恨黃泉下。
我有一所歡，安在深閤裡。桐樹不結花，可由得梧子？
月落天欲曙，能得幾時眠！悽悽下床去，儂病不能言。
懊惱奈何許！夜聞家中論，不得儂與汝。

華山畿　二十五曲

古今樂錄曰，「華山畿者，宋少帝時懊惱一曲，亦變曲也。少帝時，南徐一士子，從華山畿往雲陽，見客舍有女子，十之八九，悅之無因，遂感心疾。問其故，具以啓母。母爲華山尋訪，見女具說聞感之因。脫蔽膝，令母密置其席下，卧之當已。少日果差。忽舉席，見蔽膝而抱持，遂呑食而死。氣欲絕，謂母曰：『葬時，車載從華山度，』母從其意，比至女門牛不肯前，打拍不動。曰：『且待須臾』妝點沐浴。旣而出，歌曰：「華山畿。君旣爲儂死，獨活爲誰施？歡若見憐時，棺木爲儂開。』棺應聲開，女透入棺。家人叩打，無如之何，乃合葬，呼曰神女冢。」

華山畿。君既爲儂死，獨生爲誰施！歡若見憐時，棺木爲儂開。

這眞是情感動天的戀曲，以至生死相從。這極可能是「孔雀東南飛」之所本。下面錄的也自然是兒女私情：

聞歡大養蠶，定得幾許絲。所得何足言，奈何黑瘦爲！
夜相思，投壺不停箭，憶歡作嬌時。
開門枕水渚。三刀治一魚，歷亂傷殺汝。
未敢便相許，夜間儂家論，不持儂與汝。
懊惱不堪止，上床解要繩。自經屏風裡。
啼著曙。激落枕將浮，身沈被流去。
將懊惱。石闕晝夜題，碑激常不燥。
別後常相思。頓書千丈闕，題碑無罷時。
奈何許！所歡不在間，嬌笑向誰緒！
隔津歎。牽牛語織女，離淚溢河漢。
啼相憶。淚如漏刻水，晝夜流不息。
著處多遇羅。的的往年少，豔情何能多！
無故相然我。路絕行人斷，夜夜故望汝，

一生復一起，黃昏人走後，許時不來已。

摩可儂。巷巷相羅截，終當不置汝。

不能久長離。中夜憶歡時，抱被空中啼。

腹中如湯灌。肝腸寸寸斷，教儂底聊賴！

相送勞勞渚。長江不應滿，是儂淚成許！

奈何許！天下人何限，慊慊只爲汝！

郎情難可道。歡行豆挾心，見荻多欲繞。

松上蘿。願君如行雲，時時見經過。

夜相思。風吹窗簾動，言是所歡來。

長鳴雞。誰知儂念汝，獨向空中啼！

腹中如亂絲。憒憒通得去，愁毒已復來。

讀曲歌　八十九曲錄六十四

宋書樂志曰：讀曲歌者，民間爲彭城王義康所作也。其歌云：「死罪劉領軍，誤殺劉第四」是也。古今樂錄曰：讀曲歌者，元嘉十七年，袁后崩，百官不敢作聲歌，或因酒燕，止竊聲讀曲細吟而已，以此爲名。按二說互異，然時間則同。蓋義康被徙，亦十七年事。

花釵芙蓉髻，雙鬢如浮雲。春風不知著，好來動羅裙。

念子情難有。已惡動羅裙，聽儂入懷不？

紅藍與芙蓉，我色與歡敵。莫案石榴花，歷亂聽儂摘。
千葉紅芙蓉，照灼綠水邊。餘花任郎摘，愼莫罷儂蓮。
思歡久。不愛獨枝蓮，只惜同心藕。
打壞木棲床，誰能坐相思。三更書石闕，憶子夜啼碑。
奈何不可言！朝看暮牛跡，知是宿蹄痕。
娑拖何處歸？道逢播掿郎。口朱脫去盡，花釵復低昂。
攬裳踱。跣把絲織履，故交白足露。
思難忍。絡罳語酒壺：倒寫儂頓盡。
桐花特可憐。願天無霜雪，梧子解千年。
柳樹得春風，一低復一昂。誰能空相憶，獨眠度三陽？
折楊柳。百園林啼，道歡不離口。
穀衫兩袖裂，花釵鬢邊低，何處分別歸？西上古餘啼。
所歡子。不與他人別，啼是憶郎耳。
披被樹明燈，獨思誰能忍！欲知長寒衣，蘭燈傾壺盡。
坐起歎汝好。願他甘叢香，傾筐入懷抱。
逋髮不可料，顦顇爲誰睹？欲知相憶時，但看裙帶緩幾許！
憶歡不能食。徘徊三路間，因風覓消息。

所歡子。問春花可憐，摘插裲襠裡。

芳萱初生時，知是無憂草。雙眉畫未成，那能就郎抱！

百花鮮。誰能懷春日，獨入羅帳眠？

聞歡得新儂，四支懊如垂。烏散放行路，井中百翅不能飛。

憐歡敢喚名，念歡不呼字。連喚歡復歡，兩哲不相棄。

奈何許！石闕生口中，銜碑不得語。

白門前，烏帽白帽來。白帽郎是儂良。不知烏帽郎是誰？

初陽正二月，草木鬱青青。躡履步前園，時物感人情。

青幡起御路，綠柳蔭馳道。歡贈玉樹箏，儂送千金寶。

桃花落已盡，愁思猶未央。春風難期信，託情明月光。

計約黃昏後，人斷猶未來。聞歡開方局，已復將誰期！

自從別郎後，臥宿頭不舉。飛龍落藥店，骨出只爲汝！

日光沒已盡，宿鳥縱橫飛。徙倚望行雲，躞蹀待郎歸。

百度不一回，千書信不歸。春風吹楊柳，華豔空徘徊。

音信闊弦朔，方悟千里遙。朝霜語白日：知我爲歡消。

合冥過藩來，向曉開門去。歡取身上好，不爲儂作慮。

五鼓起開門，正見歡子度。何處宿行還？衣被有霜露。

自我別歡後，歎音不絕響。茱萸持捻泥，龕有殺子像。
歔欷闇中啼，斜日照帳裡。無油何所苦，但使天明爾。
黃絲咡素琴，汎彈弦不斷。百弄任郎作，唯莫廣陵散！
語我不遊行，常常走巷路。敗橋語方相；欺儂那得度！
君行負憐事，那得厚相於？麻紙語三葛；我薄汝麤疎。
黃天不滅解，甲夜曙星出。漏劇無心腸，復令五更畢。
打殺長鳴雞，彈去烏臼鳥。願得連冥不復曙，一年都一曉！
空中人住在，高牆深閤裡，書信了不通，故使風往爾。
儂心常慊慊，歡行由預情。霧露隱芙蓉，見蓮詎分明？
非歡獨慊慊，儂意亦驅驅。雙燈俱持盡，奈許兩無由！
執行與歡別，合會在何時？明燈照空局，悠然未有期。
百憶欲欲噫，兩眼常不燥。蕃師五鼓行，離儂何太早！
嬌笑來向儂，一抱不能已。湖燥芙蓉萎，蓮汝藕欲死。
歡心不相憐，慊苦竟何已。芙蓉腹裡萎，蓮汝從心起。
下帷掩燈燭，明月照帳中。無油何所苦，但使天明儂。
執手與歡別，卻去情不忍。餘光照已藩，坐見離日盡。
種蓮長江邊，藕生黃蘗浦。必得蓮子時，流離經辛苦。

坐倚無精魂，使我生百慮。方局十七道，期會是何處？
暫出白門前，楊柳可藏烏。歡作沈水香，儂作博出鑪。
十期九不果，常抱懷恨生。然燈不下炷，有油那得明！
下帷燈火盡，朗月照懷裡。無油何所苦，但令天明爾。
一夕就郎宿，通夜語不息。黃蘗萬里路，道苦眞無極！
閨閤斷信使，的的兩相憶。譬如水上影，分別不可得。
逍遙待曉分，轉側聽更鼓。明月不應停，特爲相思苦。
罷去四五年，相見論故情。殺荷不斷藕，蓮心已復生。
辛苦一朝歡，須臾情易厭。行膝點芙蓉，深蓮非骨念。

神弦歌

古今樂錄曰：神弦歌十一曲一曰宿阿，二曰道君，三曰聖郎，四曰嬌女，五曰白石郎，六曰青溪小姑，七曰湖就姑，八曰姑恩，九曰採菱童，十曰明下童，十一曰同生，今人陸侃如曰：神弦歌，南朝民間的祭歌，與吳聲歌及西曲歌不類。

茲選嬌女詩二曲。白石郎一曲，青溪小姑一曲，明下童一曲。又按同生二曲。其一與相和大曲西門行第四解同，其二子夜變歌第三曲同，故不復選。

嬌女詩　二曲

北遊臨河海，遙望中菰菱。芙蓉發盛華，淥水清且澄。弦歌奏聲節，髣髴有餘音。

躞蹀越橋上，河水東西流。上有神山，下有西流。魚行不獨自，三三兩兩俱。

白石郎 二曲

白石郎，臨江居。前導江伯後從魚。

積石如玉，列松如翠。郎豔獨絕，世無其二。

青深小姑曲

吳均續齊諧記曰：「會稽趙文韶宋元嘉中，爲東扶侍，廨在青深中橋。秋夜步月，悵然思歸，乃倚門唱烏飛曲。忽有青衣，年可十五六許，詣門曰：『女郎聞歌聲有悅人者，逐月遊戲，故遣相問。』文韶都不之疑。遂邀暫過。須臾，女郎至，年可十八九許，容色絕妙，謂文韶曰：『聞君善歌，能爲作一曲否？』文韶即爲歌『草生盤石下』，聲甚清美、女郎顧青衣取箜篌，鼓之，冷冷似楚曲。又令侍婢歌『繁霜』，自脫金簪扣箜篌和之。婢乃歌曰：『歌繁霜，繁霜侵曉幕。何意空相守，坐待繁霜落。』留連宴寢，將旦別去，以金簪遺文韶，文韶亦贈以銀盌及琉璃匕。明日於青深廟中得之，乃知所見青溪神女也。干寶搜神記曰：「廣陵蔣子文嘗爲秣陵尉，因擊賊傷而死。吳孫權時，寺中都侯立廟鍾山。」異苑曰：「青溪小姑，蔣侯第三妹也。」今人陸侃如曰：「三國志吳志有蔣欽傳，事實與干寶所記蔣子文事相類，惟封侯係其子壹之事，未審「子文」是否蔣壹之字。大概小姑之事係江左民間的傳說，然亦未必如吳均所記那樣的靈異。至其來源，闕疑可也。」

開門白水，側近橋梁。小姑所居，獨處無郎。

明下童 二曲錄一

走馬上前阪，石子彈馬蹄。不惜彈馬蹄，但惜馬上兒。

西曲歌

樂府詩集曰：「西曲歌，出於荆郢樊鄧之間，而其聲節送和，與吳歌亦異，故今方俗謂之西曲云。」古今樂錄曰：「西曲歌有石城樂……等三十四曲。石城樂……【等十六曲】，並舞曲。青陽度，女兒子，來羅，夜黃，夜度娘，長松標，雙行纏，黃督，黃纓，平西樂，攀楊枝，尋樂，白附鳩，拔蒲，作蠶絲，並倚歌；孟珠，翳樂亦倚歌。」按石城樂等十六曲，別列舞曲。茲選青陽度三曲，女兒子一曲，來羅一曲，孟珠一曲，夜度娘一曲，長松標一曲，雙行纏二曲，黃督一曲，平西樂一曲，尋陽樂一曲，拔二曲，作蠶絲一曲，西烏夜飛三曲，楊叛兒四曲，攀楊枝一曲，月節折揚柳歌十三曲。

青陽度　三曲

隱機停不織，尋得爛漫絲。成匹郎莫斷，憶儂經絞時。

碧玉搗衣砧，七寶金蓮杵。高舉徐徐下，輕搗只爲汝。

青荷蓋綠水，芙蓉披紅鮮。下有並根藕，上生並目蓮。

女兒子　倚歌　二曲錄一

巴東三峽猿鳴悲，夜鳴三聲淚沾衣。

來羅　倚歌　四曲錄一

鬱金黃花標，下有同心草。草生日已長，人生日就老。

孟珠　十曲（舞曲八曲倚歌二曲）錄一

陽春二三月，草與水同色。攀條摘香花，言是歡氣息。

醫藥 倚歌

人生歡愛時，少年新得意。一旦不相見，輒作煩冤思。

夜度娘 倚歌 一曲

夜來冒霜雪，晨去履風波。雖得敘微情，奈儂身苦何！

長松標 倚歌 一曲

落落千丈松，晝夜對長風。歲暮霜雪時，寒苦與誰雙？

雙行纏 倚歌 二曲

朱絲繫腕繩，眞如白雪凝。非但我言好，衆情共所稱。

新羅繡行纏，足趺如春妍。他人不言好，獨我知可憐。

黃督 倚歌 二曲錄一

喬客他鄉人，三春不得歸。願看楊柳樹，已復藏班鵻。

平西樂 倚歌 一曲

我情與歡情，二情感蒼天。形雖胡越隔，神交中夜間。

尋陽樂 倚歌 一曲

雞亭故儂去，九里新儂還。送一卻迎兩，無有暫時閒。

拔蒲 倚歌 二曲

表蒲銜紫茸，長葉復從風。與君同舟去，拔蒲五湖中。
朝發桂蘭渚，晝息桑榆下。與君同拔蒲，竟日不成把。

作蠶絲 倚歌 四曲錄一

春蠶不應老，晝夜常懷絲。何惜微軀盡！纏綿自有時。

西烏夜飛 五曲錄三

古今樂錄曰：「西烏夜飛者，宋元徽五年，荆州刺史沈攸之所作也。攸之舉兵，發荆州東下；未敗之前，思歸京師。故其和云：『白日落西山，還去來；』送聲去：『折翅鳥，飛何處，被彈歸。』」

日從東方出，團團雞子黃。夫歸恩情重，憐歡故在傍。
陽春二三月，諸花盡芳盛。持底喚歡來？花笑鶯歌詠。
感郎崎嶇情，不復自顧慮。臂繩雙入結，遂成同心去。

楊叛兒 八曲錄四

唐書樂志曰：「楊伴兒，本童謠歌也。齊隆昌時，女巫之子曰楊旻，旻隨母入內；及長，爲后寵。童謠云：『楊婆兒，共戲來！』而歌語訛遂成『楊伴兒。』……疑投壺樂也。」古今樂錄曰：「楊叛兒送聲云『叛兒敎儂，不復相思』」按第二曲「暫出自門前」，與曲歌第七十六同。

送郎乘艇子，不作遭風慮。橫篙擲去槳，願倒逐流去。
七寶珠絡鼓，敎郎拍復拍。黃牛細犢兒，楊柳映松柏。
歡欲見蓮時，移湖市屋裡。芙蓉繞床生，眠臥抱蓮子。

楊叛西隨曲，柳花經東陰。風流隨遠近，飄揚悶儂心。

攀楊枝 倚歌 一曲

樂苑曰：攀楊枝，梁時作。

自從別君來，不復著綾羅。畫眉不注口，施朱當奈何？

月節折楊柳歌 十三曲

正月歌

春風尚蕭條。去故來入新，苦心非一朝。——折楊柳。愁思滿腹中，歷亂不可數。

二月歌

翩翩烏入鄉。道逢雙燕飛，勞君看三陽。——折楊柳。寄言語儂歡：尋還不復久。

三月歌

汎舟臨曲池。傾頭看春花，杜鵑緯林啼。——折楊柳。雙下俱徘徊，我與歡共取。

四月歌

芙蓉始懷蓮。何處覓同心，俱生世尊前。——折楊柳。捻香散名花，志得長相取。

五月歌

菰生四五尺。素身爲誰珍？盛年將可惜。——折楊柳。作得九子粽，思想勞歡手。

六月歌

三伏熱如火。籠窗開北牖，與郎對榻坐。——折楊柳。銅塸貯蜜漿，不用水洗溴。

七月歌

織女遊河邊。牽牛顧自歎：一會復周年。——折楊柳。攬結長命草，同心不相負。

八月歌

迎歡裁衣裳。日月流如水，白露凝庭霜。——折楊柳。夜聞擣衣聲，窈窕誰家婦？

九月歌

甘菊吐黃花。非無杯觴用，當奈許寒何！——折楊柳。授歡羅衣裳，含笑言不取。

十月歌

大樹轉蕭索。天陰不作雨，嚴霜半夜落。——折楊柳。林中與松柏，歲寒不相負。

十一歌

寒雪任風流。樹木轉枯捽。松柏無所愛。——折楊柳。寒衣履薄冰，歡詎知儂否？

十二月歌

天寒歲欲暮。春秋及冬夏，若心停欲度。——折楊柳。沈亂枕席間，纏綿不覺久。

閏月歌

成閏暑與寒。春秋補小月，念子無時間。——折楊柳。陰陽推我去，那得有定主！

唐宋以前的歌謠

徐陵玉臺新詠，郭茂倩樂府詩集，唐、宋以前接近民間歌謠的作品，加以略要選輯如下：這些作品都有些注釋，對了解內容有所助益，應保留下來：

傅　玄

字休奕，晉北地人。州舉秀才，累至司隸校尉。性剛勁亮直。不能容人。每有劾奏，貴遊懾服。卒謚剛。著有傅子。

短歌行

長安高城，層樓亭亭。干雲四起，上貫天庭。蜉蝣何整！行如軍征。
蟋蟀何感？中夜哀鳴。蚍蜉愉樂，粲粲其榮，寤寐念之，誰知我情？
昔君視我，如掌中珠；何意一朝，棄我溝渠！昔君與我，如影如形，何意一去；
心如流星！昔君與我，兩心相結；何意今日，忽然兩絕！

秋胡行

列女傳曰：「魯秋潔婦者，魯秋胡之妻也。既納之五日，去而官於陳，五年乃歸。未至其家，見路旁有美婦人方採桑而悅之，下車謂曰：『力田不如逢豐年，力桑不如見國卿。今吾有金，願以與夫人。』婦曰：『採桑力作，紡績織紝，以供衣食，奉二親，養夫子已矣。不願人之金！』秋胡遂去。歸至家，奉金遺母。使人呼其婦，婦至，乃向採桑者也。婦汙其行，去而東走，自投於河而死。」樂府解題曰：「後人哀而賦之，爲秋胡行。」

秋胡納令室，三日官他鄉。皎皎絜婦姿，泠泠守空房。燕婉不終夕，別如參與商。
憂來猶四海，易感難可防。人言生日短，愁者苦夜長。
百草揚春華，攘腕採柔桑。素手尋繁枝，落葉不盈筐。羅衣翳玉體，回目流來車。
君子倦仕歸，車馬如龍驤。精誠馳萬里，既至兩相忘。行人悅令顏，借息此樹傍。
誘以「逢卿」喻。遂下黃金裝。
烈烈貞女忿，言辭厲秋霜。
長驅及居室，奉金升北堂。母立呼婦來，歡情樂未央。秋胡見此婦，惕然懷探湯。
負心豈不慚？永誓非所望。
清澤必異源，梟鳳不並翔。引身赴長流，果哉絜婦腸！彼夫既不淑，此婦亦太剛。

現存元人雜劇中有石君寶編寫的「秋胡戲妻」演的就是這個悲歡離合的故事。說明文字中，將這個民間口耳相傳的故事渲染爲家庭悲劇。秋胡的事，是於劉向列女傳，馮夢龍情史，山東通志諸書。宋代顏延年作秋胡詩九章，以古雅之筆叙述民間傳說。西京雜記卷六亦有記載秋胡之事。可見漢時已流傳民間，是屬一種大衆文學。

西長安行

樂府題題曰：西長安行，晉傅休奕曰：「所思兮何在？乃在西長安」，其下因叙別離之意也。樂府詩集列於雜曲。按本篇風格，似擬漢鐃歌有所思。

所思兮何在？乃在西長安。何用存問妾？香橙雙珠環。何用重存問？羽爵翠琅玕。今我兮聞君，更有兮異心。香亦不可燒，環亦不可沈。香燒日有歇，環沈日自深。

昔思君

樂府詩集列於雜曲。按本篇風格，與前短歌行下半曲同。

昔君與我兮，形影潛結。今君與我兮，雲飛雨絕。昔君與我兮，音響相和，今君與我兮，落葉去柯。昔君與我兮，金石無虧；今君與我兮，星滅光離。

明月篇

樂府詩集列於雜曲。

皎皎明月光，灼灼朝日暉。昔爲春蠶絲，今爲秋女衣。丹脣列素齒，翠彩發蛾眉。嬌子多好言，歡合易爲姿。玉顏盛有時，秀色隨年衰。常恐新間舊，變故興細微。浮萍本無根，非水將何依？憂喜更相接，樂極還自悲。

吳楚歌

樂府詩集列於雜歌謠辭。

燕人美兮趙女佳，其室則邇兮限層崖。雲爲車兮風爲馬，玉在山兮蘭在野。雲無朝兮風有止，思多端兮誰能理？

以上這些首歌謠，都是悲情歌，其風格是接近民間的。

石崇的王昭君一首錄自玉臺新詠。因爲此書中註釋可貴，不忍割捨，因此，照錄於此：

石　崇

王昭君辭一首

王明君者。本爲王昭君。以觸文帝諱。故改。匈奴盛。請婚於漢。元帝詔以後宮良家女子明君配焉。昔公主嫁烏孫。令琵琶馬上作樂。以慰甚道路之思。其送明君。亦必爾也。其新造之曲多哀聲。故敘之於紙云爾。

我本漢家子。將適單于庭。辭決未及終。前驅巳抗旌。僕御涕流離。轅馬爲悲鳴。哀鬱傷五內。泣淚霑珠纓。行行日巳遠，乃造匈奴城。延我於穹廬。加我閼氏名。殊類非所安。雖貴非所榮。父子見凌辱。對之慚且驚。殺身良未易。默默以苟生。苟生亦何聊。積思常憤盈。願假飛鴻翼。棄之以遐征。飛鴻不我顧。佇立以屛營。昔爲匣中玉。今爲糞土英。朝華不足歡。甘爲秋草幷。傳語後世人。遠嫁難爲情。

王昭君的故事見於世說新語，此篇有註釋。杜甫有七言詩，元雜劇馬致遠有「漢宮秋」演唱昭君和番故事。西京雜記卷二所記與前後漢書不同（請參考「說唱藝術」一書）。

王鑒作七夕觀織女一首，是帶有神話色彩的歌謠；也是出之於玉臺新詠：

王　鑒

七夕觀織女一首

牽牛悲殊館。織女悼離家。一稔期一宵。此期良可嘉。赫奕元門開。飛閣鬱嵯峨。隱隱驅千乘。闐闐越星河。六龍奮瑤轡。文螭負瓊車。火丹秉瑰燭。素女執瓊華。絳旗若吐電。朱蓋如振霞。雲韶何嘈嗷。靈鼓鳴相和。亭軒紆高盼。眷余在岌峨。澤因芳露霑。恩附蘭風加。明發相從遊。翩翩鸞鷟羅。同遊不同觀。念子憂怨多。敬因三祝末。以爾屬皇娥。

李充的嘲友人一首，民歌風的味道十分顯明；也有諷諭的性質；並錄自玉臺新詠：

李　充

嘲友人一首

同好齊歡愛。纏綿一何深。子既識我情。我亦知子心。嬿婉歷年歲。和樂如瑟琴。良辰不我俱。中闊似商參。爾隔北山陽。我分南川陰。嘉會罔克從。積思安可任。目想妍麗姿。耳存清媚音。修晝興永念。遙夜獨悲吟。逝將尋行役。言別涕霑襟。願爾降玉趾。一顧重千金。

沈約六憶詩四首是民歌式的詩篇；見於玉臺新詠一書：

沈約

六憶詩四首三言五言（按）□曲歌詞

憶來時。的的上堦墀。勤勤聚離別。慊慊道相思。相看常不足。相見乃忘飢。
憶坐時。點點羅帳前。或歌四五曲。或弄兩三弦。笑時應無比。嗔時更可憐。
憶食時。臨盤動容色。欲坐復羞坐。欲食復羞食。含哺如不飢。擎甌似無力。
憶眠時。人眠強未眠。解羅不待勸。就枕更須牽。復恐傍人見。嬌羞在燭前。

范雲的送別等和江淹的征怨也是近於民歌的作品：

范雲

送別

東風柳線長。送郎上河梁。未盡樽前酒。妾淚已千行。不愁書難寄。但恐鬢將霜。空懷白首約。江上早歸航。

別詩

洛陽城東西。長作經時別。昔去雪如花。今來花如雪。

擬自君之出矣

自君之出矣。羅帳咽秋風。思君如蔓草。連延不可窮。

江　淹

征　怨

蕩子從征久。鳳棲蕭管閑。獨枕凋雲鬢。孤鐙損玉顏。何日邊塵靜。庭前征馬還。

漢成帝時

漢成帝和漢桓帝時的民謠，是一種時曲，說是童謠，自然是民歌：

童謠歌二首並序

漢成帝趙皇后名飛燕。寵幸冠於後宮。常從帝出入。時富平侯張放亦稱倿幸。爲期門之遊。故歌云張公子時相見也。飛燕嬌妬。成帝無子。故云啄王孫。華而不實。王莽自云代漢者德士色尚黃。故云黃雀。飛燕竟以廢死。故爲人所憐者也。

燕燕尾殿殿。張公子。時相見。木門倉琅根。燕飛來。啄皇孫。桂樹華不實。黃雀巢其顚。昔爲人所羨。今爲人所憐。

漢桓帝時

童謠歌二首

大麥青青小麥枯。誰當穫者婦與姑。丈夫何在西擊胡。吏買馬。君具車。請爲諸君鼓嚨胡。

城上烏。尾畢逋。公爲吏。兒爲徒。一徒死。百乘車。車班班。至河間。至河間。姹女能數錢。錢爲室。金爲堂。户上舂瞴粱。瞴粱之下有懸鼓。我欲擊之丞相怒。

張衡的四愁詩是帶有民謠風之作；也是爲人熟悉的。

張衡

四愁詩四首　序文原本不載今采文選補入

張衡不樂久處機密。陽嘉中出爲河間相。時國王驕奢。不遵法度。又多豪右幷兼之家。衡下車治威嚴。能内察屬縣。姦猾行巧劫。皆密知名。下吏收捕盡服擒。諸豪俠游客。悉惶懼逃出境。郡中大治。爭訟息。獄無繫囚。時天下漸弊。鬱鬱不得志。爲四愁詩。屈原以美人爲君子。以珍寶爲仁義。以水深雪氛爲小人。思以道術相報。貽於時君。而懼讒邪不得以通。其辭曰：

一思曰。我所思兮在太山。欲往從之梁甫艱。側身東望涕霑翰。美人贈我金錯刀。何以報之英瓊瑤。路遠莫致倚逍遙。何爲懷憂心煩勞。

二思曰。我所思兮在桂林。欲往從之湘水深。側身南望涕霑襟。美人贈我琴琅玕。何以報之雙玉盤。路遠莫致倚惆悵。何爲懷憂心煩怏。

三思曰。我所思兮在漢陽。欲往從之隴阪長。側身西望涕霑裳。美人贈我貂襜褕。何以報之明月珠。路遠莫致倚峙𡾊。何爲懷憂心煩紆。

四思曰。我所思兮在雁門。欲往從之雪紛紛。側身北望涕霑巾。美人贈我錦繡段。何以報之青玉案。路遠莫致倚增歎。何爲懷憂心煩惋。

我所思兮在隴原。欲往從之隔太山。登崖遠望涕泗連。我之懷矣心傷煩。佳人遺我雙角端。何以贈之雕玉環。願因行雲超重巒。終然莫致增永歎。

我所思兮在營州。欲往從之路阻脩。登崖遠望涕泗流。我之懷矣心傷憂。佳人遺我綠綺琴。何以之雙南金。願因深波超重深。終然莫致增永吟。

晉惠帝時

童謠歌一首

鄴中女子莫千妖。前至三月抱胡腰。

陸機的燕歌行是別離的歌；也是婦女遠會君子之歌：

陸　機

樂府燕歌行一首

四時代序逝不追。寒風習習落葉飛。蟋蟀在堂露盈階。念君遠遊常苦悲。君何緬然久不歸。賤妾悠悠心無違。白日既沒明鐙輝。寒禽赴林匹鳥棲。雙鳩關關宿河湄。憂來感物涕不晞。非君之念思爲誰。別日何早會何遲。

胡適在其「白話文學史——唐以前三百年中的文學趨勢」中認爲「當時的最大詩人不是謝（靈運）顏（延之），乃是鮑照」。他說鮑照是「絕高天才的人；他二十歲時作行路難十八首，才氣縱橫，上無古人，下開百代」。說他的成就很大，開風氣之先。且認爲他有許多白話詩」。杜甫以「俊逸鮑參軍」讚美他。玉臺新詠也輯有鮑照的詩作，這裡輯錄的確是出衆之作：

鮑照的詩：

代結客少年場行

驄馬金絡頭，錦帶佩吳鉤。失意杯酒間，白刃起相讎。追兵一旦至，負劍遠行遊。去鄉三十載，復得還舊丘。升高臨四關，表裡望皇州。九衢平若水，雙闕似雲浮。扶宮羅將相，夾道列王侯。日中市朝滿，車馬若川流。擊鐘陳鼎食，方駕自相求。今我獨何爲，塪壈懷百憂？

擬行路難 十八首之五

奉君金卮之美酒，瑇瑁玉匣之彫琴，七采芙蓉之羽帳，九華葡萄之錦衾。紅顏零落歲將暮，寒花宛轉時欲沈，願君裁悲且減思，聽我抵節行路吟。不見柏梁銅雀上，寧聞古時清吹音？

㈡

璿閨玉墀上椒閣，文窗綺戶垂繡幕。中有一人字金蘭，被服纖羅蘊芳藿。春燕差池風散梅，開帷對影弄禽爵。（禽爵只是禽雀。丁福保說當作金爵，謂金爵釵也。似未爲當。）含歌攬淚不能言，人生幾時得爲樂？寧作野中之雙鳧，不願雲間之別鶴！

㈢

瀉水置平地，各自東西南北流。人生亦有命，安能行歎復坐愁？酌酒以自覺，舉杯斷絕歌路難。心非木石豈無感？吞聲躑躅不能言。

㈣

對案不能食，拔劍擊柱長歎息：『丈夫生世會幾時？安能蹀躞垂羽翼？』棄置罷官去，還家自休息。朝出與親辭，暮還在親側。弄兒床前戲，看婦機中織。自古聖賢盡貧賤，何況我輩孤且直！

㈤

愁思忽而至，跨馬出北門，舉頭四顧望，但見松柏園。荆棘鬱蹲蹲，中有一鳥名杜鵑，言是古時蜀帝魂，聲音哀苦鳴不息，羽毛憔悴似人髡，飛走樹間啄蟲蟻，豈憶往日天子尊？念此死生變化非常理，中心惻愴不能言。

代淮南王

朱城九門門九關。願逐明月入君懷。入君懷，結君佩，怨君恨君恃吾愛。築城思堅劍思利，同盛同衰莫相棄。

代雉朝飛

雉朝飛，振羽翼，專場挾雌恃強力。媒已驚，翳又逼，蒿間潸彀盧矢直。刎繡頸，碎錦臆，絕命君前無怨色。握君手，執杯酒，意氣相傾死何有！

鮑照的詩裡很有許多白話詩，如行路難末篇的『但願樽中九醞滿，莫惜床頭百個錢』之類。

惠休也是當時人，詩傳世甚少，但顏延之說他的詩是『委巷中歌謠』，可見他的詩必是通俗的。我們抄他的白紵歌一首：

少年窈窕舞君前，容華艷艷將欲然。為君嬌凝復遷延，流目送笑不敢前。長袖拂面心自煎，願君流光及盛年。

這很不像和尚家說的話：在惠林之後，有個和尚寶月，卻是一個入世詩人。我們抄他的詩三首：

估客樂

郎作十里行，儂作九里送。拔儂頭上釵，與郎資路用。

(二)

有信數寄書，無信心相憶。莫作瓶落井，一去無消息。

(三)

大艑珂峨頭，何處發揚州？借問艑上郎，見儂所歡不？

玉臺新詠卷十有古絕句詩四首，有些雙關語是歌謠的風格：

藁砧今何在。山上復有山。何當大刀頭。破鏡飛上天。
日暮秋雲陰。江水清且深。何用通音信。蓮花瑇瑁簪。
菟絲從長風。根莖無斷絕。無情尚不離。有情安可別。
南山一桂樹。上有雙鴛鴦。千年長交頸。歡愛不相忘。

賈充的李夫人詩是自剖心情的歌。王獻之的桃葉歌，卻是一首有了回答的謠曲。

賈　充

與妻李夫人連句詩三首

室中是阿誰。歎息聲正悲。歎息亦何爲。但恐大義虧。大義同膠漆。匪石心不移。人誰不慮終。日月有合離。我心子所達。子心我亦知。若能不食言。與君同所宜。

王獻之

情人桃葉歌二首

桃葉復桃葉。渡江不用楫。但須無所苦。我自迎接汝。桃葉復桃葉。桃葉連桃根。相連兩樂事。獨使我殷勤。

桃葉

答王團扇歌三首

七寶畫團扇。粲爛明月光。與郎卻暄暑。相憶莫相忘。
青青林中竹。可作白團扇。動搖郎玉手。因風託方便。
團扇復團扇。持許自障面。憔悴無復理。羞與郎相見。

謝靈運是山水詩人，贈答詩饒富民間情趣的，這裡有兩首：

謝靈運

東陽谿中贈答 二首

可憐誰家婦。緣流洗素足。明月在雲間。迢迢不可得。
可憐誰家郎，緣流乘素舸。但問情若爲。月就雲中墮。

宋孝武帝

丁督護歌 二首

督護上征去。儂亦思聞許。願作石尤風。四面斷行旅。
黃河流無極。洛陽數千里。坎軻戎途間。何由見懽子。

擬徐幹詩 一首

自君之出矣。金翠闇無精。思君如日月。迴還晝夜生。

許瑤

詠柟柟榴枕

端木生河側。因病遂成妍。朝將雲髻別。夜與蛾眉連。

閨婦答憐人

昔如影與形。今如胡與越。不知行遠近。忘去離年月。

鮑令暉

寄行人 一首

桂吐兩三枝。蘭開四五葉。是時君不歸。春風徒笑妾。

西曲歌

石城樂

生長石城下。開門對城樓。城中美年少。出入見依投。

估客樂

有客數寄書。無信心相憶。莫作瓶落井。一去無消息。

烏夜啼

歌舞諸年少。娉婷無種跡。菖蒲花可憐。聞名不會識。

襄陽樂

朝發襄陽城。暮至大堤宿。大堤諸女兒。花豔驚郎目。

楊叛兒

暫出白門前。楊柳可藏烏。郎作沈水香。儂作博山鑪。

范靖婦

登樓曲

憑高川陸近。望遠阡陌多。相思隔重嶺。相憶限長河。

越城曲

別怨悽歌響。離啼濕舞衣。願假烏棲曲。翻從南向飛。

簡文帝

採菱歌

菱花落復含。桑女罷新蠶。桂棹浮星艇。徘徊蓮葉南。

夜夜曲

愁入夜獨傷。滅燭臥蘭芳。祇恐多情月。施來照妾房。

金閨思 二首

遊子久不返。妾身當何依。日移孤影動。羞覩燕雙飛。

自君之山矣。不復染膏脂。南風送歸燕。聊以寄相思。

王臺卿

陌上桑四首

鬱鬱陌上桑。盈盈道旁女。送君上河梁。拭淚不能語。

鬱鬱陌上桑。遙遙山下蹊。君去戍萬里。妾來守空閨。

鬱鬱陌上桑。皎皎雲間月。非無巧笑姿。皓齒爲誰發。

鬱鬱陌上桑。裊裊機頭絲。君行亦宜返。今夕是何時。

讀玉臺新詠中也有幾篇是歌謠，其中薛道衡有「王昭君」，「豫章行」長篇，但不如她的「人日思歸」那麼淺白動人。陳少女的「寄夫」、李月素的「贈情人」、羅愛愛的「憶情人」、蘇蟬翼的「因故人歸作」、張碧蘭的「寄阮郎」等篇，都是直抒其懷，不作矯揉造作的歌謠：

薛道衡

人日思歸

入春當七日。離家已二年。人歸落雁後。思發在花前。

陳少女

寄　夫

自君上河梁。蓬首臥蘭房。安得一尊酒。忍妾九回腸。

李月素

贈情人

感郎千金意。含嬌抱郎宿。試作帷中音。羞開燈前目。

羅愛愛

閨　思

幾當孤月夜。遙望七香車。羅帶因腰緩。金逐逐鬢斜。

秦玉鸞

憶情人

蘭幕蟲聲切。椒庭月影斜。可憐素館女。不及洛陽花。

蘇蟬翼

因故人歸作

郎去何太速。郎來何太遲，欲借一尊酒。共敍十年悲。

張碧蘭

寄阮郎

郎如洛陽花。妾似武昌柳。兩地惜春風。何時一攜手。

王梵志

傳統詩中「詩無邪」與「溫柔敦厚」，自然是中國詩人的本旨，但傳統中也有不是精雕細琢，不是典雅的通俗篇章，只能流行於民間，而未能受到珍視的，比比皆是。敦煌石窟遺書「王梵志詩」流落法國，於民國十四年經劉復自巴黎抄錄回來，成爲學界重視的焦點。太平廣記卷八十二其見小傳，屬神怪類，鈔錄於下：

王梵志，衛州黎陽人也。黎陽城東十五里有王德祖，當隋文帝時（五八一——六〇四），家有林檎樹，生癭大如斗，經三年，朽爛。德祖見之，乃剖其皮，遂見一孩兒抱胎而□（此處疑脫一字）。德祖收養之。至七歲，能言，曰，「人誰育我？復何姓名？」德祖具以實語之，因名曰「林木梵天」，後改曰「梵志」。曰，「王家育我，可姓王也。」梵志乃作詩示人，甚有義旨。

說他氣質不凡是可信的，但說他生於檎癭，自然是一種神話。王梵志的詩是通俗性的，是社會寫實，勸人爲善，人情世態他摸的很熟，家庭倫理他也照顧周到。鄭振鐸說他消極有遁世的觀念，但他有勇氣寫出一些頑廉立懦的詩，對當時代是有益處的。他的詩只是通俗家常，還不到歌謠的活潑瀏利。不過，像兒子娶了媳婦冷落父母的情況，他看在眼裡，便寫出了這種現象：

周錢索新婦，當家有新故。兒替阿耶來，新婦替家母。替人既到來，條錄相分付。新婦知家事，兒郎承門户。好衣我須著，好食入我肚。我老妻亦老，替代不得住。語你夫妻道，我死還到汝。

你孝我不孝，不絕孝門户。只見母憐兒，不見兒憐母。長大取得妻，卻嫌父母醜。耶娘不採聒，專心聽婦語。生時不供養，死後祭泥土。如此倒見賊，打煞無人護。

父母生男女，沒娑可憐許。逢著好飲食，紙裹將來與。心恆意不忘，入家覓男女。養大長成人，角晴難共語。五逆前後事，我死即到汝。

他對官吏的執法公平與清廉的品格，是十分看重的；如：

仕人作官職，人中第一好。行即食天廚，坐即請月料。得祿四季領，家口尋常飽。職田佃人送，牛馬足踏草。每日勤判案，曹司無闠閙。差科能均平，欲似車上道。依數向前行，運轉處處到。既能強了官，百姓省煩惱。一得清白狀，二得三上考。選日通好名，得官入京兆。

對百姓遭逢不幸，四處流浪的生活，他寄與無限的同情；如：

天下浮逃人，商賈多一半。南北擲縱橫，誑他暫歸貫。遊遊自覓活，不愁應戶貫，無心念二親，有意隨惡伴。強處出頭來，不須曹主喚。聞苦即深藏，尋常擬於莽。欲似鳥作群，驚即當頭散。心毒無忠孝，不過浮根漢。此是五逆賊，打煞何須案。

報恩主義，在他心裡十分重要，所謂投桃報李，受人點滴，當湧泉以報是作人的良好條件。

負恩必須酬，施恩慎勿色。索他一石麵，還他十斗麥。得他半疋練，還他二丈帛。瓠蘆作打車，棒果作山客。

敬他保自貴，辱他還自受。你若敬算他，他還敬算你。勾他下盞酒，他勾十巡至。子細審思量，此言有道理。

敬重他人，以及禍從口出，避免衝突，化戾氣爲詳和；如：

敬他還自敬，輕他還自輕。罵他一兩口，他罵幾千聲。觸他父母諱，他觸祖父名。欲覓無嗔根，少語最爲精。

敬兄弟和睦，重視骨肉情；如：

兄弟實難得，他人不可親。但尋莊子語，手足斷難論。

親中除父母，兄弟便無過。有莫相輕賤，無時始認他。

修身齊家，對人禮貌，孝順之道，必需遵從；如：

尊人立莫坐，賜坐莫背人。存坐無方便，席上被人嗔。

尊人對客飲，卓立莫東西。使喚須依命，躬身莫不齊。

尊人與酒喫，即把莫推辭。性少由方便，圓融莫遣之。

尊人同席飲，不問莫多言。縱有文章好，留將餘處宣。

對於生活的態度，避凶趨吉，是智慧也是歷練；如：

見惡須藏掩，知賢唯讚揚。但能依此言，祕密立身方。

停客莫叱狗，對客莫頻眉。供給千餘日，臨歧請不飢。

親客無疏伴，來即盡須喚。食了寧且休，只可待他散。

知足常樂，人的生老病死是自然的循環，這種處世態度，是他的一種價值觀，輕視錢財，遨遊四海，也是他的人生觀；如：

人生一代間，大錢須喫著。四海並交遊，風光亦須覓。錢財只恨無，有時實不惜。聞身強健時，多施還須喫。
人生能幾時，朝多不可保。死亡今古傳，何須愁此道。有酒但當飲，立即相看老。充
充信因緣，終歸有一到。
有錢但喫著，實莫留塡櫃。一旦厥摩師，他用不由你。妻嫁親後夫，子心隨母意。我
物我不用，我自無意智。未有百年身，徒作千年事。

他的詩有許多是格言，缺少浪漫飄逸的情緒，詮釋人生的道理，有他的看法，曠達而不沾滯。他也遊戲人生，可能受到一些魏晉隱逸清談的影響，但他有些觀念是入世也是現實的。

據記載寒山居天台唐興縣寒巖，時往歸國清寺，以樺皮爲冠，布裘敝履，或長郎唱咏，或村墅歌嘯，人莫識之。閭邱允宦丹邱，臨行遇豐干師，嘗從天台來。閭邱問彼地有何賢堪師？師曰：『寒山？文殊，拾得普賢，在國清寺庫院廚中著火。』閭邱到官三日，親往寺中，見二人便禮拜，二人大笑曰：『豐干饒舌，饒舌，阿彌不識，禮我何爲？』即走出寺，歸寒巖。寒山子入穴而去，其穴自合。嘗於竹木石壁書，並村墅屋壁，所寫文句三百餘首。

近年來，中西研究寒山其人其詩的學者不少。有人且視他爲雅痞之祖。其實他祇是看破紅塵，自得其樂的得道高僧。他的詩諷諭世人，莫貪戀榮華富貴，應走向大自然與無拘無束自由開闊的人生。他的詩徜徉於山川幽谷，松風村鳥之間，所謂「心無所住」應可近之。語言通俗，但也只是白淨可愛，我在此錄用六首，以見其他：

可笑寒山道，而無車馬蹤。聯谿難記曲，疊嶂不知重。泣露千般草，吟風一樣松。此時迷徑處，形問影何從？

人問寒山道，寒山路一通。夏天冰未釋，日出霧朦朧。似我何由居，與君心不同。君心若是我，還得到其中。

天生百尺樹，剪作長條木；可惜棟梁材，抛之在幽谷。年多心尚勁，日久皮漸禿。識者取將來，猶堪柱馬屋。

四時無止息，年去又年來。萬物有代謝，九天無朽摧。東明又西暗，花落復花開。唯有黃泉客，宴宴去不過。

欲得安身處，寒山可長保。微風吹幽松，近聽聲逾好。下有斑白人，喃喃讀黃老。十年歸不得，忘卻來時道。

茅棟野人居，門前車馬疎。林幽偏聚鳥，谿闊本藏魚。山果攜兒摘，臯田共婦鋤。家中何所有？唯有一床書。

唐薛用弱撰「集異記」其中有王維和王之渙各一篇。從這兩篇記述中，可以見出當時朝野重視詩人的一些情況：

王維

王維右丞，年未弱冠，文章得名。性閑音律，妙能琵琶。遊歷諸貴之間，尤爲岐王之所眷重。時進士張九臯聲稱籍甚。客有出入於公主之門者，爲其致公主邑司牒京兆試官，令以九臯爲解頭。維方將應舉，具其其事言於岐王，仍求庇借。岐王曰：『貴主之強，不可力爭，吾爲子畫焉。子之舊詩清越者可錄十篇，琵琶之新聲怨切者可度一曲，後五日當詣此。』維即依如期而至。岐王謂曰：『子以文士請謁貴主何門可見哉？子能如吾之教乎？』維曰：『謹奉命！』岐王則出錦衣服，鮮華奇異，遣維衣之，仍令賚琵琶同至公主之第。岐王入曰：『承貴主出內，故攜酒樂奉讌。』即令張筵諸伶旅進。維妙年潔白，風姿都美，立於前行。公主顧之，謂岐王曰：『斯何人哉？』答曰：『知音者也。』即令獨奏新曲，聲調哀切，滿座動容。公主自詢曰：『此曲何名？』維起曰：『號鬱輪袍。』公主大奇之。岐王曰：『此生非止音律，至於詞學，無出其右。』，公主尤異之，則曰：『子有所爲文乎？』維即出獻懷中詩卷。公主覽讀，驚駭曰：『皆我素所誦習者，常謂古人佳作，乃子之爲乎？』因令更衣，昇之客右。維風流蘊籍，語言諧戲，大爲諸貴之所欽矚。岐王因曰：『若使京兆今年得此生爲解頭，誠爲國華矣。』公主乃曰：『何不遣其應舉？岐王曰：『此生不得首薦，義不就試。然已承貴主論託張九臯矣。』公主笑曰：『何預見事，本爲他人所託。』顧謂維曰：『子誠取解當爲子力。』維起謝。公主則召試官至第，遣宮婢傳教。維遂作解頭，而一舉登第。

王之渙的這篇，尤其可以看出民間歌伶對詩人作品的愛重，出之於歌聲將詩作傳播；而成爲一種流行：

王之渙

開元中，詩人王昌齡，高適，王之渙齊名。時風塵未偶，而遊處略同。一日天寒微雪，三詩人共詣旗亭貰酒小飲。忽有黎園伶官十數人登樓會讌。三詩人因避席隈映，擁爐火以觀焉。俄有妙妓四輩尋續而至，奢華艷曳，都冶頗極。旋則奏樂，皆當時之名部也。昌齡等私相約曰：『我輩各擅詩名，每不自定其甲乙。今者可以密觀諸伶所謳。若詩人歌詞之多者，則爲優矣。』俄而一伶拊節而唱，乃曰：『寒雨連江夜入吳，平明送客楚山孤；洛陽親友如相問，一片冰心在玉壺。』昌齡則引手畫壁曰：『一絕句。』尋又一伶謳之曰：『開篋激霑臆，見君前日書。夜臺何寂寞！猶是子雲居。』適則引手畫壁曰：『一絕句。』尋又一伶謳曰：『奉帚平明金殿開，強將團扇共徘徊；玉顏不及寒鵶色，猶帶昭陽日影來。』昌齡則又引手畫壁曰：『二絕句』之渙自以得名已久，因謂諸人曰：『此輩皆潦倒樂官，所唱皆巴人下俚之詞耳，豈陽春白雪之曲，俗物敢近哉？』因指諸妓之中最佳者曰：『待此子所唱如非我詩，吾即終身不敢與子爭衡矣。脱是吾詩，子等當順列拜床下，奉吾爲師。』因歡笑而俟之。須臾次至雙鬟，發聲則曰：『黃河遠上白雲間，一片孤城萬仞山；羌笛何須怨楊柳，春風不度玉門關。』之渙即掀歈二子曰：『田舍奴，我豈妄哉？』因大諧笑。諸伶不喻其故，皆起詣曰：『不知諸郎君何此歡噱？』昌齡等因話其事。諸伶競拜曰：『俗眼不識神仙，乞降清重，請府就筵席！』三子從之，飲醉竟日。

王維、王之渙二人都是山西人，也是他們聲望所至的榮耀。

唐代詩人摹擬六朝樂府而近於歌謠作風的如崔顥的「長干行」：

君家何處位？妾住在橫塘；停船暫相問，或恐是同鄉。
家臨九口水，來去九江側；同是長干人，自小不相識。

又如：

三行潮水急，五湖風浪湧。由來花性輕，莫畏蓮舟重。

女詩人晁采與鄰生文茂成寄詩通情，結成連理，有「子夜歌十八首」，其中有雙關語，頗類子夜歌謠者如下面七首：

何時得成匹，離恨不復牽，金針刺菡萏，夜夜得見蓮。（『蓮』諧『憐』）
相逢逐涼候，黃花忽復香，顰眉臘月露，愁殺未成霜。（『霜』諧『雙』）
寄語閨中娘，顏色不常好，含笑對棘實，歡娛須是棗。（『棗』諧『早』）
良會終有時，歡郎莫得怒，薑蘖畏（同『餵』）春蠶，要綿（諧『眠』）須辛苦。
信使無虛日，玉甌寄盈觥，一年一日雨，底事太多晴？（『晴』諧『情』）
相思不餘日，相見若無期，褰裳摘藕花，要蓮敢恨池。（『池』諧『遲』）
得郎日嗣音，令人不可覯，熊膽磨作墨，書來字字苦。

張九齡的「登荊州城望江」：

東望何悠悠，西來盡夜流。

幾月既如此，爲心那不愁。

又如「賦得自君之出矣」：

自君之出矣，不復理殘機；

思君如滿月，夜夜減清輝。

這些都是有民謠風的味道的。

張祜的「白團扇」顯然是歌謠體的作品：

白團扇，今來此去捐，願得入郎手，團圓郎眼前。

「拔蒲歌」是非常有情趣的一首：

拔蒲來，領郎鏡湖邊，郎心在何處？莫趁新蓮去，拔得無心蒲，問郎看好無？

「莫趁新蓮去」的「蓮」是「憐」的諧意。意思是指郎見了新蓮（憐）不要變心。

蘇小小歌

車輪不可遮，馬足不可絆，長怨十字街，使郎心四散。

新人千里去，故人千里來，剪刀橫眼底，方覺淚難裁。

登山不愁峻，涉海不愁深，中擘庭前棗，教郎見赤心。

蘇小小歌三節各有深意，第一節囑郎在外不可散心。第二節相思淚難收。第三節山高海深，此心不變。

自君之出矣

自君之出矣，萬物看成古，千尋葶藶枝，爭奈長長苦。

案：李時珍本章曰：「葶藶有甜苦二種。」

白鼻騧

爲底胡姬酒，長來白鼻騧，摘蓮抛水上，郎意在浮花。

宋之問的「下山歌」言外之情，溢於言表：

下嵩山兮多所思，攜佳人兮步遲遲；松間明月長出此，君再遊兮復何時？

蘇頲的「山鷓額詞」：

人坐青樓晚，鶯言百花時，愁多人易老，斷腸君不知。

王維的「相思」：

紅豆生南國，春來發幾枝；願君多採擷，此物最相思。

王昌齡「閨怨」：

閨中少婦不知愁，春日凝妝上翠樓；忽見陌頭楊柳色，悔教夫婿覓封侯。

李白全集中樂府詩一三九首，多有民間歌謠風味，錄以下這些飄逸的作品：

如「大堤曲」：

漢水臨襄陽，花開大堤暖。佳期大堤下，淚向南雲滿。
春風復無情，吹我夢魂散。不見眼中人，天長音信斷。

如「估客行」：

海客乘壬風。臨船遠行役。譬如雲中鳥。一去無蹤跡。

如「橫江詞」六首一：

人道橫江好，儂道橫江惡。一風三日吹倒山，白浪高於瓦官閣。

瓦官閣即瓦宮寺在江甯城外與越台相近。

都富於歌謠性質。

如「白紵辭」三首二：

館娃日落歌吹深。月寒江清於沈沈。美人一笑千黃金。
垂羅舞縠揚哀音。郢中白雪且莫吟。子夜吳歌動君心。
冀君賞，願作天地雙鴛鴦，一朝飛去青雲上。

如「折楊柳」：

垂陽拂淥水。搖艷東風年。花明玉關雪。葉暖金窗煙。
星人結長想。對山心悽然。攀條折春色。遠奇龍庭前。

如「淥水曲」：

淥水明秋日，湖南採白蘋，新花嬌欲語，愁殺蕩舟人。

其中最動人的是秋浦歌十六首中的這幾首：

其一

秋浦長似秋，蕭條使人愁，客愁不可度，行上東大樓。正西望長安，下見江水流。寄言向江水，汝意憶儂不。遙傳一掬激。爲我達揚州。

其十

千千石楠樹，萬萬女貞林。山山白鷺滿，澗澗白猿吟。君莫向秋浦，猿聲醉客心。

其十三

淥水淨素月，月明白鷺飛，即聽採菱女，一道夜歌歸。

其十四

爐火照天地，紅星亂紫煙，赧郎明月夜，歌曲動寒川。

其十五

白髮三千丈，緣愁似箇長，不知明鏡裡，何處得秋霜。

如「荊州樂」：

白帝城邊足風波，瞿塘五月誰敢過。荊州麥熟繭成蛾，繰絲憶君頭緒多，撥穀飛鳴奈妾何！

案：李義山無題云：『春蠶到死絲方盡。』溫庭筠達摩支曲：『拗蓮作寸絲難絕。』『絲』

亦諧『思』。

春思

燕草如碧絲，秦桑低綠枝。當君懷歸日，是妾斷腸時。春風不相識，何事入羅幃？

如「江夏行」，雖然長一些，但充分表現了民謠的作風：

憶昔嬌小姿，春心亦自持。爲言嫁夫婿，得免長相思。
誰知嫁高賈，令人卻愁苦。自從爲夫妻，何需在鄉土。
去年在揚州，相送黃鶴樓。眼看帆去遠，心逐江水流。
只言期一載，誰謂歷三狀。使妾腸欲斷，恨君情悠悠。
東家西舍同時發，北去南來不逾月。未知行事遺何方。
作簡音書能斷絕，適來往南浦。欲問西江船，正是當壚女。
紅妝二八年，一種爲人妻。獨自多悲悽，對鏡便垂淚。
逢人只欲啼，不如輕薄兒。旦暮長追隨，悔作商人婦。
青春長別離，如今正好同歡樂，君去容華誰得知。

如「子夜秋歌」：

長安一片月，萬户擣衣聲。秋風吹不盡，總是玉關情。何日平胡虜，良人罷遠征？

如「長相思」：

美人在時花滿堂，美人去後空餘床！床中繡被卷不寢，至今三載猶聞香。香亦竟不滅，人亦竟不來！相思黃葉落，白露點青苔。

「長相思」由纏綿轉爲難捨，眞是香艷而淒涼。

「贈汪倫」一首，使讀者知道李白交往的友人中，有一位民歌手汪倫。所謂踏歌就是一面唱著民謠一面沿岸而來，聞其聲亦可見其人，李白則已舟上欲發：

贈汪倫

李白乘舟將欲行，忽聞岸上踏歌聲。桃花潭水深千尺，不及汪倫送我情！

太白民謠風的歌，實在使人愛不擇手，又如以下幾首：

春夜洛城聞笛

誰家玉笛暗飛聲，散入春風滿洛城。此夜曲中聞折柳，何人不起故園情？

三五七言

秋風清，秋月明。落葉聚還散，寒鴉棲復驚。相思相見知何日？此時此夜難爲情！

陌上贈美人

駿馬驕行踏落花，垂鞭直拂五雲車；美人一笑褰珠箔，遙指紅樓是妾家。

怨情

新人如花雖可寵，故人似玉由來重。花性飄揚不自持，玉心皎潔終不移。故人昔新今尚故，還見新人有故時。請看陳后黃金屋，寂寂珠簾生網絲。

怨情

美人捲珠簾，深坐顰蛾眉；但見淚痕濕，不知心恨誰。

思邊

去年何時君別妾？南園綠草飛蝴蝶。今歲何時妾憶君？西山白雪暗晴雲。玉關去此三千里，欲寄音書那可聞？

口號吳王美人半醉

風動荷花水殿香，姑蘇臺上宴吳王；西施醉舞嬌無力，笑倚東風白玉床。

李益是與李賀齊名的詩人，長於歌詩，每作一篇，教坊樂人以賂求取；如「江南詞」：

嫁得深瞿塘賈，朝朝誤妾期；

早知潮有信，嫁給弄潮兒。

王建與張藉齊名，他寫的「宮詞」很出名，這裡是他的「新嫁娘詞」：

三日入廚下，洗手作羹湯；

未諳姑食性，先遣小姑嘗。

于鵠有「寓意」一首，饒有風味：

自小看花長不足，江邊尋得數株紅。

黃昏人散連風起，吹落誰家明月中。

權德輿的「玉臺體」錄有七首：

嬋娟二八正嬌羞，日暮相逢南陌頭；試問佳期不肯道，落花深處指青樓。

隱映羅衫簿，輕盈玉腕圓；相逢不肯語，微笑畫屏前。
樓上吹簫罷，閨中刺繡闌；佳期不可見，盡日淚潺潺。
君去期花時，花時君不至。簷前雙燕飛，落妾相思淚。
空閨滅燭後，羅幌獨眠時；淚盡腸欲斷，心知人不知！
昨夜裙帶解，今朝蟢子飛；鉛華不可棄，莫是藁砧歸！
萬里行人至；深閨夜未眠；雙眉燈下掃，不待鏡臺前。

王涯是寫「宮詞」的高手，但也有近於民謠色彩的詩，我們看他的：

春遊曲 錄一

萬樹江邊杏，新開一夜風；滿園深淺色，照在綠波中。

秋夜曲

杜魄初生秋露微，輕羅已薄未更衣；銀箏夜久殷勤弄，心怯空房不忍歸！

張藉以樂府詩出名，寫婦女的詩很多，其中「節婦吟」是最出名的：

君知妾有婦，贈妾雙明珠。感君纏綿意，繫在紅羅襦。妾家高樓連苑起，良人執戟明光裡。知君用心如日月，事夫誓擬同生死。還君明珠雙淚垂，何不相逢未嫁時。

這位節婦眞的不是「不願」而是於名節而「不能」，宛轉情意，令人同情。

劉禹錫的平民作風，眾所皆知，在此引用他的份作的歌謠式的竹枝詞。他說：「竹枝，巴歈也。巴兒聯歌，吹短笛，擊鼓以起節，歌者揚袂睢舞。其音協黃鐘，羽末，如吳聲。含思宛轉，有淇濮之艷焉。」七言的竹枝詞的形式，我們看：

竹枝詞 錄一

楊柳青青江水平，聞郎江上唱歌聲。東邊日出西邊雨，道是無晴卻有晴。

隄止行 錄一

江南江北望煙波，入夜行人相應歌。桃葉傳情竹枝怨，水流無限月明多。

竹枝詞九首 並引

四方之歌，異音而同樂。歲正月，余來建平，里中兒聯歌竹枝，吹短笛擊鼓以赴節。歌者揚袂睢舞，以曲多爲賢。聆其音，中黄鐘之羽，卒章激訐如吳聲，雖傖不可分，而含思宛轉。有淇澳之豔音。昔屈原居沅、湘間，其民迎神，詞多鄙陋，乃爲作九歌，到於今荆楚歌舞之。故余亦作竹枝九篇，俾善歌者颺之附於末，後之聆巴歈，知變風之自焉。

白帝城頭春草生，白鹽山下蜀江清。南人上來歌一曲，北人莫上動鄉情！

山桃紅花滿上頭，蜀江春水拍山流。花紅易衰似郎意，水流無限似儂愁。

江上朱樓新雨晴，讓西春水縠紋生。橋東橋西好楊柳，人來人去唱歌行。

日出三竿春霧消，江頭蜀客駐蘭橈。憑寄狂夫書一紙，家住成都萬里橋。

兩岸山花似雲開，家家春酒滿銀杯。昭君坊中多女伴，永安宮外踏青來。

城西門前灩澦堆，年年波浪不能摧。懊惱人心不如石，少時東去復西來！

瞿塘嘈嘈十二灘，人言道路古來難；長恨人心不如水，等閑平地起波瀾！

巫峽蒼蒼煙雨時，清猿啼在最高枝；箇裡愁人腸自斷，由來不是此聲悲。

山上層層桃李花，雲間煙火是人家；銀釧金釵來負水，長刀短笠去燒畬。

楊柳枝詞 錄五

塞北梅花羌笛吹，淮南桂樹小山詞。請君莫奏前朝曲，聽唱新翻楊柳枝。

金谷園中鶯亂飛，銅駝陌上好風吹。城中桃李須臾盡，盡似垂揚無限時！

煬帝行宮汴水濱，數枝楊柳不勝春；晚來風起花如雪，飛入宮牆不見人。

御陌青門拂地垂，千條金縷萬條絲；如今綰作同心結，將贈行人知不知。

輕盈嫋娜占年華，舞榭妝樓處處遮；春盡絮花留不得，隨風好去落誰家？

元和十一年 自朗州召至京戲贈看花諸君子

紫陌紅塵拂面來，無人不道看花回；玄都觀裡桃千樹，盡是劉郎去後栽！

再遊玄都觀 並引

余貞元二十一年，為屯田員外郎，時此觀未有花。是歲出牧連州，尋貶朗州司馬。居十年，召至京師。人人皆言有道士植仙桃，滿觀如紅霞，遂有前篇，以志一時之事。旋又出牧。今十有四年，復為主客郎中。重遊玄都觀，蕩然無復一樹，唯兔葵燕麥，動搖於春風耳。因再題二十八字，以俟後遊。時太和二年三月。

百畝庭中半是苔，桃花淨盡菜花開。種桃道士歸何處？前度劉郎今又來！

楊柳枝

春江一曲柳千條，二十年前舊板橋；曾與美人橋上別，恨無消息到今朝。

張仲素

燕子樓詩三首

樓上殘燈伴曉霜，獨眠人起合歡床。相思一夜情多少？地角天涯未是長！
北邙松柏鎖愁煙，燕子樓人思悄然；自劍埋履歌塵散，紅袖香銷已十年！
適看鴻雁岳陽迴，又覩玄禽逼社來。瑤瑟玉簫無意緒，任從蛛網任從灰。

徐州燕子樓，張尚書建封妓，張死，獨居燕子樓，十餘年。白樂天贈以詩，不食卒。

陸龜蒙以方言入「風人詩」：

十萬全師出，遙知正憶君，一心如瑞麥，長作兩歧分。『十萬曰億。』億諧憶。
破檗供朝爨，須憐是苦辛，曉天窺落宿，誰織獨醒人。
旦日思雙屨，明時願早諧，丹青傳四瀆，難寫是秋懷。
聞道更新幟，多應廢舊旗；正衣無伴擣，獨處自然悲。幟諧識，旗諧妻。

以上就是閨中怨婦的愁思。又如「山陽燕中郊樂錄」：

淮上能無雨，回頭總是情，簿帆渾未織，爭得一歡成。
赤心爲志（織）期（旗）相愛「一歡成」，等均是俗語。

皮日休有「和陸魯望風人詩」，也是民謠格調：

刻石書離恨，因成別後悲，莫言春繭薄，猶有萬重思。

鏤出容刀飾，親逢巧笑難，日中騷客佩，爭奈即闌干。

案：況澄曰：『以削爲笑。』

江上秋聲起，從來浪得名，逆風猶挂席，苦不會凡（一作帆）情。

又如劉采春的唱詩，巧妙用了雙關語：

不是廚中串，爭知炙裡心，井邊銀釧落，展轉恨還深。

簳蠟爲紅燭，情知不自由（油），紬絲斜結網，爭奈眼相鈎。

白居易

「長相思」的歌詞是接近民謠風的：

長相思

深畫眉。淺畫眉。蟬鬢鬅鬙雲滿衣。陽臺行雨迴。巫山高。巫山低。暮雨瀟瀟郎不歸。空房獨守時。

花非花

花非花、霧非霧，夜半來，天明去，來如春夢不多時，去似朝雲無覓處。

楊升庵謂此詞因情生文，雖高唐、洛神，奇麗不及也。

長相思

汴水流，泗水流，流到瓜州古渡頭，吳山點點愁。思悠悠，恨悠悠，恨到歸時方始休，月明人倚樓。

憶江南

江南好，風景舊曾諳。日出江花紅勝火，春來江水綠如藍。能不憶江南？

江南憶，最憶是杭州。山寺月中尋桂子，郡亭枕上看潮頭。何日更重遊？

江南憶，其次憶吳宮。吳酒一杯春竹葉，吳娃雙舞醉芙蓉。早晚得相逢。

除此，他也有竹枝云：

瞿塘峽口冷煙低，
白帝城邊月向西；
唱到竹枝聲咽處，
寒猿晴鳥一時啼。

溫庭筠

有「新添聲楊柳枝詞（亦作南歌子）二首：

一尺深紅蒙麴塵，天生舊物不如新，合歡桃核終堪恨，裡許元來別有人。（『人』諧『仁』。）

井底點燈深燭伊，共郎長行莫圍棋，玲瓏骰子安紅豆，入骨相思知不知。

燭諧「囑」，圍棋乃是「違期」，入骨相思俗言俗語。

皇甫松

有「竹枝」：

芙蓉並蔕竹枝一心連女兒，花侵隔子竹枝眼應穿女兒。
筵中蠟燭竹枝淚珠紅女兒，合歡桃核竹枝兩人同女兒。
斜江風起竹枝動橫波女兒，劈開蓮子竹枝苦心多女兒。

孫光憲

亦有「竹枝」：

竹　枝

亂繩千結竹枝絆人深女兒，越羅萬丈竹枝表長壽女兒。
楊在身後竹枝垂意緒女兒，藕花落盡竹枝見蓮心女兒。

牛希濟

「生查子」詞風接近民謠：

新月曲如眉，未有團圓意，紅豆不堪看，滿眼相思淚。終日劈桃穰，人在心兒裡，兩朵隔牆花，早晚成連理。

鄭谷是晚唐詩人，他的一首送別詩，是充滿平民的色彩的：

楊子江頭楊柳春，楊柳愁殺渡江人。
數聲風笛離亭晚，君向瀟湘我向秦。

王右丞

謂城曲那時已成爲家喻戶曉的歌曲了。

渭城朝雨浥輕塵，
客舍青青柳色新。
勸君更盡一杯酒，
西出陽關無故人。

元曲中題「陽關三疊」就是以疊唱增多唱辭，以和聲加強舊調，以表現送別離情。後唐皇甫松的竹枝：「門前流水白蘋花，岸上無人小艇斜；商女經過江欲暮，散抛殘食飼神鴉。」自是受巴渝兒歌影響而改造的詩。唐人詞中有無名氏醉公子的五言詩，是極上口的通俗語句：

門外猧兒吠，

知是蕭郎生，
剗襪下香階，
冤家今夜醉。
扶得入羅幃，
不肯解羅衣，
醉則從他醉，
還勝獨睡時。

無名氏「楊柳」是思會遠行人之作：

楊柳青青著地垂，楊花漫漫攪人飛；
柳條折盡花飛盡，借問行人歸不歸？

宋詞的典雅，所謂要妙宜脩，明眉皓齒，在其聲韻與細膩，格調與意境。因此與歌謠直樸奔進，毫無遮欄，自有不同。所以，要找一些接近歌謠的俚詞俗語，不是容易。不過，爲了說明它有渾脫天然的一面，便在這裡舉幾個例證如：林逋的「相思令」：

吳山青。越山青。兩岸青山相對迎。爭忍有離情。
君淚盈。妾淚盈。羅帶同心結未成。江邊潮已平。

陳亞

如陳亞的「生查子」：

相思意已深。白紙書難足。字字若參商。故要檳郎讀。分明記得約當歸，遠至櫻桃熟。何事菊花時。猶未回鄉曲。

柳 永

柳永的詞最成功處，便是用「俚語」的鄙俗處，我們儘可大膽說柳永的鄙俗，正是他的成功。如「定風波」：

自春來慘綠愁紅，芳心是事可可；日上花梢，鶯穿柳帶，猶帶香衾臥；暖酥銷，膩雲嚲，終日懨懨倦，梳裡無那恨，薄情一去，音書無個。早知這般麼？悔當初不把雕鞍鎖，向雞窗，只與蠻牋象管拘束；教吟詠，鎮相隨，莫拋針線閒拈，伴伊坐和我，免使少年光陰虛過。

如「安公子」：

夢覺青霄半，悄然屈指聽箭；惟有床前殘泣燭，啼紅相伴，暗惹起雲愁雨恨情何限；從臥來展轉千餘遍，任數重鴛鴦被，怎向孤眠不暖。堪恨還堪歡，當初不合輕分散，及自懨懨獨自個，卻眼穿腸斷，似恁地深情密愛如何拚，雖後約的有于飛願，奈片時難過，怎得如今便見。

我們看這種俗字句，如「早知道這般麼」「悔當初」「怎地」「怎麼」等等，在柳為宋人詞家的當年？就能突破典雅而入俚，用鄙俚表現典雅，這是何等的魄力！況且他那個時代，大多詞家還拚命的復古，他是完全不在乎，人世的飄泊孤悽，在他詞裡也坦誠的告訴你：

遠岸收殘雨，雨殘稍覺江天暮，拾翠汀洲人寂靜，立雙雙鷗鷺，望幾點漁燈掩映，蒹葭浦，停畫橈，兩兩舟人語，道去程今夜，搖指前村煙樹。游宦成羈旅，短牆吟倚閒凝竚，萬水千山迷遠近，想鄉關何處，自別後風亭月榭孤，歡聚斷腸，惹得離情苦，聽杜宇聲聲，勸人不如歸去。

如「晝夜樂」：

洞房記得初相遇，便只合長相聚，何期小會幽歡，變作別離情緒？況值闌珊春色暮，對滿目亂花狂絮；直恐好風光，盡隨伊去。一場寂寞憑誰訴？算前言總輕負，早知恁地難拌，悔不當初留住，其奈風流端正外，更別有繫人心處；一日不思量，也攢眉千度。

這裡用了「風流端正」和「繫人心處」以及「攢眉千度」，聽來多麼順耳窩心。

又如他的「望漢月」：

明月明月明月。爭奈乍圓還缺。恰如年少洞房人。暫歡會，依前離別。
小樓憑檻處。正是去年時節。千里清光又依舊。奈夜永。厭厭人絕。

又如「西江月」：

師師生得艷冶。香香於我情多。安安那更久比和。四個打成一個。

幸自蒼皇未款。新詞寫處多磨。幾回扯了又重挼。奸字中心著我。

他在教坊消磨了寂寞歲月，也表現了他的放逸天才。

歐陽修

歐陽修的「長相思」中有兩首，頗近民遙風：

花似伊。柳似伊。花柳青春人別離。低頭雙淚垂。

長江東。長江西。兩岸鴛鴦兩處飛。相逢知幾時。

深花枝。淺花枝。深淺花枝相並時。花枝難似伊。

玉如肌。柳如眉。愛著鵝黃金縷衣。啼妝更爲誰。

另如「生查子」：

去年元月時，花市燈如畫。月到柳梢頭，人約黃昏後。

今年元月時，月與燈依舊。不見去年人，淚滿春衫袖。

此首曾說爲朱淑眞與秦觀詞。

「浣溪紗」中一首，也頗近民謠性質：

青杏園林煮酒香。佳人初著薄羅裳。柳絲搖曳燕飛忙。

乍雨乍晴花自落。閒愁閒悶晝偏長。爲誰消瘦損容光。

此首亦誤作晏殊、吳文英及秦觀詞。

又有「鹽角兒」也頗富民謠情趣：

增之太長，減之太短，出群風格。施朱太赤，施粉太白，傾城顏色。
慧多多，嬌的的。天付與，教誰憐惜。除非我，偎著抱著，更有何人消得。

晏幾道

晏幾道有「長相思」俗詞：

長相思。長相思。若問相思甚了期。除非相見時。
長相思。長相思。欲把相思說似誰，淺情人不知。

王　觀

王觀有「卜算子」是流傳很廣的作品：

水是眼波橫，山是眉峰聚。欲問行人向那邊，眉眼盈盈處。
才始送春歸，又送君歸去。若到江東趕上春，千萬和春住。

李之儀

李之儀的「卜算子」也是傳唱已久的歌：

我住長江頭，君住長江尾，日日思君不見君，共飲長江水。

此水幾時休，此恨何能已。只願君心似我心，定不負相思意。

秦觀

秦觀的「曲子」大都從唐代小說中得資料，寫可歌的詞，因爲有故事性，傳播性很廣，在這裡選刊的一輯，可以代表宋詞中歌謠的一面。

調笑令 十首並詩

王昭君

詩曰：漢宮選女適單于。明妃斂袂登氈車。玉容寂寞花無主，顧影低回泣隅。行行漸入陰山路。目送征鴻入雲去。獨抱琵琶恨更深，漢宮不見空回顧。

回顧。漢宮路。桿撥檀槽鸞對舞。玉容寂寞花無主。顧影偷彈玉筯。未央宮殿知何處。目送征鴻南去。

樂昌公主

詩曰：金陵往昔帝王州。樂昌主第最風流。一朝隋兵到江上，共抱悽悽去國愁。越公萬騎鳴簫鼓。劍擁玉人天上去。空攜破鏡望紅塵，千古江楓籠輦路。

輦路。江楓古。樓上吹簫人在否。菱花半壁香塵汙。往日繁華何處。舊歡新愛誰是主。啼笑兩難分付。

崔徽

詩曰：蒲中有女號崔徽。輕似南山翡翠兒。使君當日最寵愛，坐中對客常擁持。一見裴郎心似醉。夜解羅衣與門吏。西門寺裡樂未央，樂府至今歌翡翠。

翡翠。好容正。誰使庸奴輕點綴。裴郎一見心如醉。笑裡偷傳深意。羅衣中夜與門吏。暗結城西幽會。

無雙

詩曰：尚書有女名無雙。蛾眉如畫學新妝。姊家仙客最明俊，舅母惟只呼王郎。尚書往日先曾許。數載睽違今復遇。聞說襄王二十年，當時未必輕相慕。

相慕。無雙女。當日尚書先曾許。王郎明俊神仙侶。腸斷別離情苦。數年睽恨今復遇。笑指襄江歸去。

灼灼

詩曰：錦城春暖花欲飛。灼灼當庭舞柘枝。相君上客河東秀，自言那復旁人知。妾願身爲梁上燕。朝朝暮暮長相見。雲收月墮海沈沈，淚滿紅綃寄腸斷。

腸斷。繡簾捲。妾願身爲梁上燕。朝朝暮暮長相見。莫遣恩遷情變。紅綃粉淚知何限。萬古空傳遺怨。

盼盼

詩曰：百尺樓高燕子飛。樓上美人顰翠眉。將軍一去音容遠，只有年年舊燕歸。春風昨夜來深院。春色依然人不見。只餘明月照孤眠，唯望舊恩空戀戀。

戀戀。樓中燕。燕子樓空春色晚。將軍一去音容遠。空鎖樓中深怨。春風重到人不

見。十二闌干倚徧。

鶯鶯

詩曰：崔家有女名鶯鶯。未識春光先有情。河橋兵亂依蕭寺，紅愁綠慘見張生。張生一見春情重。明月拂牆花樹動。夜半紅娘擁抱來，脈脈驚魂若春夢。

春夢。神仙洞。冉冉拂牆花樹動。西廂待月知誰共。更覺玉人情重。紅娘深夜行雲送。困嚲釵橫金鳳。

採蓮

詩曰：若耶溪邊天氣秋。採蓮女兒溪岸頭。笑隔荷花共人語，煙波渺渺蕩輕舟。數聲水調紅嬌晚。棹轉舟回笑人遠。腸斷誰家游冶郎，盡日踟躕臨柳岸。

柳岸。水清淺。笑折荷花呼女伴。盈盈日照新妝面。水調空傳幽怨。扁舟日暮笑聲遠。對此令人腸斷。

案歷代詩餘卷三此首誤作孫光憲詞。劉毓盤唐五代宋遼金元詞補遺又誤作和凝詞。

煙中怨

詩曰：鑑湖樓閣與雲齊。樓上女兒名阿溪。十五能爲綺麗句，平生未解出幽閨。謝郎巧思詩裁翦。能使佳人動幽怨。瓊枝璧月結芳期，斗帳雙雙成眷戀。

眷戀。西湖岸。湖面樓臺侵雲漢。阿溪本是飛瓊伴。風月朱扉斜掩。謝郎巧思詩裁翦。能動芳懷幽怨。

離魂記

詩曰：深閨女兒嬌復癡。春秋春恨那復知。舅兄唯有相拘意，暗想花心臨別時。離舟欲解春暮。冉冉香魂逐君去。重來兩身復一身，夢覺春風話心素。

心素。與誰語。始信別離情最苦。蘭舟欲解春江暮。精爽隨君歸去。異時攜手重來處。夢覺春風庭戶。

羅惜惜是羅仁卿的女兒，讀私塾時與同學張幼謙密訂終身。其母爲她另聘他人，張以詞寄女，女作詞自誓。後來卒歸於張：

幸得那人歸，怎便教來也。一日相思十二辰，眞是情難捨。

本是好姻緣，又怕姻緣假。若是教從別個人，相見黃泉下。

他們私訂終身，幸而結局是美滿的。

以上輯錄的有歌謠情味的東西，多半是經過文人之手的，雅緻的詞文，就失去了粗野的意氣，不但，內容是直率的。

鄭振鐸氏整理朱祖謀彊村遺書中採擷倫敦博物院及巴黎國家圖書館所藏「云謠集雜曲子」三十首有「鳳歸雲偏」是出之於思婦之口的歌謠，較唐詩閨怨自然俚俗的多：

鳳歸雲偏

征夫數載萍寄他邦，去便無消息，累換星霜。月下愁聽杵擬，寒雁行。孤眠鸞帳裡，往勞魂夢，夜夜飛颺。想君薄行更不思量，誰爲傳書與，表妾衷腸？倚牖，無言垂血淚，暗祝三光，萬般無奈處，一爐香盡，又更添香。

又

怨綠窗獨坐，脩得爲君書。征衣裁縫了，遠寄邊虞。想得爲君貪苦戰，不憚馳驅。中朝沙磧里山，憑三尺勇戰奸愚。豈知紅粉淚的如珠！往把金釵，卜卦卦皆虛。魂夢天涯無暫歇，枕上長噓。待卿回故日，容顏憔悴，彼此何如！

「敦煌零拾」中有「魚歌子」下註上王次郎：

春雨微，香風少，簾外鶯啼聲聲好。伴孤屏，微語笑，寂對前庭悄悄。當初去向郎道，莫保青娥花容貌。恨惶交，不歸早，教妾在煩惱。

這首歌謠的詞文是三、七、六、三、六，念起來很有韻味。後一句「教妾」下漏一字，如果加上一個「實」字就變成「教妾實在煩惱」，這樣的加一個字，不知對不對。

「長相思——三不歸」是「逐客無消息」的味道，說出浪跡他鄉富貧死都不歸的情況：

侶客在江西，富貴世間稀。終日紅樓上，□□舞著棋。頻頻滿酌醉如泥，輕輕更換換金卮。盡日貪歡逐樂，此是富不歸。哀客在江西，寂寞自家知。塵土滿面上，終日被人欺。朝朝立在市門西，風吹淚□雙垂。遙望家鄉長短，此是貧不歸。作客在江西，得病臥毫氊。還在覲消息，看看似別離。村人曳在道傍西，耶孃父母不知。□上剟排書字，此是死不歸。

雀踏枝

叵耐靈鵲多滿語，送喜何曾有憑據。幾度飛來活捉取，鎖上金籠休共語。比擬好心來送喜，誰知鎖我在金籠裡。欲他征夫早歸來，騰身欲放我向青雲裡。

這是寫閨中思婦和『靈鵲』的對話。思婦兒見『靈鵲』常常來『送喜』，她丈夫卻還是不歸來，便把牠來關在金籠裡。但『靈鵲』卻答她道：『原是好心來送喜的，卻反把我在金籠裡了。你如果要征夫早早的歸來，還是放掉我飛到青雲裡的好。』這樣有趣的『歌』，我們在唐、宋人作品裡是很少遇見的。

羅振玉氏編「敦煌零拾」有「嘆五更」一首俚曲，自嘆從小不讀文學書，受人欺侮的不甘心，不讀「孝經」尤其像「晝夜常如面向牆」：

歎五更

一更初，自恨長養枉生軀，耶孃小來不教授，如今爭識文與書。

二更深，孝經一卷不曾尋，之乎者也都不識，如今嗟嘆始悲吟。

三更半，到處被他筆頭算，縱然身達得官職，公事文書爭處斷。

四更長，晝夜常如面向牆，男兒到此屈折地，悔不孝經讀一行。

五更曉，作人已來都未了，東西南北被驅使，恰如盲人不見道。

另有「思婦五更轉」（題擬）寫得最好：

一更初，夜坐調琴，欲奏相思傷妾心。每恨狂夫薄行跡，一過挽人年月深。君自去來經幾春。不傳書信絕知聞。願妾變作天邊雁，萬里悲鳥尋訪君。二更孤，悵理秦箏，若箇弦中無怨聲。忽憶征夫鎮沙漠，遣妾煩怨雙淚盈。當本只言今載歸，誰知一別音信稀。賤妾杖自恆娥月，一片貞心。獨守空閑寢，索取箜篌歎征余。爲君王，效中節，都緣名利覓侯。願君早登丞相位，妾亦能孤守百秋。四更裏竹弄弓商，庫州賢夫在魚陽。池中比目魚，浮戲海鷗……

很可惜的是，四更的一段只賸了一半，五更的一段，卻完全的缺失了。『二更』的一段，未註明，當是從『賤妾杖自恆娥月』一句開始的。這歌裡的錯字別字實在太多了。像很美麗的『願妾變作天邊雁，萬里悲尋訪君』一句裡，那『鳥』字，一定是『鳴』字之訛。

另有「女人百歲篇」說的是平凡女的一生，是一種勸世類的通俗歌，只是便於流行，不計工拙，口耳相傳，便是功德：

女人百歲篇，從壹拾至百年。

壹拾花枝兩斯兼，優柔課那復婺婺。父孃恰似擕壹月，尋常不許出珠簾。

貳拾笄年花蕊香，父孃躬許事功勳。香車暮逐隨夫燭，如同簫史曉從雲。

參拾珠頰美小年，紗窗攬鏡□花錢。牡丹時節邀歌謠，撥棹乘舩採壁連。

肆拾當家主計深，三男五女惱人心。秦箏不理貪機織，祇恐陽烏昏復沈。

伍拾連夫怕被嫌，強相迎接事婺孅。尋思二八多輕薄，不愁姨姑阿嫁嚴。

陸拾面皺髮如絲，行步躘踵少語詞。愁如未得溫新婦，優女隨夫別與居。

柒拾衰羸爭那何，縱饒聞法豈能多。明風若有微風至，筋骨相連似打羅。

捌拾眼暗耳偏聾，出門喚北卻來東。夢中長見親情鬼，勸妾歸來逐逝風。
玖拾雷光似電流，人間萬事一時休。寂然臥枕高床上，殘葉彫零待暮秋。
百歲山風似類頹，如今身化作塵埃。四時祭拜兒孫絕，明月長年照士塠。

唐時講經與俗講已漸成民間風氣，所以，像「禪門十二時」，「太子五更轉」，「太子入山修道讚」等篇，便不再傳錄了。

元明的歌謠

元刊十卷本及殘元本「陽春白雪」的作者，大都是詞家與雜劇家，包羅極廣。我目前參考的書，是經過世界書局校訂印行的本子。本子前面有「陽春白雪序」，其中說：

> 蓋士嘗云。東坡之後。便到稼軒。茲評甚矣。然而比來徐子芳滑雅。楊西菴平熟。已有知者。近代疎齋媚嫵。如仙女尋春。自然笑傲。馮海粟豪辣灝爛。不斷古今。心事天與。疎翁不可同舌共談。關漢卿庾吉甫造語妖嬌。卻如小女臨盃。使人不忍對殢。僕幼學詞。輒知深度如此。年來職史稍稍遐頓。不能追前數士。愧已。澹齋楊朝英選詞百家。謂陽春白雪。徵僕爲之引。吁。陽春白雪久亡音響。評中數士之詞。豈非陽春白雪也耶。客有審僕曰。適先生所評。未盡選中。謂他士何。僕曰。西山朝來有爽氣。客笑。澹齋亦笑。酸齋貫雲石序。

原本無「陽春白雪序」一行，茲從元刊本。「輒知」原作「輙知」，茲從元刊本。元刊本「比來」作「北來」，「天與」作「又與」，「卻如小女」作「摘如少美」，「爲之引」作「爲之一引」。

從貫雲石的序中，我們知道選輯「陽春白雪」的人是楊朝英，楊朝英是元代散曲作家，他的選集不僅內容豐富，流布也最廣，主要原因是通俗。雖然經過詞曲家的手，但是通俗的好處便是接近口語相傳，琅琅可歌的東西。我讀這個本子，隨手便選輯了以下歌謠：

先看漢卿小令中的五段：

咫尺的天南地北。霎時間月缺花飛。手執著餞行盃。眼閣著別離淚。剛則道得聲保重將息。痛煞煞教人捨不得。好去者望前程萬里。

「痛煞煞」原作「痛煞」，茲從元刊本、殘元本。元刊本等「剛則道」作「剛道」。

憂則憂鸞孤鳳單。愁則愁月缺花殘。爲則爲俏冤家。害則害誰曾慣。瘦則瘦不似今番。恨則恨孤幃繡衾寒。怕則怕黃昏到晚。

伴夜月銀箏鳳閑。暖東風繡被常慳。信沉了魚。書絕了雁。盼雕鞍萬水千山。本利對相思若一還。則告與那能索債愁眉淚眼。

夜月青樓鳳簫。春風翠髻金翹。雨雲濃。心腸俏。俊龐兒玉軟香嬌。六幅湘裙一搦腰。間別來十分瘦了。

面比花枝解語。眉橫柳葉長疏。想著雨和雲。朝還暮。但開口只是長吁。紙鷂兒休將人廝應付。肯不肯懷兒裡便許。

像一段的「痛煞煞教人捨不得」及末一段的「紙鷂兒休將人廝應付」都是村言俗語。

姚牧庵「壽陽曲」四段中有：

紅顏褪。線鬢凋。酒席上漸消了歡笑。風流近來都忘了。誰信道也曾年少。
襄王夢。神女情。多般兒憑釀成愁病。琵琶慢調於上聲。相思字越彈著不應。

無名氏十四段中如：

逢著的噤。接著的撐。不似您秀才每水性。問娉婷謁漿到十數升。乾相思變成了渴證。（症）
祆廟內。盼艷冶。不覺的怪風火烈。把才郎沈腰燒了半截。誰似你做得來特熱。
一個諸般韻。一個百事通。小書生玉人情重。鼓三更燭滅黑洞洞。你道是不曾時說夢。
一個單身漢。一個寡婦人。夜深沈洞房隨順。放入來你卻守定門。這言語好難准信。

「三更」上原無「鼓」字，茲從元刊本、殘元本。

元刊本「洞房」作「沈房」，殘元本同。

羞花貌。閉月容。恰相逢使人心動。嬌的的可人風韻種。也消得俺惜花人圍弄。
裝呵欠把長吁來應。推眼疼把珠淚掩。佯咳嗽口兒裡作念。將他諱名兒再三不住的咕。思量煞小卿也雙漸。
盃擎玉。激閣珠。心間事盡情兒傾訴。似朵花一枝春帶雨。怕東君儼然辜負。
幃屏靠。珊枕攲。淚和愁釀成春睡。繡簾不教高掛起。怕鶯花笑人憔悴。

馬東籬三十一段中如：

磨龍墨。染兔毫。倩花箋欲傳音耗。眞寫到半張卻帶草。敘寒溫不知個顛倒。

從別後。音信絕。薄情種害煞人也。逢一個見一個因話說。不信你耳輪兒不熱。

元刊本、殘元本末句俱脫「信」字，「不熱」俱作「頭熱」。

從別後。夢兒裡也曾來到。問人知行到一萬遭。不信你眼皮兒不跳。

元刊本、殘元本「問人」俱作「間人」。

心間事。說與他。動不動早言兩罷。罷字兒磣可可你道是耍。我心裡怕那不怕。

人初靜。月正明。紗窗玉梅斜映。梅花笑人休弄影。月沈時一般孤另。

實心兒待。休做謊話兒猜。不信道爲伊曾害。害時節有誰會見來。瞞不過主腰胸帶。

「爲伊」原作「爲誰」，茲從元刊本。元刊本「休做」作「休佐」。

江梅態。桃杏腮。嬌滴滴海棠顏色。金蓮肯分迭半折。瘦厭厭柳腰一捻。

思今日。想去年。依舊綠楊庭院。桃花嫣然三月天。只不見去年人面。

雍熙樂府題作「相思」。○雍熙「依舊」作「依舊在」，「庭」作「深」，「嫣然」作「艷色」，「只」作「卻」。

蝶慵戲。鶯倦啼。方是困人天氣。莫怪落花吹不起。珠簾外晚風無力。

他心罷。咱便捨。空擔著這場風月。一鍋水冷定也。再攛紅幾時得熱。

元刊本、殘元本「罷」俱作「罪」。

相思病。怎地醫。只除是有情人調理。相偎相抱診脈息。不服藥自然圓備。

心窩兒興。妳朧兒情。低低的喹聲相應。舌尖抵著牙縫冷。半晌兒使的成病。

元刊本、殘元本「半晌」俱作「半合」。

左山十九段中：

小小鞋兒連根繡。纏得幫兒瘦。腰似柳。款撒金蓮懶抬頭。那孩兒見人羞。推把裙兒扣。

梨園樂府「幫兒」作「尖尖」，「腰似柳」作「孩兒溫更柔」，末句作「低頭推捲衫兒袖」。雍熙樂府首句少一「小」字，「幫兒」作「腳兒」。「腰似柳」作「俏冤家溫共柔」，「款撒」作「款步」，末二句作「見人呵臉兒羞，推捲衫兒袖」。

小小鞋兒白腳帶。纏得堪人愛。疾快來。瞞著爹娘做些兒怪。你嗎喫敲才。百忙裡解花裙兒帶。

元刊本「做些」作「佐些」。北詞廣正譜「解花」作「解脫」。

冷冷清清人寂靜。斜把鮫綃憑。和淚聽。驀聽得門外地皮兒鳴。則道是多情。卻原來翠竹把紗窗映。

載月披星擔驚怕。久立紗窗下。等候他。驀聽得門外地皮兒踏。則道是冤家。原本風動荼蘼架。

「戴月」原作「帶月」，「擔」原作「耽」，元刊本、殘元本同，茲改正。梨園樂府全首作：「帶月披星擔驚怕，獨立在花陰下。等待他。撒撒地鞋尖將地皮踏。我只道是劣冤家，卻原來是風擺動荼蘼架。」雍熙樂府「久立」以下三句作：「獨立花陰下。眞心兒等他。猛聽得響撒撒。」「風動」作「是風擺動」。

目斷粧樓夕陽外。鬼病懨懨害。恨萬該。止不過激滿旱蓮腮。罵你不良才。莫不少下你相思債。

煞是你個寃家勞合重。今夜裡效鸞鳳。多情可意種。緊把纖腰貼酥胸。正是兩情濃。笑吟吟舌吐丁香送。

只恐怕窗間人瞧見。短命休寒賤。直恁地肐膝軟。禁不過敲才廝熬煎。你且覷門前。等的無人呵旋轉。

元刊本無「轉」字。梨園樂府「短命」作「死勢兒」，「憑地肐膝」作「感般膝蓋」，「禁不過敲才」作「吃不過牢成」，末二句作「望門前，覷得沒人時旋。雍熙樂府全首作：「怕窗間人瞧見，死勢兒休寒賤。直憑膝蓋兒軟。喫不過熱廝煎。且去覷門前，沒人呵疾忙轉。」

白仁甫八段中：

獨自寢。難成夢。睡覺來懷兒裡抱空。六幅羅裙寬褪。玉腕上釧兒鬆。

獨自走。踏成道。空走了千遭萬遭。肯不肯疾些兒通報。休直到教擔擱得天明了。

殘元本「天明」作「大明」。

等情人來個信，等的眞是心焦。

紅日晚。殘霞在。秋水期長天一色。寒雁兒呀呀的天外。怎生不捎帶個字兒來。

「雁」原作「鴉」，「個」原作「金」，茲從殘元本及天籟集摭遺。九宮大成作：「紅日晚，夕陽猶在。碧水共長天一色。雁兒嗄，呀呀雲外。雁兒嗄，卻怎生不帶將一個價字兒來。

越調憑闌人姚牧庵七段：

博帶峨冠年少郎。高髻雲鬟窈窕娘。我文章你艷妝。你一斤咱十六兩。

馬上牆頭瞥見他。眼角眉尖拖逗咱。論文章他愛咱。睹妖嬈咱愛他。

元刊本、殘元本「拖逗」作「它逗」。

織就回文停玉梭。獨守銀燈思念他。夢見裡休呵。覺得時愁越多。

宮髻高盤鋪綠雲。仙袂輕飄蘭麝薰。粉香羅帕新。未曾淹淚痕。

羞對鸞臺梳綠雲。兩葉春山眉黛顰。強將脂粉勻。幾回塡淚痕。

寄與多情王子喬。今夜佳期休誤了。等夫人熟睡著。悄聲兒窗外敲。

元刊本、殘元本「喬」俱作「高」。

兩處相思無處留。君上孤舟妾倚樓。那些蘭葉舟。怎裝如許愁。

以上所錄歌謠，雖也有雕琢之處，但是流利而不沾滯，輕鬆而自然，就是難能之處。陽春白雪套數楊西庵賞花時後節有十分顯露的一段：

只爲多情忒俊雅。月下星前拖逗煞。掩映著牡丹花。潛潛等等。不見劣冤家。

〔么〕今夜相逢打罵咱。忽見人來敢是他。只恐有爭差。咨咨認了。正是那嬌娃。

〔煞尾〕悄悄吁。低低話。廝抽抒粘粘掐掐。終是女兒家不慣耍。龐兒不甚掙達。透輕紗。雙乳似白牙。插入胸前緊緊拿。光油油膩滑。顫巍巍拿罷。至今猶自手兒麻。

雍熙樂府題作「捫乳」。〇（賞花時）雍「煞」作「咱」。（么）雍熙「咨咨」作「孜孜」。（煞尾）雍熙「粘粘」作「拈拈」，「是女兒」作「是箇女孩兒」，「龐兒」上有「嫩」字，「掙」作「撐」，「輕紗」作「紗窗」，「插」作「持」，「滑」作「滑滑」。

春夜深沈庭院幽。偷訪吹簫鸞鳳友。良月過南樓。昨宵許俺。今夜結綢繆。

〔么〕兩處相思一樣愁。及至目逢卻害羞。則是性兒柔。百般哀告。□腆不抬頭。

〔煞尾〕你溫柔。咱清秀。本是一對兒風流配偶。咫尺相逢說上手。緊推辭不肯成頭。又不敢久遲留。只怕你母追求。料想伊家不自由。空就著悶憂。虛陪了消瘦。不承望剛做了個口兒休。

（賞花時）「結」原作「話」，茲從元刊本及雍熙。雍熙「深沈」作「沈沈」。（煞尾）元刊本「你母」作「妳母」，「消瘦」作「消息」。雍熙「成頭」作「承頭」，「你母」作「老母親」，「悶憂」作「悶愁」，「消瘦」作「伺候」，「不承望」作「誰承望」，「口」作「嘴」。

關漢卿的一套是更令人肉飛神動的表露，把私情兒女幽會寫的如癡如醉：

楚臺雲雨會巫峽。赴昨宵約來的期話。樓頭棲燕子。庭院已聞鴉。料想他家。收針指晚妝罷。

〔喬牌兒〕款將花逕踏。獨立在紗窗下。顫欽欽把不定心頭怕。不敢將小名呼咱。則索等候他。

〔雁兒落〕怕別人瞧見咱。掩映在酴醿架。等多時不見來。則索獨立在花陰下。

〔掛搭鉤〕等候多時不見他。這的是約下佳期話。莫不是貪睡人兒忘了那。伏塚在藍橋下。意懊惱卻待將他罵。聽得呀的門開。驀見如花。

〔豆葉黃〕髻挽烏雲。蟬鬢堆鴉。粉膩酥胸。臉襯紅霞。裊娜腰肢更喜恰。堪講誇。比月裡嫦娥。媚媚孜孜。那更是撐達。

〔七弟兄〕我這裡覓他。喚他。哎女孩兒。果然道色膽天來大。懷兒裡摟抱著俏冤家。搵香腮悄語低低話。

〔梅花酒〕兩情濃。興轉佳。地權爲床榻。月高燒銀蠟。夜深沈。人靜悄。低低的問如花。終是個女兒家。

〔收江南〕好風吹綻牡丹花。合兒揉損絳裙紗。冷丁丁舌尖上送香茶。都不到半霎，森森一向遍身麻。

〔尾〕整烏雲欲把金蓮屧。紐回身再說些兒話。你明夜個早些兒來。我專聽著紗窗外芭蕉葉兒上打。

元刊本此套撰人作漢卿，未書姓氏，雍熙樂府及北詞廣正譜俱屬關漢卿與本書合。

○〔新水令〕雍熙次句無「的」字，「料想他家」作「料應伊家」。〔喬牌兒〕雍熙次句無「在」字，第三句作「戰兢兢把不主心頭怕」，「小名」下有「兒」字。〔雁兒落〕「瞧見」原作「照見」，元刊本同，茲從雍熙。雍熙末二句作「等候多時不見他，獨影在花陰下」。（掛搭鈎）雍熙「卻待」作「恰待」，「驀見」作「早見」。（豆葉黃）元刊本末句「撐」作「淨」，雍熙、九宮大成與本書合。雍熙次句作「鬢軃烏鴉」，「堪講」作「堪羨」。大成俱同雍熙。（七弟兄）雍熙無「吱」字，以下二句作「他是個女孩兒家，道我色膽有天來大」。「悄話」作「笑話」。（梅花酒）「蠟」原作「燭」，元刊本同，茲從雍熙。元刊本「終是」作「中是」。雍熙「興轉佳」作「意轉加」，「燒」作「點」，「低低的」作「低低」，「女兒」作「女孩兒」。大成俱同雍熙。（收江南）雍熙「花」作「芽」，「舌尖上」作「舌上」。（尾）元刊本「我專」作「我等」，雍熙與本書合。雍熙「屧」作「靸」。第三句無「個」字。

關漢卿在俗詞俗語上實在是位高手，如他的「一半兒」：

題情四首

雲鬟霧鬢勝堆鴉。淺露金蓮簌絳紗。不比等閑牆外花。罵你箇俏冤家。一半兒難當一半兒耍。

碧紗窗外靜無人。跪在床前忙要親。罵了箇負心回轉身。雖是我話兒嗔。一半兒推辭一半兒肯。

銀臺燈滅篆煙殘。獨人羅幃淹淚眼。乍孤眠好教人情興懶。薄設設被兒單。一半兒溫和一半兒寒。

多情多緒小冤家。拖逗得人來憔悴煞。說來的話先瞞過咱。怎知定。一半兒眞實一半兒假。

劉致的水品也合於民謠風味：

吳人以美女為娃北俗小兒不論男女皆以娃呼之有名娃娃者戲贈

親不親心肝上摘下。惜不惜氣命兒似看他。打健健及擎著手心兒裡誇。閒則劇懷抱兒裡引。嬌口可喜窩兒裡爬。只是將個磨合羅兒挑逗著耍。

歌姬米氏小字耍耍

舉眉動眼般般兒通透。安手下腳色色兒風流。出胎胞蓐草上早藏鬮。臥在被單學打令。坐著豆枕演提齁。刁天撅地所事兒有。

勸收心

不指望成家立計。只尋思買笑求食。早巴得個前程你便宜。你雖然沒花下子。也須是腳頭妻。立下箇婦名兒少甚的。

無名氏的「失題」中有幾首，也是村言俗語的話：

一兩句別閒話。三四日不把門蹀。五六日不來呵在誰家。七八遍買龜兒卦。久已後見他麼。十分的憔悴煞。

又不是天魔鬼祟。又不是觸犯神祇。又不曾坐筵席傷酒共傷食。師婆每靈的鬼祟。大夫每治的沈疾。可教我羞答答說甚的。

老夫人寬洪海量。去筵席留下梅香。不甫能今朝恰停當。款款的分開羅帳。慢慢的脫了衣裳。卻元來紙條兒封了褲襠。則爲我今朝不快。猛然間轉過多才。正好裡親娘撞將來。拍揪了雲髻。怕捏了金釵。百忙裡兜不上紅繡鞋。

長江水流不盡心事。中條山隔不斷情思。想著你夜深沈人靜悄自來時。來時節三兩句話。去時節一篇詞記。在你心窩兒裡直至死。

小大姐生得來可喜。我問你要一件東西。肯不肯休教恁娘知。也不要你箱兒裡鈔。也不要你籠兒裡衣。只要你紅裙兒裡面的。

這樣的直說無隱，實實叫人臉紅心跳。又如：

俏冤家。天生下。魚沈鷺杳。閉月羞花。生得來可喜娘。活菩薩。費盡丹青難描畫。比昭君少一個琵琶。纖腰一捻。凌波半折。雲鬢堆鴉。

他生的臉兒崢。龐兒正。諸余裡耍俏。所事裡聰明。忒可憎、沒薄倖。行裡坐裡茶裡飯裡相隨定。恰便似紙幡兒引了人魂靈。想那些個滋滋味味。風風韻韻。老老成成。

那廝口兒奸。偏寒賤。向床兒前跪下。把人熬煎。將我鞋樣掀。奪了我針和線。只恐怕外人瞧見。走將來白日要姻緣。摟抱得人纖腰困倦。團弄得人香嬌玉軟。寶髻斜偏。

往常時並頭蓮。到如今孤飛雁。顛鸞倒鳳。引動意馬心猿。這些時衣褪了楊柳腰。粉淡了芙蓉面。倚偏危樓無由見。望夕陽芳草連天。俺則見又不會桃花泛水。劉晨阮肇。誤入桃源。

細思量。添惆悵。衾單枕冷。獨守蘭房。溫不暖翡翠衾。冷落了鴛鴦帳。美景良辰無情況。怕黃昏又早昏黃。香消寶鼎。燈殘絳蠟。月上紗窗。

更接近民謠的是「鬧五更」：

鬧五更

一更裡不來也。直等得月上來。斜掩門兒手托腮。短命才。將人醉定害。梅香道。房中睡去了。

二更裡不來也。等得寒露涼。焚盡金爐一炷香。痛感傷。撲簌簌淚兩行。鴛鴦帳。錦被兒閒半床。

三更裡不來也。起身兒吹滅燈。短嘆長吁三四聲。月正明。銅壺滴漏聲。咱薄倖。原來不志誠。

四更裡不來也。夢兒裡夢見他。共枕同眠摟抱著咱。我問他。無一句話。歡娛罷。覺來不見他。

五更裡不來也。好教人心內焦。風擺簷前鐵馬兒敲。淚轉拋。百般的睡不著。金雞兒叫。閃得情人沒下梢。

又

一更裡不來也。翠眉兒愁玉顰。低鎖珠簾半掩門。燈漸昏。西風相送人。殘雲褪。悶

出梅梢月半痕

二更裡不來也。被窩兒裡作念他。何處綠楊垂繫馬。短命咱。將人定害殺。和今夜。兩宿不到家。

三更裡不來也。照紗窗涼月明。枕剩衾寒夢不成。和淚傾。梅花枝上鳴。人孤另。長吁三四聲。

四更裡不來也。和殘更畫鼓兒敲。枕冷衾寒睡不著。心内焦。撲簌簌淚點拋。腮邊落。濃濃濕絳消。

五更裡不來也。下西廂殘月低。盼殺奴家猶未歸。戀酒盃。將人忒下得。和衣睡。玉驄門外嘶。

掛枝兒

李抱忱博士有一首歌「你儂，我儂」在歌壇流行一時，據蔣仲舒堯山堂外紀（卷七十）說：

「趙松雪欲置妾，以少詞調管夫人云：『我爲學士，你做夫人。豈不聞陶學士有桃葉、桃根，蘇學士有朝雲、暮雲。我便多娶幾個吳姬趙女，何過分！你年紀已過四旬，只管佔住玉堂春！』管夫人答云：『你儂我儂忒煞情多。情多處，熱似火。把一塊泥，捻一個你，塑一個我。將咱倆個一齊打破，用水調和，再捻一個你，再塑一個我。我泥中有你，你泥中有我。與你生同一個衾，死同一個槨！」松雪得詞，大笑而止。

北方有「掛枝兒」，王伯良曲律卷四中說：「小曲掛技兒，即打棗竿，是北人長技，南人每不能及。昨毛允遂，貽我吳中新刻一帙，中有噴嚏，枕頭等曲，皆吳人所擬。即韻稍出入，然措意俊妙，雖北人無以加之。故知人情原不相違也。」

由上所言，可知掛枝兒是流行民間的歌謠，且由來已久流行極廣的；何止是「不相違」，更是「相契相合」，「如泥似水」般在民間流傳，不僅市農工商，村婦野夫為之謳歌，深閨北里，姑嫂哥妹更是視之為能饞洩情的出路。管夫人引用掛枝兒免鎖南枝的詞意，是民間的歌謠，傳入學士家中，可見此種歌謠無孔不入，且人人愛的魅力，較之唐詩宋詞的傳播力，尤有過之。且不需解釋，不需調教，便能入人的心肺，打動人的肝腸。如此說來，掛枝兒眞是一本迷人的歌謠了。我手邊的「掛枝兒」是本精華選。

「掛枝兒」這本民歌集子，是馮夢龍的刊本。馮夢龍是崇禎時一位風流倜儻的才子，他所集的本子，叫做「馮生的掛枝兒樂府」，就流傳下來。馮夢龍是吳縣人，是名貢生，知過壽寧縣。他喜歡改訂別人著作。合集量江記、牡丹亭（風流夢）、一捧雪及所作雙雄記、萬事足諸傳奇等作，合訂為墨憨齋傳奇十餘種。為我們更熟知的他增改平妖傳，列國志、編智囊、情史，及醒世恆言、警世通言、喻世明言等；他實在是一位值得我們記念和研究的奇人。「掛枝兒」中的民歌，我想大都是他自民間蒐集來的選本，或者經過他的潤飾與改作也是可能的；而其詞句白描手法的情眞意切，活潑可愛，實實的叫人愛不擇手，如「噴嚏」：

對妝臺忽然打個噴嚏，想是有情哥思量我，寄個信兒。難道他思量我剛剛一次？自從別了你日日激珠垂。似我這等把你的思量也，想你的噴嚏常如雨。

又如「金針兒」：

金針兒，我愛你是針心針意。望得你眼兒穿你怎得知！偶相逢，怎忍和你相拋棄。我時常來挑逗你，你心腸是鐵打的？倘一線是相通也不枉了磨弄你。

這種情物相溶，語意雙關的描寫，眞是惟有中國文字才能刻劃的如此貼切深至吧。

又據陳所聞南宮詞記卷六裡，錄有汴省時曲「鎖南枝」，其中有：

傻俊角，我的哥，和塊黃泥兒捏咱兩個。捏一個兒你，捏一個兒我。捏的來一似活托，捏的來同床上歇臥。將泥人兒打碎，著水兒重和過。再捏一個你，再捏一個我。哥哥身上也有妹妹，妹妹身上也有哥哥。

這裡錄出的「掛枝兒」與管夫人所答小詞是有許多相似的句子，一樣是眞情語切。我想他們的來源，同是出自民間。

我私下認爲這種民歌，雖然不是什麼名家之作；但是仔細讀來卻又覺得篇篇的歌，是篇篇的珠璣；看似淺薄而實深至，看似率直而實婉曲，看似野拙而實細膩，看似粗頭亂服而實自然新鮮。有若藏寶的礦山，正待我們掘出這民歌的根苗來。我還認爲當前我們現代新詩，應該綜合三條路去走。第一條路去向傳統的「古典詩」學習其內涵的精神；第二條路在民間的廣大的「歌謠」裡去學習其生命活力；第三條路才是吸收西洋詩的優點而納爲我用。不僅新詩應如此去發展，而樂曲的歌詞，更應創作民歌自由活潑眞實生動的風味，來表現民族的特色。

不過，「掛枝兒」可說都是私情歌，我手中的掛枝兒有四十一首，當是馮夢龍的一個選本，必是遍佈於民間人人喜愛的。

沈德符的顧曲雜言有一段關於時曲的很重要的記載：

> 元人小令，行於燕、趙。後浸淫日盛。自宣、正至化、治後，中原又行鎖南枝、傍妝台、山坡羊之屬。李崆峒先生初自慶陽徙居梁，聞之，以爲可繼國風之後。何大復繼室，亦酷愛之。今所謂『泥捏人』及『鞋打卦』、『熬䯼髻』三闋，爲三牌名之冠，故不虛也。自茲以後，又有耍孩兒、駐雲飛、醉太平諸曲，然不如三曲之盛。嘉、隆間，乃興鬧五更、寄生草、羅江怨、哭皇天、乾荷葉、粉紅蓮、桐城歌、銀絞絲之屬，自兩淮以至江南，漸與詞曲相遠。不過寫淫媟情態，略具抑揚而已。比年以來，又有打棗竿、掛枝兒二曲，其腔調約略相似。則不問南北，不問男女，不問老幼良賤，人人習之，人人喜聽之，以至刊布成帙，舉世傳誦，沁人心腑。其譜不知從何來，眞可駭歎！

鄭振鐸說：「這位『道學先生』的這一席話，把明代時曲流行的情形，說得總算是有頭有緒的了。傍妝台，嘉靖時最流行。李開先嘗作了百首，王九思也和了百首，今有刊本傳於世。（李氏原刊本，今有崇禎張宗孟刊王渼陂全集本。）駐雲飛、耍孩兒等，盛世新聲、詞林摘豔、雍熙樂府諸散曲總集中多載之。成化間，金台魯氏嘗刊行單本時曲不少，每本約十五六頁，共約一二百首。民國二十一年春間，北平圖書館曾以高價得魯氏在成化七年所刊的駐雲飛、賽駐雲飛、賽賽駐雲飛等四種，可算是見存的最早之單刊本的時曲集了。

在馮氏的選本掛枝兒處，尚有夾竹挑一百二十首，另有黃鶯兒三十六首，謎語七十七條會成一本。每首後面有花底閒人的批語，是強作解人，其實是無聊的混說。夾竹桃和黃鶯兒是經過文人寫的東西，牽強附會，令人生厭。只有掛枝兒才是極爲巧妙的民間的東西，說它是私情歌，眞是樸實風趣，活色生香，粗鄙中有細膩，大膽中有曲折。詞曲裸露，成語動人。也許經過馮氏少許修飾，但是，民間口語相傳，自然也會因爲流行，而愈來愈順口，愈來愈捷溜，成爲不論男女老幼，東西南北，人人習尚個人喜愛的歌謠，我在這裡選一些給大家看：

調情

俏冤家扯奴至窗兒外，一窗咬住奴粉香腮；雙手就解香羅帶。哥哥等一等，只怕有人來，再一會無人也，褲帶兒隨你解。

這種情味是無需解釋的。如：

瞌瓜子

瓜子仁本不是稀奇貨，汗巾兒包裹了送與我親哥；一個個部從我舌尖上過。禮輕人意重。好物不須多。多拜上我親哥也，休要忘了我。

你看了這詞兒能不動心嗎？如：

問咬

肩頭上現咬著牙齒印，你實説那個咬？我也不嗔！省得我逐日間將你來盤問。咬的是你的肉，疼的是我的心。是那一家冤家也，咬得你這般樣的狠！

恨死了！但無奈何，只好這般說。如：

寄書

捎書人出的門兒驟，叫丫鬟復轉來，我少吩咐了話頭：你見他時，切莫説我因他瘦。現今他不好，説與他又添憂，若問起我身體也，只説災病從沒有。

這樣的知曉情意，眞是可愛。如：

噴嚏

對妝臺忽然間打個噴嚏，想是有情哥思量我，寄個信兒，難道他思量我剛剛一次！自從別了你，日日淚珠垂。似我這等把你思量也，想你的噴嚏常如雨。

北方人有兩種預兆的說法；一爲打噴嚏，一是耳輪發熱，一定有心上人在想。所以「噴嚏」和想思就連在一起了。如：

荷珠

露水荷葉珍珠兒現，是奴家癡心腸把線來穿。誰知你水性兒多更變；這邊分散了，又向那邊圓！沒眞性的冤家了，隨著風兒轉。

就怕情人變心，荷珠用了高超的象徵手法。又如難捨難分的這首：

雞

五更雞，叫得我心慌撩亂。枕兒邊說幾句離別言，一聲聲只怨著欽天監。你做閏年並閏月，何不閏下一更天！日兒裡能長也，夜兒裡這末樣短！

荷珠是一種比喻，而「金針」更是以物喻情的佳作：

金針兒，我愛你是針心針意。望得你眼兒穿，你怎得知！偶相逢，怎忍和你相拋棄。我時常來挑逗你，你心腸是鐵打的。倘一線的相通也，不枉了磨弄你。

從「針心針意」到「眞心眞意」的雙關語，使我想到民間歌謠應用文學上的技巧是不露痕跡，天然本色的高度藝術成就，不是說它粗糙，和不登大雅之堂就可以一筆帶過的。它的歌詞的創造，是從情感的眞裡發洩出，一股熱切的潮流，沖擊著讀者引起火熾的共鳴，就是它的意義與價値。胡適之給顧頡剛的信說：

頡剛兄：

今天上海寄來掛枝兒兩册，寄一本給你，因爲你那天好像說沒有此書。

此册是翻印浮白主人的選本，但其書出於馮猶龍的原書是無可疑的。雞的一首，與山歌中的『閨五更』一首意思全同；馮氏在山歌此首後有跋，說已用掛枝兒了，今復收山歌。此不但可證此册掛枝兒確是馮氏原書；又可見掛枝兒與山歌或者都不盡出於民間，其中不但有蘇子忠的一首，且有馮夢龍的許多創作。尊意以爲如何？

適之。廿四，五，十六。

與掛枝兒孿生姊妹的是更赤裸裸，經馮生選的「山歌」。掛枝兒是北方中原一帶的歌謠，而「山歌」一輯則是南方蘇浙一帶的歌謠。

「山歌」題名童癡二弄，由墨憨齋主人述，共十卷。山歌一私情四句連附條計共六十首。卷二私情四句共四十一條。卷三私情四句計三十三條。卷四私情四句計三十七條，卷五雜誦四句計三十三條。卷六誦物四句計六十五條。卷七私情雜體計二十一條。卷八私情長歌計十三條。卷九雜誦長歌計八條。卷十桐城時興歌計二十四條。總計三百四十五首之多。

顧頡剛在山歌序中說：「雖全部是情歌，而範圍之廣，形式之多，內容之複雜，皆遠非吳歌甲、乙集或其他歌謠輯本所能及。」

他又認爲：「不識字的民衆似乎不會有如此的創作的魄力。」但是這些歌謠出之於民衆之口是不錯的，只不過經過文人愛好者之手整理出來也是不會錯的。因此，它表現了民間的兒女情形，和他們的想法和行爲。顧頡剛說：

本書一至七卷的蘇州歌及第十卷的桐城歌都是徒歌。第八九兩卷則爲長歌而且是樂歌。卷八丟磚頭一首標題下注：『以下俱無說白。』又湯婆子竹夫人相罵下面更注明：『以下俱曲白間用。』故無疑的，這些長歌全是合樂而唱的樂歌。我頗疑它與『攤簧』相似，不應叫做『山歌』。

他說的長歌，是曲子來唱的樂歌，恐怕是輯錄者捨不得棄而不用，所以歸到第八九兩卷和第十卷了。

卷裡有些方言僻字是她蘇州的吳儂輕語，用蘇白說起來那眞是叫人銷魂蝕骨的。顧頡剛說：「我得下一個警告。這部書幾乎全部是私情歌，其中的三分之一還是直接，間接，或隱，或顯地涉及性交的。若是認爲猥褻，那是猥褻到極點了。讀者中如有道學家，認爲人生中有醜惡的部分，則最好請趁早掩卷合十，收視返聽，念幾聲阿彌陀佛，不看下去爲妙，否則便有沾染不潔之虞。」

我在這裡選出來的，無法加以說明，只要讀者去體會：

姐兒生得

姐兒生得好身材，好似蔦糴舷艙滿未曾開。郎要糴時姐要糴，探筒打進裡頭來。

又

姐兒生得好像一朵花，喫郎君扳倒像推車。豬油煎子麵觔葷子我，材前孝子滿身麻。

又

姐兒生得有風情，枕上相交弗老成。小阿姐兒好像五夏六月個星長腳花蚊子，咬住子情郎嗚嗚能。

又

姐兒生得眼睛鮮，鐵匠店無人奴把鉗。隨你後生家性發鋼能介硬，經奴爐竈軟如綿。

捉蜻蜓

姐兒生來骨頭輕，再來浮萍草上捉蜻蜓。浮萍草翻身落子水，想阿奴奴原是個下頭人。

穿紅

姐兒生性愛穿紅，紅裙紅襖紅抹胸。小阿奴奴好像元宵夜裡個面花匡鼓，黃昏頭就要擂介兩三通。

有心

郎有心，姐有心，思量無處結同心。好像雙軿板壁眼對子眼，蠟燭上無油空費心。郎有心，姐有心，屋少人多難近子個身。胸前頭個鏡子心裡照，黃昏頭團子夜頭盛。郎有心，姐有心，囉怕人多屋又深。人多那有千隻眼，屋多那有萬重門！

私情

結識私情只要自即伶，閒人囉個能當心。憑你千隻眼只要瞞得兩隻眼；千重門只要進得一重門！

偷

東南風起響愁愁。郎道十六七歲個嬌娘那亨偷？百沸滾湯下弗得手。散線無針難入頭。姐兒聽得說弗耍愁，趁我後生正好偷。偖了弗捉滾湯侵杓水。拈線穿針便入頭？

第二句的那原作郙是怎樣的意思。

又

姐兒梳個頭漆能介光，粣人頭裡腳撩郎。當初只道郎偷姐，如今新泛頭世界姐偷郎。

艸字音俗。

又

結織私情弗要慌，捉著子奸情奴自去當。拚得到官雙膝饅頭跪子從實説，咬釘嚼鐵我偷郎。

這個姐兒說的話，眞是理直氣壯，不得不叫人刮目相看，意味著「老娘胳膊上好跑馬」。

跳窗盤

月夜無眠思想箇郎，我郎君忽地跳窗盤。郎是象牙梳兒撩得奴髮；奴是低楳頭短緶要郎鑽。

同眠

昨夜同郎一處眠，喫渠掀開錦被捉我脚朝天。小阿奴奴做子深水裡螞蝗只捉腰來扭；情哥郎好似邊江舩閣淺只捉後艄搧。

詐睏

朧朧覺我郎來，假做番身仰轉來。郎子急水裡螞蝗只捉腰來倒下去，姐做子舩底下冰排疊起來。

又

姐兒做勢打呼屠，憑郎君伸手滿身掏。情哥郎好像窮老人箇頭巾只一頂，小阿姐兒再像牛奶奶洗浴滿身酥。

五更頭

姐聽情哥郎正在床上哱嘍嘍。忽然雞叫咦是五更頭。世上官員只有欽天監第一無見識，你做閏年閏月郮了正弗閏子介箇五更頭！

這首和掛枝兒中的「雞」的內容是相似的，話頭都怨嗟欽天藍不公，爲啥閏年閏月不閏夜，可見不分南北，情人們的怨尤都是不忍分離的。不過，我們讀書的，要知道這裡第二句的咦是又的意思，末一句郮了是怎樣的意思，便完全了解它的內容了。

後門頭

結識私情後門頭，地上鏖糟弗好偷。姐道郎呀，你郮了弗學染坊裡漂白布兒搗腰凸肚立子了攢，馬上加鞭背後抽？

醉公床

使盡機謀湊子我裡箇郎，聽箇外婆借子醉公床。等我裡情哥郎來上做介一箇推車勢，強如涼床口上硬彭彭。

立　秋

熱天過子不覺咦立秋，姐兒來箇紅羅帳裡做風流。一雙白腿扛來郎肩上，就像橫塘人掮藕上蘇州。

訴

日裡思量夜裡情，扯住情哥訴弗清。失落子金環常憶耳，我是滿頭珠翠別無銀。

訴是非常好的一首，「失落子金環常憶耳」的金環指把情事看的像金環一樣貴重，耳諧音爾，耳憶金，金就是郎，「我是滿頭珠翠別無銀」，銀的諧音是人，指的是除了情哥你，姐兒別無他人，一心是情哥你也。

送瓜子

瓜子尖尖殼裡藏，姐兒剝白送情郎。姐道郎呀，瓜仁上箇滋味便是介，小阿奴奴舌尖上香甜仔細嘗！

這首和掛枝兒中的一首「贈瓜子」的密切關係，我說它們是孿生姊妹，情趣一樣是相同的。

唱

姐兒唱隻銀絞絲，情哥郎也唱隻掛枝兒。郎要姐兒弗住介絞；姐要情郎弗住介枝。

這首的雙關語更是神來之筆，銀絞絲的絞是相交不放，像銀絲紋纏在一起，掛枝兒的枝諧音知心的知，告知情事我是你的，你是我的。

「長情」也是私情，永遠是民歌的主題：

長情

結織私情須要結識長久好私情，買肉須買坐豚精。摸奶要摸蒸餅奶，親嘴須親紅嘴脣。

又

恩愛私情勿論年，好像春三二月輪陣箇揚花到處綿。郎道姐兒呀，長江裡拋子鐵毬我聽你滾到底；姐道郎呀，隔夜湯團我聽你也是宿水圓。

又

結識私情難起頭。起子頭來難罷休。我聽你鏡子做子枕頭明明裡介睏，沒要竊盜無油暗裡偷。

「山歌」三百篇首中，二卷是主要的部分。卷三分屬怨曠的歌謠如：

怨曠

大上星多月弗多，世間多少弗調和。你看二八姐兒縮脚睏，二十郎君無老婆。

「送郎」一首是非常靈活的歌：

送郎

送郎出去並肩行，娘房前燈火亮瞪瞪。解開襖子遮郎過，兩人幷做子一人行。送郎送到灶跟頭，喫郎踢動子火叉頭。娘道丫頭耍箇響，小阿奴奴回言道燈臺落地狗偷油。送郎送到屋簷頭，喫郎踢動子石磚頭。娘道父頭耍箇響，小阿奴奴回言道是蛇盤蛤蚆落洋溝。姐送情哥到半場，門前狗咬兩三聲。小阿奴奴玉手親抱住子金絲狗，莫咬子我情哥驚覺子娘。

前三段說的是莫驚動了娘。後面一段尤其慧黠，抱住金絲狗「莫咬子我情哥驚覺了娘」，這那裡是猥褻鄙俗，其實是情深意切，一朵抒展開花朵樣美麗的心靈。

山歌七私情雜體中有一首「操琴」：

姐在房中織白綾，郎來窗外手操琴。琴聲嘹喨，停梭便聽：一彈再鼓，教人動情。姐道：『郎呀，小阿奴奴好像七弦琴上生絲線，要我郎君懷抱作嬌聲。』

它的以物遣情，使人想到唐時張鷟「遊仙窟」中一首詠筆詩：

心靈不可測，眼細施閑情。迴身已入抱，不見有嬌聲。

寂寞 中犯皁羅袍五句

昨夜郎來熱了介忙，今夜無郎冷了介慌。千恩萬愛，思量幾場；孤燈隻影，淒涼滿床，陽臺夢杳魂飄蕩。姐道：『郎呀，褥子上番身無蓆摸，千條錦被弗如郎！』

「寂寞」這首的後段說「千條錦被不如郎！」一語道破了「心肝肉，寶貝郎」的感覺了。

「竹夫人」是詠物詩中的長篇，較「湯婆子竹夫人相罵」，「燈籠」，「睏弗著」，「歪纏」，「鑊子」，「燒香娘娘」，「被踪情歌」，「山人」，「魚舩婦打生人相罵」爲佳，所以便選錄了「竹夫人」撇掉了其他。

竹夫人 兼說白中犯排歌三句

做人弗要像箇竹夫人。□□□少炎涼自在心。硬子骨頭開子眼，看我人情勢敗像秋雲。像秋雲，像秋雲，小阿奴奴原弗是低微下賤人。你只知我今日箇落運，弗知我當初箇出身：喬松是我前輩，梅花是我隨身；風是我好友，明月是我佳賓。當初箇伯夷叔齊也是我裡遠祖，湘妃也是我裡至親。且喜子孫繁盛，歷代有介星清名。也有人喜歡我箇高節，也有人賞鑒我箇知音。弗匡撞子箇惡作篾片，拖出出林，捉我出皮剔骨，我只是開心見誠；捏得我兩固弗露，做清我出路無門；露出子多少眼目，又陪子兩箇小心。桃我來十字街頭東賣也弗要，西賣也弗成。弗識貨箇見子我七孔八竅一箇光棍；識貨箇見子我玲玲瓏瓏一箇涼人。增錢買我家去，放我來紅紗帳子裡安身。搿子我恩恩愛愛，勾子我般般懃懃。搿子我汗弗離身，勾子我手弗離頸。指望百年同到老，囉道七月七立秋之日，風波當時起，惡念容易興！娘子官人咦道我磅腳絆手，丫道阿姐咦咒我離眼別睛。橫弗中渠箇意，豎弗像渠箇心。一射射我來門閣落裡，累子我滿身箇蓬塵。我喫箇傷心了唱介兩句曲子自家嘆箇自身。（排歌）虧心漢，薄倖人！誰知轉眼就無情！（歌）世上弗是有子秋冬無春夏，你搭箇起得時人休笑我失時人！

明代的歌謠略要介紹了這些，沒有略要介紹的有如天上的繁星，暫時在此打住，因爲下面我們要介紹清代歌謠。清代歌謠自然是繼續了明代歌謠向前發展，正如黃河與長江滾滾不停息，左拐右彎，橫衝直撞地向俗文學的大海，浩浩蕩蕩的邁進。

清代歌謠

霓裳續譜

「霓裳續譜」成於一九七年前（一七九五—乾隆六十年乙卯）的清代嘉靖咸豐間，後此九年（一八〇四——嘉慶九年甲子）有「白雪遺音」印行。「霓裳續譜」編者王楷堂在序裡說：「余竊惟漢魏以來，由樂府變爲歌行，由歌行變爲詞曲，歐蘇辛柳而外，花間得其韻，實甫得情，竹塢得其清華，草堂得其樸茂，逮近代之臨川文長云亭大石笠翁悔菴諸公，緣情刻羽，皆足罄其喜怒哀樂之懷，其詞精警，其趣悠長。」

他說到一些歌謠的源流，其實，歌謠是民間的資產，是民間共有的東西，巧拙拿揑間，自然生出動人的風采來。雖然也經過文人筆端的一些修飾，但是，民間流傳的歌謠，在流傳的過程，也自然地把拗口塞牙的詞句改的順口溜，出之於姑嫂哥郎的歌謠，便變得如天籟般的好聽。

正楷堂又說：『其曲詞或從諸傳奇析出，或撰自名公鉅卿，逮諸騷客，下至衢巷之語，市井之談，靡不畢具。』如他說的「名公鉅卿，逮諸騷客」的作品，不是我們要表揚的，我們析出的倒是一些只屬出之心肺，動人的精氣神性的細曲。不過，他的編輯費了很多功夫，卻是讓後來的人感激不盡的。

「霓裳續譜」從目錄上看：卷一西調七十九曲，卷二西調七十七曲，卷三西調五十八曲，卷四雜曲七十一曲，卷五雜曲二十八曲，卷六雜曲八十六曲，卷七雜曲六十七曲，卷八雜曲八十三曲。後面慶典別有一本在內是乾隆五十五年的東西。

卷三前的歌謠多半是文人的作品，我們來看兩首：

昨夜案前燈花墜

昨夜案前燈花墜，抬頭又見喜蛛垂。想必是今宵定與多才會，香熏鴛鴦枕，繡衾設翠幃，對菱花調勻粉畫眉，晚妝罷，待他歸，只等得月上闌干人兒還未回。戶響似人推，忙驚起問：是誰？丫環說：是風弄金鉤，卻原來是湘簾欲垂。(疊) 佳人聞言，羞轉香閨，把銀牙咬碎。(疊)

這裡說的香閨，自然是富貴人家，那裡是一般民間的？又如：

也非愁來也非悶

也非愁來也非悶，不爲悲秋，不爲傷春。難分解心頭恨與眉頭恨。行也是昏昏，坐也是昏昏。茶也懶沾唇，飯也懶沾唇。情深病更深，半是思君半恨君。(疊) 到如今，音書無信人無信。(疊)

詞句文雅，不是那種直樸到沒有遮攔的口吻，巧是巧，但與拙糙的完全不同。卷四雜曲才眞是一口吞下肚裡的好詞句：

人兒人兒今何在

〔寄生草〕人兒人兒今何在？花兒花兒爲誰開？雁兒雁兒因何不把書來帶？心兒心兒從今又把相思害，淚兒淚兒滾將下來。天吓天吓，無限的淒涼，教奴怎麼耐？

最喜是黃昏後

〔寄生草〕最喜的黃昏後，並香肩上翠樓，牙床上錦被兒香薰透。喜今宵好事兒天成就，金釵零落雲散雨收，羞答答銀牙咬住羅衫袖。（重）

又是想來又是恨

〔寄生草〕又是想來又是恨，想你，恨你，都是一樣的心。我想你，想你不來反成恨！我恨你，恨你不來越想的甚！想你的當初，恨你的如今。我想你，你不想我，我可恨不恨？若是你想我，我不想你，你可恨不恨？

我想你你不信

〔寄生草〕我想你你不信，我想你，是眞心，我想你。逢人遇人將你問。到而今。想思害的我無投奔。我想你，如同你想那心上的人。你那心上的人。他不想你，你可恨不恨。

噯喲喲實難過

〔寄生草〕噯喲喲，實難過！半夜三更睡不著。睡不著，披上衣服我坐一坐。盼才郎，脱下花鞋占一課：一隻卸著，一隻合著。要説是來，這隻鞋兒那麼看；要説是不來，那隻鞋兒這麼著

濛淞雨兒點點下

濛淞雨兒點點下，偏偏情人不在家。若在家，任憑老天下多大。勸老天，住住雨兒教他回來罷。淪濕了衣裳事小，凍壞了情人事大。常言説：黃金有價人無價。（重）

情人送奴一把扇

〔寄生草〕情人送奴一把扇，一面是水，一面是山。畫的山，層層疊疊眞好看。畫的水，曲曲彎彎流不斷。山靠水來水靠山：山要離別，除非山崩水流斷。（重）

這封書兒寫停當

〔寄生草〕這封書兒寫停當，手拿封筒往裡裝，淚珠兒點點滴在書皮上。上寫著：『拜上拜上多拜上，拜上情人不要改腸；後會佳期有指望；要改腸，奴命喪在你身上。』

荷葉上的水珠兒轉

〔寄生草〕荷葉上的水珠兒轉。姐兒一見用線穿，怎能彀一顆一顆穿成串。不成望水珠兒大改變，這邊散了那邊去團圓，閃煞了奴，偏偏都被風吹散。後悔遲！見面不如不見面。（重）

這首和掛枝兒裡面的荷珠是相似的。

夜至三更你來到

〔南寄生草〕夜至三更你來到，既要相逢別把門敲。你來時窗櫺外面學貓兒叫，叫一聲奴在房中就知道。禪被著襖兒，花花花我去瞧瞧，開開門貓的一聲往裡跳，俏人兒來的輕巧去的妙。

卷六雜曲中有：

喜只會今宵夜

〔揚州歌〕喜只喜今宵夜，愁只愁明日離別。今夜晚，鴛鴦揉碎梅花。御譙樓上鼓打三更交半夜，月照紗窗影兒西斜，恨不能雙手托定天邊月！（重）

「恨不能雙手托定天邊月」的意思，是和掛枝兒裡「雞」有相輔相成之妙。

小小扇子七寸長

〔倒搬槳〕小小扇子七寸長，一邊姐兒一邊郎。雖然隔著一層紙，如同隔著一長江。想壞了姐兒盼壞了郎。呀！想壞了姐兒盼壞了郎。

「姐兒生的像雪花」一首，極富於聯想的奇趣，我們看是怎麼說的：

姐兒生的似雪花

〔剪靛花〕姐兒生的似雪花，才郎一心要瞧他。沒有什麼拿。（重）買了一匣宮粉，兩朵繡絨花。稱了二觔螃蟹，買了半觔蝦，買了個大西瓜。（重）一出門栽了個馬爬爬，灑了宮粉揉碎了花。爬了螃蟹，跑了蝦，捽碎大西瓜，再也不瞧他。

更有趣的是卷六的「聽我胡謅」，是蓮花落，又似繞口令，輕鬆而愉快：

聽我胡謅

〔數岔〕聽我胡謅，擄擄我的舌頭。出門遇見兩條狗。咳呀！這條狗有些面熟！這條狗，好像我大大爺家的大搭拉耳朵白鼻梁子撓頭獅子狗。那條狗，好像二大爺家裡二搭拉耳朵白鼻梁子撓頭獅子狗。這條狗瞅著那條狗，那條狗瞅著這條狗。又不知我大大爺家裡白鼻梁子撓頭獅子狗，咬我二大爺家的二搭拉耳朵撓頭獅子狗。又不知我二大爺家裡二搭拉耳朵白鼻梁子撓頭獅子狗，咬了我大大爺家裡大搭拉耳朵白鼻梁子撓頭獅子狗。旁邊放著半塊土坯頭，拾將起來就要打狗。又不知土坯頭打了狗，又不知狗咬了土坯頭。旁邊放著半拉破油簍，拿將起來就要套狗，又不知簍套了狗又不知狗咬了簍。六十六棵柳樹摟這麼六十六摟。像是這個樣兒的繞口令兒繞繞嘴，了若是一六不亡捹瓜栽跟頭。

「姐在房中繡枕頭」是說故事，也是滿史：

姐在房中繡枕頭

〔剪靛花〕姐在房中繡枕頭，才郎旁邊用眼瞅，繡的是海屋添籌，教奴配上蜃樓。你要樓臺，奴這裡有。盤古至今有名的樓，聽我數上十座樓：故事在上頭，黃鶴樓衆仙遊，弄玉吹簫引彩鳳，就在秦樓。洞賓酒醉在岳陽樓。姜太公滅紂興周，紂王信寵妲妃女，蓋了座摘星樓。日日同遊雅觀樓，宴諸侯，存孝立劈梅花鹿，他是晉王的小魔頭，把個朱溫氣走陽和樓，許蓋不許修。楊雄石秀要除潘巧雲，他們會在蕭家樓。這有了七座樓。劉小姐上彩樓，命運乖張的呂蒙正，他可接著了彩球。把個梅香發了愁，俞淑業愛風流。欲寫花箋訪素輝，他們相會在西樓。這有了九座樓。奉勸人，莫貪酒！追趕武辛的黃賽花，他可醉後滾過樓。這就是十座樓。

「十座樓」用的十分巧妙。

「郭巨埋兒」是長篇，從岳元帥薛仁貴，說到梁山泊，後面的蓮花落越說越離譜，但是好玩，大衆百姓聽的入耳，津津有味，就是一種過癮，就是達到娛象普及民間的效果，你說村野俗人傖婦聽的如癡如醉也不爲過。這裡就是：

郭巨埋兒

〔蓮花落〕郭巨埋兒，是頭一孝，驚動增福是共財神。爲葬子去把親娘救，地門開現出了聚寶盆。咱把這二十四孝，且靠後聽我說。忠奸節烈的古人名：周學士岳元帥，平公薛仁貴。人人稱他忠臣。潘仁美嚴嵩和張士貴，人人可恨他是奸臣。盡忠報國的岳元帥，赤膽忠心，把金邦平。秦檜定下絕户計，奸心瞞昧，就害忠良。蜜蠟凡包藏把書來下，假金牌調進了臨安城，元帥岳雲，共張憲爺兒三死在那風波亭。風波屈死了忠良將，人人聽說氣不平。惱恨秦檜這死業障，萬古個千秋就落了罵名。善惡到頭是終有報，打在了陰曹地府永不翻身，○顏佩韋是蘇州的都光棍，一生愛打個報不平，爲救鄉親就喪了命。雲陽市裡就問了典刑。哥五啊，齊喝彩，説是好啊！咱就死的爽快！人人稱他是好漢英雄。他道是：大丈夫生而何歡，死而何懼？遲十年又是五個小後生。我説的話爺們不信，虎邱山生下現葬著五墓墳。咱把著忠孝節義且靠後，要兩個錢吃頓飯，下了店，好去安身。〇聞聽説，太爺你就多好善，周濟窮人，是愛憐貧。常捨常有，你就常常又增福增壽，你是活財神。快些打包。你就做個領袖人前顯貴，也是傚裡奪尊。捨個罷！來你就撩個罷！後輩兒孫去會連登，各自洗臉是各自好看，別學那一種刻薄人。高抬貴手，你就撩個罷使義疏財，你是世路人。捨不的給錢，他裝聽不見，可憐俺們是他鄉在外的人。〇姐姐妹妹，就聽著我唱。把我的委屈，就提上一提。奴家今年剛十七，終朝每日想女婿，媒婆子不來把我問，爹媽話兒也不提。不論窮富找個主，就是那鬍子麻子胖子也是好的。我不用那個花花轎，騎上我爸爸那個蔥白驢。姐組妹妹，就接個下韻，聽我表梁山泊的古人名。梁山上有個子宛城，聚天下衆英雄。有李逵黑旋風，孫二娘，顧大嫂，一丈青，武松景陽岡上打過虎，力劈任元是燕青。時遷他教鼓上皁，還有石秀共揚雄。共總一百單八將，替天行道的宋公明。把你的替天行道日是且靠後，聽我表宋朝一大臣，宋朝有個包丞相，晝斷陽來夜斷陰。黑驢兒告狀救主難，定遠縣裡斷烏盆。草橋也曾斷過后，一根丁斷出兩根丁，因爲錯斷了□察散，纔惹的五鼠鬧東京成了精的耗子，你就算不了事。聽我説上一部反西廂；李逵坐在西廂等張飛，跳過粉皮牆。二人纔把期會，捉姦服毒楚霸王。傳書寄柬豬八戒，夜打登州是紅娘。敬德拷寇成玉。長亭餞別的秦始皇，立四門的鶯鶯姐，大鬧天宮武二郎。〔尾〕蓮花落打完收拾起，各衚衕串著把錢來要。有那整吊的那錢，老爺！就是那蘇元也是好的。太爺們啊！滿街上要夥計，咱們今有緣。衆位太爺們還要打采，要也是要不著，可就餓壞了我了。

這裡說的有些前後不對題，不搭格，但是趣味橫生，令人噴牙，顚倒李逵，張飛，楚霸王，豬八戒。紅娘打登　，敬德拷打寇成玉，又加上長亭錢別秦始皇，立殺四門崔鶯鶯，大鬧天宮武二郎。眞是雞飛狗跳，包青天也難斷案。中間又加上貴人施捨，姑娘想女婿的兩段，看來不連，其實渾融一起，正是連湯帶麵一起吃的家常飯。正是民間聽衆飽了肚子的一頓飯。

「本在村鄉」這一首，也叫做「鋸破缸」，農業社會米缸水缸破了，有補破缸的來用釘子把它補好，這種補破缸的人挑著擔子搖著串板到處拉生意做，是窮活兒：

本在村鄉

〔西岔〕本在村鄉，我可打扮的非常，俺家裡住在了王家莊，可是可是王家莊。〔西腔〕王大娘巧梳妝。哎呀哎呀呀！換上一件新衣裳。哎呀哎呀呀！小小的金蓮剛三寸，哎呀哎呀呀！輕移蓮步出了臥房。哎呀哎呀呀！前行來到大門外。哎呀哎呀呀！忽聽吆喝鋸破缸。哎呀哎呀呀！點手高叫定巧匠，哎呀哎呀呀！隨我進來釘釘缸。哎呀哎呀呀！不給多來不給少，哎呀哎呀呀！銅錢只給你二十雙。哎呀哎呀呀！那人點頭説憑大娘賞。哎呀哎呀呀！放下擔子就釘缸。哎呀哎呀呀！眉來眼去將奴戲，哎呀哎呀呀！只顧看奴不顧缸。哎呀哎呀呀！奴家一見佯不睬，哎呀哎呀呀！吧！〔白〕囉咧坑死我咧！〔正唱〕走了鉔子砸了缸，哎呀哎呀呀！他倒說買個新的來還我。哎呀哎呀呀！新缸那有我舊缸光。哎呀哎呀呀！〔西岔尾〕街坊鄰居休教他丟下跑了。〔白〕你若是塊光棍兒王頂子。〔唱〕等我當家的回來合他創，創上一創。你拿著那好人家來調情，就是塊好吃的，哼，糖咧！

這首的對話和講唱，正點都是北方話，「走了鉔子」鉔子是套住破缸的一個圈套，圈套掉開，缸破了不能再補了，所以有後邊的那些說是調情的話頭。

留神聽

〔數岔〕留神聽，呀呀喲！豬市兒口往南一行，列位押，靜聽我分明。有一夥子女人，沒有眼睛，一個彈琵琶，一個抓箏。還有一個弦子，那麼撥楞。有個女孩，站在居中，手拿著拉琴，嘴裡唸誦。也有圍著把他看，也有坐著儘自聽。我學他彈幾點，彈將起來更稀鬆，他彈的是〔老八板〕光頭和尚，淚汪汪，上殿去燒香。鐘鼓齊鳴響叮噹，口兒內碎咕噥。我佛如來坐中央，阿藍伽舍立兩旁，保佑我和尚跳過牆，娶個好妻房。一日三餐，美酒共豬羊。從今再不當和尚，一輩和尚當彀了，再當和尚把心傷。祝讚已畢下了殿，就與師娘洗衣裳，光頭和尚。〔岔尾〕學會了幾點，將錢來哄。缺少個人，西調兒弄奪，再把我添上就大響了名。

這首是逗趣的歌謠，也是出走江湖賣藝兒女的風塵。

說老西了

〔西岔〕說老西了，呀呀喲！說老西了，道老西，可是可是道老西。你怎麼認的我老山西？羊毛裹腳打的怪好的？甚麼活兒不會做？南西門外頭，托土坯土坯托到三千整。西北乾天下大雨，唧咶咶刮搭搭都成了一堆泥。老山西，甚是著急！這個買賣作不的。打夥兒商量著，開了箇河落鋪。走堂的掌櫃的都是老西。我問老西賣的是甚麼貨？無不是拉條麵，酸辣麵，莞豆包子，澄沙包子，攢餡包子，還有一箇韮韮菜的，還有個豆豆瓣蒜吃。

說老西賣麵，正是山西人的主食，什麼河撈，貓兒朵，撥魚子，油麵蒸籠，片兒湯多的數也數不清。不信，問問老西：頂少也有二百種麵食花樣。

白雪遺音

這本「白雪遺音」不是元明的歌謠「陽春白雪」，是那個「陽春白雪」以後，由華廣生蒐羅編輯而成，最初僅爲鈔本，後來才刻了出來。

此書的編輯者是華廣生。這個編輯者原是一個不大知名之人，然在百年之前，即知這些民歌之價值與重要，雖未見有別的大著作，他的見解的高明，卻已很可使人佩服了。他搜集此書，很費些工夫，在高文德所作序上，曾有一段記編者自己所說的話：

初意手錄數曲，亦自作永日消遣之法。迨後各同人皆問新覓奇，筒封函遞，大有集腋成裘之舉，旦暮握管，凡一年有餘始成大略。（編者在另一個地方，也說：「曲譜四本，乃多方搜羅，曠日持久，積少成多，費盡心力而後成者。」）

在這裡，可以知道此書編輯的經過的一斑。因爲非一人所能搜羅的，所以搜羅的範圍頗廣，所搜羅的材料也很複雜，有的是民間戀歌，有的是滑稽的短歌，有的是小敘事詩，也有的是很無謂『古人名』，『戲名』或『歇後語』之類的歌。

「白雪遺音」原有兩個選印本，一是鄭振鐸選的，一是汪靜之續過的。現在的來用子是西南書局印行，列入學術叢書NO．33是本精裝本。是訂正再版，裡邊包括馬頭調共一八首，嶺兒調十一首，滿江紅十二首，剪靛花十三首，起字呀呀喲十二首，八角鼓四首，南詞六首，附錄馬頭（譜連板）。

鄭振鐸說：

那部白雪遺音選的出版，並不是沒有遇到波折。完全都排好了，而答應出版的那家書店，卻老是『東之高閣』，不肯出版。後來打聽到其原因，原來是有幾個主持的人反對出版，說：『像這樣的書，也能出版麼？』過了一年多，開明書店成立了，方才由他們印了出來。

今日究竟是『風氣大開』了，不僅汪靜之先生的白雪遺音續選可以公然刊出，就是山歌這樣的著作，也還有人肯重印。這不能不說是『進步』了。

我們現在看看有人反對出版，說：「像這樣的書，也能出版嗎？」實在說起來，集子裡的作品，全是人性裡儲藏的眞誠私情給挖了出來：

> 我今去了，你存心耐，我今去了，不用掛懷。我今去了，千般出在無其奈；我今去了，千萬莫把相思害。我今去了，我就回來！我回來疼你的心腸仍然在。若不來，定是在外把相思害。

又如：

> 喜只喜的今宵夜，怕只怕的明日離別。離別後，相逢不知那一夜？聽了聽鼓打三更半夜，月照紗窗；影兒西斜；恨不能雙手托住天邊月！怨老天，爲何閏月不閏夜？

這樣的好詩，是在文人雅士的詩集中找不到的，詞句的錘鍊，純靜，圓潤，簡潔，生動，不做作，不矯飾，套句太白先生的話：「清水出芙蓉，天然去雕琢」。你能不信這樣的天籟，由眞性情率眞至誠的流露出來，是眞正沙裡淘金的好詩，是人人能夠上口，溢出自己心胸的好詩，你能不讚許不鼓掌嗎？

白雪遺音續集

汪靜之選的「白雪遺音」續集，在序中有這樣的說明：

> 前年看見鄭振鐸先生在白雪遺音選的序裡說：「原書中猥褻的情歌，我們沒有勇氣去印。」當時我便想找全部白雪遺音來讀，可是隨便甚麼圖書館，甚麼舊書店都找不著。鄭先生的序裡也說過：「也許因爲原書中有些猥褻的情歌，被甚麼官府禁止發賣或劈

版之故，致此書現在絕不能得到。我們很有幸，乃能見到僅存的一部。」鄭先生是常愛搜買古本的，所以被他買著這本海內孤本的白雪遺音。我要讀全書，除了向鄭先生借閱當然是沒有別法的。

編輯這部書是用了很多心血搜羅來的，他說：「曲譜四本，乃多方搜羅，曠日持久，積少成多，費盡心血而後成者。」他在卷首模倣馬頭調做了一首歌，首句是「小小曲本是心愛」，末句是「萬兩黃金也不賣」。我們應怎麼感謝他這個愛護文藝的花園的孤忠的園丁！

爲了瞭解汪靜之編輯近本集子的用意，我們再看他怎麼說：

這部書的編輯者華廣生是一個無名的人，但他是一個高明的藝術的愛好者與鑑賞者。十九世紀開始的時候的他，已經那樣重視民歌，他的眼光與理解，眞是難得。他編輯這部書是用了很多心血搜羅來的，他說：「曲譜四本，乃多方搜羅，曠日持久，積少成多，費貴心血而後成者。」他在卷首模倣馬頭調做了一首歌，首句是「小小曲本是心愛」，末句是「萬兩黃金也不賣」。我們應怎樣感謝他這個愛護文藝的花園的孤忠園丁！

易卜生說：「民歌不是由一個人寫的，她有全人類的詩的能力的總和，牠是人類的詩的天稟的果實。」這句話我們於白雪遺音得到最適當的證實。

中國人只知重視最古的民歌——國風，進一步也只知重視次古的民歌——子夜歌，讀曲歌，而絕不注意近代的民歌。其實一百年前的近代的民間戀歌白雪遺音中我和鄭先生所選出的一部分，不論在藝術方面或內容方面都比國風，子夜，讀曲不知好幾倍，我們舉幾首例子來看：

情人愛我的腰兒瘦，我愛情人文雅風流。初相交，就把奴家溫存透，解羅衣故意又把酥胸露。(音漏) 你恩我愛，是那般樣的溫柔：手兒拉著手，哎呀！肩靠肩兒走。象牙床上羅幃懸掛勾，哎呀！偺二人今夜晚上早成就。舌尖兒嘟著情人口，哎呀！情人莫要丟！渾身上酥麻，顧不得害羞。哎呀！是偺的不由人的身子往上湊，湊上前，頂入花心眞好受！——奴的身子夠了心不夠！——情人愛我。

玉美人兒才十六，(音漏) 挽了挽烏雲欲梳油頭，露出了鮮紅的兜兜，雪的肉。(兒葉) 勾惹的年輕的玉郎往上湊，手扶著肩膀，要吃個輭舌頭。佳人便開口：「哎呀！你莫要瞎胡摟，梳罷油頭，再去風流。」哎呀！玉郎說：「這陣慾火實難受！」，木梳往桌案上丟，哎呀！顧不的兩手油，哎呀！他二人重入羅幃把佳期湊。二人到了情濃處，口對著香腮，叫聲「乖乖！」又叫聲「肉！」——玉美人兒。

喜只喜的紅羅帳，愛只愛的象牙床！喜只喜的三寸金蓮肩上抗，愛只愛紅繡鞋兒底朝上，喜的是櫻桃小口，愛的是口吐丁香！喜只喜杏眼朦朧魂飄蕩，愛只愛哼哼唧唧把情聲放！——喜只喜的。

酉時紅日漸無光，欲睡先愁怕夜長。孤枕孤衾孤燈伴，無言無語會無郎。寬羅帶，脱衣裳，空思妄想上牙床。慾火焰焰眞難忍，蓆兒蹬破意心慌，睡鞋磨破裍——酉時紅日。

這樣大膽的，眞實的，赤裸裸的性慾描寫，這樣熱烈的，狂縱的，浪漫的，火一般的情歌，是國風裡尋得出的麼？是子夜讀曲裡尋得出的麼？是庸凡的大詩人的集子裡尋得出的麼？

上面舉的是描寫性慾的例，現在把另一種的趣味幾首：

冤家進門答答戰，心裡好似滾油煎。要偷情，又恐怕人家來睄見，奴這裡不忍的回身把門關。話兒慢講，身子未沾，小冤家兩眼不住睄著俺：「我合你捨著性命完心願！」——冤家進門。

在黑色的禮教恐怖之下，還要「捨著性命完心願」，這是何等的勇氣！再看：

我爲你來把家撇下，我爲你來撇下了家，我爲你結髮夫妻不說話，我爲你爹娘的面前曾挨罵，閒言閒語受了多少的腌臢。實對你說了吧，時時刻刻把你擱在心坎上掛，是怎麼睡裡夢裡放不下！——我爲你來。

在獰惡的婚姻的統治之下的國民的無可奈何的苦痛，這首詩表現得最爲深切。

冤家只在船頭坐，有句話兒對著你說：爲甚麼見了一個愛一個？還望你船到江心拿穩舵。疼你的少來害你的多，細細想，奴的話兒錯不錯？實對你說：疼你還數奴是頭一個！——冤家只在。

讀了這首詩，我們好像眞聽見一個被棄的婦人在那裡向她的情人乞憐一樣。

不再多舉例了，大家讀下去，自然知道這個選本每一首都是可以一唱三嘆的。

他說：「這個選本歌的目的是在文藝的鑑賞」。而且和鄭振鐸先生所選的沒有一首重覆。

這個序是寫出於十六年七月三十日。

目前我用的是合編的選印本。在馬頭調第一個部分裡，有帶把的幾首歌謠，十分醒目。

所謂帶把，就是句子下面，像說明一樣的另外添深加幾個字，襯托原來的詞意：

有面琵琶

有面琵琶牆上掛，玉桂銀牙。猛然抬頭瞧見了他，起身忙去拿。伸玉腕，摘將下來彈，清冷對窗紗。未定絃，淚珠先在腮邊掛，紛紛如麻，彈起琵琶，想起了冤家，盼的眼花。琵琶好，怎比情人會說話，風流典雅。薄倖的人兒不回歸，彈一個夢中人兒留不下，醒來不見他。

情人好比

情人好比鮮桃樣，長的實在強。進的門來，滿屋清香，饞的奴心慌。好菓子偏偏長在高枝上，又在葉中藏。好叫奴乾睜著眼兒往上望，晝夜思量。終日聞香，摸不著嘗嘗，恨壞女紅妝。到多咱抱著樹枝幌兩幌，別人休妄想。好菓子誰肯輕易將人讓，不用商量。

這首「情人好比」，用的比喻，實在高明，譬如：「好菓子偏偏長在高枝上」下面帶把「又在葉中藏」這個把實在帶的好。又如「到多咱抱著樹枝幌兩幌」多咱就是要等到甚時，下面帶把「別人休妄想」直接道出了「無商量」的意思。

細細雨兒

細細雨兒，濛濛鬆鬆下，地下甚是滑。可意的人兒，不會在家，外邊作生涯。若在家，憑你老天下多大，不怕房屋塌。告老天，這陣雨兒住了罷，上香禱菩薩。濕透了衣服，不值甚麼，怎麼回家？常言道：黃金有價人無價，不是偏疼他。你再下，我今就把棒槌掛，是個方法。

急的要掛棒槌，眞的信邪。

我想你來

我想你來你不信，當作假溫存。我想你來，是我的眞心，虛情無半分。我想你，想你不來我好恨，各處留神。我想你，相思害的無投奔，減了精神。我想你來，如同你想你那心上的人，忘餐廢寢。就是你那心上的人，你想他，他不想你，你恨不恨？將心比心。說實話，別要糊裡糊塗將人混，人外有人。

用這人比人的方法，告訴情人，也是不得已的比喻。

一見情人

一見情人把手攢，代笑開言。你這兩日不來，流落在那邊？因何不回還？閃的俺無依無靠無陪伴，孤苦難言。到晚來好似一隻孤單雁，衾冷枕寒。這兩日叫俺心神不定，坐臥不安，晝夜的牽連。那些得罪了你，哎喲！禮貌不周全，奴待你不周，你要包含，哎喲！勸情人不看僧面看佛面，還要你可憐。你若忘前情，那才稱了傍人願，叫人笑話偺。

變對蝴蝶

變對蝴蝶，在你的鞋尖上落，輕把鳳頭咬。變條汗巾纏著你的腰，滿滿圍一遭。變個竹夫人，常在你的懷中抱，肉兒貼著。變面鏡，常對你的面兒照，實在愛瞧。變來變去，變上管笛簫，變的更蹊蹺。變笛簫，嘴對嘴來把情叫，香膀蘭膏。再變個繡花鴛鴦枕兒，與你腮邊靠，處處伴春嬌。

這首歌叫人想起淵明的「閑情賦」但味道不同。

當眞恩愛

當眞恩愛在胸前掛，並無半點假。太平之世，稱甚麼典雅，不必閒磕牙。奴住在謝家衚衕的東角下，一去是不差。有一座青石灰門樓不甚大，並無二家。自要你前去細細的訪查，休當玩耍。門前有三顆柳，哎喲，院中有數顆花。有柳有花，就是奴的家，哎喲。你咳嗽聲，奴就懂你的話。這月初七八，哎喲，俺娘不在家。斟下美酒，倒下香茶，哎喲，等情郎站在簾籠下。佳期莫要差，哎喲，佳期莫要差！錯過佳期，把奴想殺。想殺奴，奴的魂靈兒將你罵，怎肯干休罷。須知道人生情義原無價，不是強逼他。

「人生情義原無價」，正是「當眞恩愛」的意思。

無梯樓兒

無涕樓兒難上下，盡力往上扒。天上的斗難抓難拿，兩眼白瞧他。畫兒上的馬，有鞍有蹬難騎跨，拉不動他。水凌裡的魚，縱有金鈎無處下，得使榔頭打。竹籃子打水，鏡裡採花，抓不著他。夢中人，千留萬留留不下，睜眼不見他。醒來後空有明月在紗窗掛，兩眼淚如麻。

這一首和前面「變對蝴蝶」是兩種相思，一樣的情味。

酸甜苦辣

烏梅，青杏，陳醋拌，酸上加酸。水糖，白糖，加上蜜餞，甜的更甜。山豆根兒苦，大黃，黃柏，加黃連，苦不可言。生薑辣，秦椒，胡椒，獨頭蒜，辣的實在全。負心的情郎，不似從前，丟下女嬋娟。我爲你酸，甜，苦，辣，吃了個遍，整整四大盤。想當初，不該錯認無義漢，後悔是枉然！

所謂「酸、甜、苦、辣」處加「鹹」的淚水，五味俱全。

淒涼兩字

淒涼兩個字實難受，何日方休。恩愛兩個字兒。常掛在心頭，誰肯輕丟。好歹兩個字，管叫傍人猜不透，別要出口。相思兩個字，叫俺害到何時候，無限的焦愁。牽連兩個字兒，難捨難丟，常在心頭。佳期兩個字，不知成就不成就，前世無修。團圓兩個字，問你能彀不能彀，莫要瞎胡謅。

露水珠

露水珠兒在荷葉轉，顆顆滾圓，姐兒一見。忙用線穿，喜上眉尖。恨不能一顆一顆穿成串，排成連環。要成串，誰知水珠也會變，不似從前。這邊散了，那邊去團圓，改變心田。閃殺奴偏偏又被風吹散，落在河中間。後悔遲，當初把寶貝看，叫人心寒。

這樣的私情，表現如此痴迷，你說傻也好，死心眼也好，不用吃力修詞，便有深入人心的功效。這才是好歌謠。這又是和掛枝兒，山歌相同的荷珠。

在沒有帶把說明的「馬頭調」裡，還有貼切的歌詞：

紅紗扇

情人送我一把紅紗扇，一面畫水，一面畫山。畫的山，層層疊疊，實好看，畫的水，萬里長河流不斷，偺二人相交，如山水相連。要離別，除非山倒水流斷，要離別，除非山倒水流斷。

傷心最怕

傷心最怕黃昏後，似這等風月無情，何日方休？在人前強玩笑來強講究，無人時淒淒涼涼實難受。朝朝暮暮，歲月如流，對菱花誰是保奴的容顏常照舊？恨只恨花殘葉落，要想回頭不能彀。

我今去了

我今去了，你存心耐，我今去了，不用掛懷，我今去，千般出在無其奈。我去了，千萬莫把相思害。我今去了，我就回來！我回來，疼你的心腸仍然在。若不來，定是在外把想思害。

說出來的話是家常，家常話非是心裡的眞心話，不能說出的好叫自然深至，所謂爲情而傻，爲情而癡，正是這等入迷。

人人勸我

人人勸我丟開罷，我只得順口答應著他。聰明人豈肯聽他們糊塗的話，勸惱我反倒惹我一場罵。情人愛我，我愛冤家，冷石頭煖的了放不下。常言道，人生恩愛原無價。

又是想來

又是想來又是恨，想你恨你一樣的心。我想你，想你不來反成恨。我恨你，恨你不該失奴的信。想你的從前，恨你的如今。你要是想我，我不想你，你恨不恨？我想你，你不想我，豈不恨！

人說相思

人說相思我不信，不想今日輪到我身。相思病，不疼不癢光害睏。諸日裡茶飯懶餐心發悶，指東撲西，那去了精神？是怎的明白一陣，糊塗一陣？要病好，除非冤家前來問。

你疼俺也罷

你疼俺也罷，你恨俺也罷，就是不疼俺也罷，今三明四也不是個長法。爲甚麼空留下個虛名，叫奴常牽掛？你想想，待你的恩情差不差，我受了你的糖烌，你當作我是個癡心的傻瓜。原許下燈節會，哎喲！等到你四月八九月，重陽開放了菊花。一年倒有三百六十日，何曾與奴說過知心話！奴家的命兒苦，你的那心腸比那生薑還辣。

喜只喜的

喜只喜的今宵夜，怕只怕的明日離別。離別後，相逢不知那一夜。聽了聽鼓打三更交半夜，月照紗窗，影兒西斜；恨不能雙手托住天邊月。怨老天：為何閏月不閏夜？

這又是和掛枝兒等歌謠相同的呼聲。

冤家只在

冤家只船頭坐，有句話兒對著你說：為甚麼見了一個愛一個？還望你船到江心拿穩舵。疼你的少來害你的多，細想想，奴的話兒錯不錯？實對你說：疼你還數奴是頭一個！

冤家在我

冤家在我窗前唱，時興的小曲拿著新腔，引的奴心裡不住魂飄蕩。瞧見他風流俊俏好模樣：瘦瘦的腰兒，臉兒慢長。怎能彀奴家與你配成雙？到多咱你我同入銷金帳？

冤家進門

冤家進門答答戰，心裡好似滾油煎。要偷情，又恐怕人家來瞧見，奴這裡不忍的回身把門關。話兒慢講，身子未沾，小冤家兩眼不住瞧著俺：「我合你捨著性命完心願！」

「我合你捨著性命完心願」這話說出來，是何等的意願，往遠處講就是「捨身以報」。

送頭髮

情人進門：「你坐下，」袖兒裡掏出一綹子頭髮，淚汪汪叫聲：「情人！你可全收下。我的爹和娘今月打發我要出嫁，你若想起奴家，看看我的頭髮。要相逢除非等奴來走娘家，那時節與奴再解香羅帕。」

欲寫情書

欲寫情書——我可不識字，煩個人兒——又使不的，無奈何畫幾個圈兒爲表記。此封書惟有情人知此意：單圈是奴家，雙圈是你，訴不盡的苦，一溜圈兒圈下去。但願你見了圈，千萬莫要作兒戲！

房中悶

獨自一人房中悶，猛然回頭，看見個燈影兒照著一個人。慌得奴忙向前去將他問，一連七八聲，總是一個不答應。忽然窗外刮了一陣風滅了燈，不見影兒奴好恨，恨將起，我和那風拚了命！

情人要去

情人要去留不住，眼含痛淚不敢啼哭。欲待哭又怕情人忍不住，待不哭淚珠點點止不住。手拉手兒拉到無人之處，腮對腮，口對口兒親囑：「你千萬莫忘這條路！」

情人不必

情人不必表心事，我這眼裡有塊試金石：一見你就知你是個疼人的，初相交你就與奴捨不的。人人說你甚是出奇，也是我三生有幸將你遇，早成就留下個相與心裡記。

我勸情人

我勸情人別生氣，方才說話得罪你，得罪你俺也不是有意的。失措了一碗涼水潑在地，左收古收收不起。笑笑罷！唱個曲兒與你陪不是，常言道殺人不過頭點地。

相思害的

相思害的我如酒醉，一口怨氣把燈吹，無奈何這頭扒到那頭睡。恨薄倖一出門去不回歸，仔細思量，自己傷悲。悶的奴苦伶仃活受罪，恨生起來金蓮揉碎紅綾被。

其二

相思害的形體瘦，自己摸著暗暗的點頭。爲多情幾番濕透衫袖，病懨懨一回喘來一回嗽。千方百計，吃藥也勿投。要得病兒好，爲誰得的還得誰來救；若不來，小命一定不長壽。

其三

相思害的難移，眼含痛淚不敢啼哭。欲待哭又怕爹娘問何故，待不哭一陣一陣忍不住。罵了聲：「狠心的公婆，你這老糊塗！不娶俺，倒把奴家的青春誤；若是娶了奴，早早就該洞房就。」

其四

相思害的我活受罪！吃了袋青葉子，懶磕煙灰。上炕上臭蟲跳蚤咬的我實難睡。起了大怪風，刮的那草簾子嗘嗋嘩啦，唧嗋咕咚，砸碎了盆子罐子，惹起我的相思如酒醉。街坊上的鴨子呱呀呱呀叫的我甚是傷悲，無奈何拿過蓑衣蒙頭睡，恨將起拉他一個粉粉醉。

其五

相思害的難移步，叫聲丫鬟與我去請大夫。那大夫一進門來忙醫卜，這病兒到也有些奇緣故：一會精神，一會糊塗：要病好多吃醬油少吃醋，要病好多吃飯來少吃醋。

時時刻刻

時時刻刻長思念，思思念念到有半年。恨只恨山遙路遠難見面，淚珠兒點點只在腮邊獻。一不要成雙，二不要團圓；俺只要情人見一面，俺把那一往的話説一遍。

一見情人

一見情人心中樂，許久不來爲著甚麼？想必是我在你的跟前有了錯？萬望你寬宏大量來説破。言語不周你要擔代著，細想想，疼奴的人兒你是頭一個。常言道抬抬手兒容易過。

其二

一見喜不盡，你的容顏強如別人。我爲你捎書傳信將你問，你來了解去俺的憂愁愁悶，丟去了愁腸，添上了精神。俺守著你，一夜不睡不害睏，如同是化子拾了一錠金。

手拉手兒

手拉手兒把黃河下，就到了黃河也不把手撒！偺二人就死死在一處罷！免的偺思思念念常懸掛。轉世爲人還是偺倆，長大時你不娶來我不嫁，到那時方稱你我心中話。

嶺兒調中有一首帶白的長歌，可以說是代表了閨中怨女的心情，也是少婦思夫「輾轉難眠」的寫照。錄在這裡，讓大家想像女孩兒獨自個自怨自艾，長吁短嘆的滋味：

日落黃昏帶白

日落黃昏，玉兔東昇人靜。秋香手提銀燈進繡房，說是姑娘安歇了罷，奴去睡，那人不歸回。〔白〕佳人惱縐雙眉，你拿誰兒搭，誰不睡。不睡偏不睡，獨自一人打個悶雷，罷喲。這佳人悶悠悠，獨坐香閨，思想起盼郎不歸回，淒淒涼涼，淚珠兒雙垂，越思越傷悲。〔白〕好傷悲，痛傷悲，拿過來斟上一杯，自斟自飲，閒解個悶，酒中好似玉郎陪，罷喲！〔唱〕一更裡，秋風刮，刮的簷前鐵馬兒叮噹響。細聽，孤雁過南樓，梧桐葉落紛紛，不斷朝下墜，細雨兒紛飛。〔白〕細雨飛，細雨飛，心疑好似玉郎回，手扒窗櫺，將他問，問了一聲誰，呀！卻無誰，罷喲！一更一點，正好意思眠。忽聽的蚊蟲叫了一聲喧。蚊蟲，我的哥，蚊蟲，我的哥，你在外面叫，奴在繡房聽，叫的奴家傷情，叫的奴家痛情。枕邊的相思，越思越傷情。娘問女孩：這是甚麼叫？

一更裡的蚊蟲，嗡嗡直嗡嗡，叫到三更。〔唱〕二更裡，梆鑼響，悶得我孤孤單單，冷冷清清，怕入羅幃，獨自一人懶去睡，用手把枕推。〔白〕懶去睡，懶去睡，想思害的兩眼黑，四肢無力難扎掙，身子好似涼水帔，罷喲！二更二點，正好意思眠，忽聽的寒蟲叫了一聲喧。寒蟲，我的哥，寒蟲，我的哥，你在外邊叫，我在繡房聽，叫的奴家傷情；叫的奴家痛情；枕邊的相思，越想越傷情。娘問女孩：這是甚麼叫？二更裡的寒蟲，嗡嗡直嗡嗡，叫得三更。〔唱〕三更裡，靜悄悄，意懶心灰，呆獃獃緊緺著蛾眉，譙樓更鼓催。〔白〕更鼓催，更鼓催，夢中好似玉郎陪。二人正把巫山會，狸貓捕鼠，碰倒酒杯，驚醒奴家南柯夢，思量一回，嘆一回，罷喲！三更三點，正好意思眠，忽聽蛤蟆叫了一聲喧。蛤蟆，我的哥，蛤蟆，我的哥，你在外邊叫，我在繡房聽，叫奴家傷情；叫奴家痛情；枕邊的想思，越思越傷情。娘問女孩：這是甚麼叫？三更裡的蛤蟆，哇哇直哇哇，叫到四更〔唱〕四更裡明月照紗窗，唬的奴神虛膽怯，勾惹起相思病兒，害的奴如癡如呆如酒醉，這卻埋怨誰。如酒醉，如酒醉，酒不醉人人自醉。自古紅顏多薄命，好似雪裡飄玉梅，罷喲！四更四點正好意思眠，急聽的鴿子叫了一聲喧。鴿子，我的哥，鴿子，我的哥，你在外邊叫，奴在繡房聽。叫的奴家傷情；叫的奴家痛情；娘問女孩：這是甚麼叫？四更裡的鴿子，呱呱直呱呱，叫到五更。〔唱〕五更裡金雞叫的天明亮，眼睜睜日出扶桑，盼郎不回。忙下牙床，無奈何喚聲丫鬟，來與我疊起這床紅綾被，從今把心回。〔白〕五更五點正好意思眠，忽聽金雞叫了一聲喧，金雞，我的哥，金雞，我的哥，你在外面叫，奴在繡房聽。叫的奴家傷情；叫的奴家痛情；娘問女孩：這是甚麼叫？五更裡的金雞，咯咯直咯咯。四更裡的鴿子，呱呱直呱呱，三更裡的蛤蟆，哇哇直哇哇，二更裡的寒蟲，哇哇直哇哇，一更裡的蚊蟲，嗡嗡直嗡嗡，唧唧直唧唧，哇哇直哇哇，呱呱直呱呱，咯咯直咯咯，叫到大天明。

「滿江紅」一節中有幾首短歌，是特意挑出來的佳篇：

東方亮

東方亮，冤家又睡著了。天哪！叫奴怎麼好！奴只得抱腰，輕輕慢推搖，你醒來喲！怕只爹娘知道，奴的命難逃。快穿衣服走，莫被傍人曉。你轉來喲！嘴脣上胭脂粉，奴與你舔了。你嘴脣上胭脂粉，奴與你舔掉了。

青山在

青山在，綠水在，情人兒常不在，風常來雨常來，書信兒不見來。災不害，病不害，相思兒常常害。春去秋又來，花開悶不開。淚珠兒點點，濕透鳳頭繡花鞋，濕透了繡花鞋。

變一面

變一面青銅鏡，常對姐兒照，變一條汗巾兒，常繫姐兒腰，變一個竹夫人，常被姐兒抱，變一根紫竹簫，常對姐櫻桃，到晚來品一曲，纔把相思了，纔把相思了。

從今後

從今後，從今後，從今以後把心收，把心收，且把心來收，依然舊，依然舊，依然還照舊，當初何等樣的好；如今反成仇。〔銀紐絲〕淚似湘江水，涓涓不斷流。這想思叫我害到何時候？〔起字調〕別人家的夫婦，四面飄遊，奴家的命苦，前世裡未曾修。〔亂彈〕姻緣事莫強求，強求的人兒不得到頭，〔馬頭調〕恨將起，一口咬下你那腮邊肉。〔正詞〕好一似向陽的冰霜，候也是不久，候也候不久。

其二

從今後，鸞鳳交，切莫把燈來照，你就明白了，昨夜晚小丫環，她在窗户外面瞧，被她瞧見了。今早起對著我指手畫腳的笑，鬼頭又鬼腦。她說：「姑爺會騎馬，姑娘把小腳翹，翹的那樣高。」羞得我面通紅，又好氣來又好惱，罵了聲「小浪騷」。

瓜子仁

瓜子仁本不是稀奇之貨，紙兒包，汗巾裹，送與奴情哥，好的不用多，一顆敵一顆，一顆顆都在奴的舌尖上過，勸情哥吃下去，切莫忘懷了我，切莫忘懷了我！

以上幾首篇篇都是璣珠，腔圓字巧，唸起來如吃蜂蜜，一口就能下肚。「瓜子仁」這一首在掛枝兒和山歌裡都有相同的作品，可見流傳的普通。

「起字呀呀喲」中，也是女子思念之作：

青山在

薄命傷懷，盼想多才，慢款金蓮轉瑤階。秋風兒陣陣，北雁飛來。〔當調〕青山在，綠水在，你的人兒不在；風常來，雨常來，他的書信不來；災不害，病不害，你的相思常害；花不戴，翠不戴，你的金釵懶戴；茶不思，飯不想，只盼人來。前世裡債，十世裡債，惹下了牽連債，惹下了牽連債。〔尾〕猛聽得寒蛩唧唧聲嘹亮，鐵馬兒輕敲把悲聲來送，盼想那可意人兒，你爲何不來？

正盼佳期劈破玉

正盼佳期，貓兒洗臉，又搭上那喜鵲亂叫，忽聽的門兒外梆梆的不住的連敲。慌的我翻身滾落下牙床，我走著好不心焦，吱嘍嘍將門開放，卻原來是貓咬尿胞，只當是冤家，不承望是捎書人到。那人兒控背躬身，尊一聲大嫂，不是你的冤家，是替你冤家把書信兒捎。羞的我面紅過耳，接過書來瞧瞧。上寫著情郎頓首，拜上那年少的多嬌。有心和你相逢，阻隔路遠山遙，帶來的烏綾手帕，還有汗巾兩條，琺瑯戒指八個，下綴著紅絨絲絛，木梳攏子一套，還有煙袋荷包，雖然是禮物不堪，冤家，你暫且收了。要問我多早歸期，八月中秋到了。看罷了一回，我心中好焦，有心將書扯碎，又恐怕來人去說。打發來人去後，我可鴟鴟的撕成紙條，用手團了個蛋兒，放在口裡嚼了又嚼。既有那眞心想我，挪點工夫你來瞧瞧。既無眞心相我，捎書不如不捎。三番兩次帶信，你可活活的做弄死我了。何必你之乎者也這般勞神，再思你再想，縱有那百封情書，不如你親自兒來到好。

「八角鼓」中的唱詞也有可看的如：

海堂花枯

海堂花枯，俏佳人斜倚在碧紗廚。花兒呀，想當初郎君愛你以寶珠，到而今殘紅敗葉影兒孤，減卻精神身無主，你的那萬種嬌顏半點無。這佳人慢展香軀把玉腕舒，折取花枝移步，傍妝臺，別玉書，面對郎君把話訴。當初曾言花兒美，又道花能爭紅綠。春去夏來枝葉枯，郎君心下意何如？才郎笑用手扶，說花兒正開人心喜，他若凋殘令人俗。世上花草是無情物，看來不如夫和婦。佳人聞聽腮含怒，用手推郎氣撲撲。曾記的前言，花兒強似奴，花開花謝根還在，說道：娘子的青春去再無，今見花兒無人色，狼心的冤家意也疎。自古水性惟婦女，不似冤家薄倖夫。奴到粉退香殘後，怕只怕也似殘花看待奴。

這首「海堂花枯」是對話體，說的是青春難再，怕冤家變心也。

「南調」中「鳳凰得病」是一段特別出類技萃的歌謠，令人讀了愛不釋手：

鳳凰得病

鳳凰得病在山中，百鳥前來問吉凶。十姊妹雙雙來看病，八哥忙著請郎中。請了天鵝先生來診脈，只因相思鳥兒病體凶。畫眉籠中乾著急，鸚哥架上不寬鬆。烏鴉到處來報信，報到黃鶯道駕崩，鷺鷥穿孝多辛苦，苦只苦年老白頭翁，請了一班沙和尚，孔雀彈琴在山中。此後孤雁再不逢。

作者非有對自然禽鳥具專門知識，是無法寫的如此傳神的。

「立春雨水」也是「南調」中的長篇，說的是丈夫立志去求功名，妻子獨守空閨的另一種情味：

立春雨水

立春雨水恨來遲，手托香腮滴淚珠。鬆鬆烏雲減珠翠，撒拉著花鞋懶待提。緊閉櫻桃全不語，病懨懨，身子步難移。自惹情牽將誰怨，啞吃黃連若自知。

驚蟄春分杏花天，脫去綿衣換夾單。身弱猶覺微風冷，緊閉紗窗怯春寒。摘過瑤琴消遣悶，調正文武共七弦。十指無力因病損，淚濕了琴面繡成斑。

清明穀雨百草生，丈夫立志求功名。一去求名三年正，至到而今信不通，相必落榜孫山外，也該回來守青燈。今科不中下科中，免春盼夏來秋盼冬。

立夏小滿麥秀齊，獨坐窗前繡花枝。一扶花枝群蝶亂，疑是玉人轉回歸。那時小奴伸頭看，原來是簷前雀鬥撲拉飛。滿懷心事雖無語，只在停針不語時。

芒種夏至薰風來，斜倚欄杆結病態。哭壞秋波眼，拭破芙蓉腮，掐破指尖肉，跺綻紅繡鞋，嘔盡心血無人問，手扶丫鬟懶上妝臺。

小暑大暑正清和，荷花香風透涼閣。綠柳池邊閑遊戲，銀浪滾滾織金梭。避暑佳人搖彩扇，奴在房中受折磨。思君不至那知暑，拿著六月當臘月。

立秋處暑風漸涼，怨女深閨痛斷腸。江山滿目黃花落，寒蛩唧唧叫聲狂。他叫的落葉滿地草色變，風清月白露成霜，一聲寒蛩一滴淚，爲甚麼不叫離人思故鄉？白露秋分桂風刮，綠柳池塘藏睡鴨。金蓮歪，鳳釵斜，二目盼的眼昏花。久立蒼苔不知冷，淚滴胸前血染紗，曾記得臨行吃過中秋酒，到而今奴在深閨，君在天涯。寒露霜降百草衰，鶴立松梢聽猿哀。一派蒼煙流水碧，幾嶺松柏站山崖。燕知社日辭巢去，菊爲重陽冒雪開。你看羽毛草木還不失信，誰似你負義郎君去不回。立冬小雪冬復冬，老天陣陣起朔風。園林亂擺花枝舞，簷前鐵馬響叮咚。寒透羅幃鴛鴦枕，捲簾入户影搖紅。欲待不把你來想。樹遇風兒影不寧。大雪冬至瑞雪飄，萬里山河粉畫描。半空紛紛朵花墜，畫閣樓臺似玉堆。竿竿綠竹頭垂地，翠柏青松掛瓊瑤。你在那裡雪擁藍關馬不進，掩這裡望斷雲山悴又憔。小寒大寒春將還，梅花香風透竹簾。冰心豈把芳心冷，守著松柏耐久寒。閉户不知春來也，日月時令記不全。愁鎖眉尖將你盼，眼看著斗柄回寅又是一年。

它的特色就是把十二月春夏秋冬四季的變化，作了細緻的描寫，以襯托少婦思夫，難耐寂寞的種種感覺，是經過民間口耳相傳，自然修飾，順乎時空的氣象，盼望郎君快還家的情思，躍然紙上。

我們看了以上輯錄的歌謠，除了讚嘆民間的詩人創造了優美的作品，同時也要瞠目結舌於民歌的內容之深至而廣大，因爲僅僅是私情，已經有如此高妙的描寫手法，不得不令人折服。

「白雪遺音」中有幾首民歌和「掛枝兒」中意思相同的，我們在此可以做一比較；如這首「荷珠」：

白雪遺音

露珠兒在荷葉轉，顆顆滾圓，姐兒一見，忙用線穿，喜上眉尖。恨不能一顆顆穿成串，排成連環。要成串，誰知水珠也會變，不似從前。這邊散了，那邊去團圓，改變心田。閃殺奴，偏偏又被風吹散，落在河中間後悔遲，當初錯把寶貝看，叫人心寒。

掛枝兒

露水荷葉珍珠兒現，奴家癡心腸把線來穿，誰知你水性兒多更變；這邊分散了，又向那邊圓！沒眞性的冤家也，隨著風兒轉。

仔細整對起來，「掛枝兒」的造句用詞，似乎更加的樸實簡鍊，而「白雲遺音」的，卻似可人兒又加了些兒脂粉，妝扮更多一分綺麗俊俏。又如這首，「五更雞」：

「喜只喜的今宵夜，怕只怕的明日離別。五更雞，聽得我心慌撩亂。離別後，相逢不知那一夜？聽了聽鼓打三更交半夜。月照紗窗，影兒西斜，恨不能隻手托住天邊月！怨老天，爲何閏月不閏夜？」——白雪遺音馬頭調

「五更難，叫得我心慌撩亂。枕兒邊說幾句離別言，一聲聲只怨著欽天監！你做閏年並閏月，何不閏下一更天？日兒裡能長也，夜兒裡這麼樣短！」——掛枝兒雞

「白雪遺音」中的情緒似乎加一層的宛轉，而「掛枝兒」的聲調則更是直言無隱。而他

們的想像的眞摯，心理的怨嘆，則是相同的。這種相同的感情，眞是「濃的化不開」。不論怎麼說，我相信這幾首民歌的產生，原來是人同此心，抵死纏綿的難割難捨，但是經過流傳，修正和潤飾過的戀歌，在最原始熱烈的情慾裡，又給予了美化；使淺薄的變得深至，使粗鄙的轉爲細膩。這是不言而喩的現象。

「白雲遺音」的編選者叫做黃廣生，據其自序，此書初僅是鈔本，輯成於嘉慶甲子（公元一八〇四年）。因爲流傳日廣，便有刻本。華廣生必然是輯者的筆名，不知他另外有什麼著作，但憑他蒐集此書的價値觀念，和見識的高明，便値得人佩服。「白雪遺音」大都爲閨怨情癡，民情風景，天然美妙，令人意醉神馳。

吳 歌

吳歌是顧頡剛先生於民國八年前後蒐集的蘇州地帶的歌謠。這些歌謠是久已流傳民間的歌曲。蒐集吳音的時間共不長，但流傳於民間的這些歌謠的時間卻長的多。他在自序中說出搜集歌謠的經歷：

當民國六年時，北京大學開始徵集歌謠，由劉半農先生主持其事。歌謠是一向爲文人學士所不屑道的東西，忽然在學問界中闢出這一個新天地來，大家都有些詫異。那時我在大學讀書，每天在校中日刊上讀到一二首，頗覺得耳目一新。但我自己是小不會唱歌的，雖是聽小孩子唱的還有幾首能彀記得，可是眞不多，所以不會投稿。

民國七年，先妻病逝。我感受了劇烈的悲哀，得了很厲害的神經衰弱的病，沒有一夜能殼得到好好的睡眠，只得休了學在家養息。我是一個歡喜翻書弄筆的人，在這時候，書也不能讀了，字也不能寫了，說不盡的悶悵，而北大日刊一天一天的寄來，時常有新鮮的歌謠入目。我想，我既經不能做用心的事情，何妨試把這種怡情適性的東西來伴我的寂寞呢！想得高興，就我家的小孩子的口中搜集起，又漸漸推至鄰家的孩子，以及教導孩子唱歌的老媽子。我的祖母幼年時也有唱熟的歌，在太平天國占了蘇州之後又曾避至無錫一帶的鄉間，記得幾首鄉間的歌謠，我都鈔了。我的朋友葉聖陶，潘介泉，蔣仲川，郭紹虞諸先生知道我正在搜集歌謠，也各把他們自己知道的寫給我，所以我一時居然積到了一百五十首左右。

八年五月，我妻殷履安嫁來；我告她這件事，她也很高興。當七月中她歸寧到角直鎮的時候，就從她的家人搜集到四五十首。於是我的篋中的吳歌有了二百首了。

大約從八年二月到九月，這八個月中，是我出力搜集歌謠的時候。我總歡喜把事情的範圍擴大，一經收集了歌謠就併收集諺語，一經收集了諺語又聯帶收及方言方音。這一年中隨手的劄記，竟積到了十餘册。假使我能把這事上軌道去做，那麼到今六年，一定能有較爲滿意成績了。但我一復了學，便得不到從容做這些事的時間，畢業以後，事務更忙，不但沒有新加增的材料，即舊的也苦於不能加以整理。我對於歌謠的工作的時間實在僅僅是這八個月。

他說：祖母幼年時唱熟的歌，以及太平天國占了蘇州無錫一帶鄉間歌謠，可說都是清代流傳下來的歌謠，自然也有清代以前的歌謠。蘇州話的吳儂軟語是極好聽的，歌謠更是嗲的厲害。胡適在序中說：

今日的國語文學在多少年前都不過是方言的文學。正因爲當時的人肯用方言作文學，敢用方言作文學，所以一千多年之中積下了不少的活文學，其中那最有普遍性的部分遂逐漸被公認爲國語文學的基礎。我們自然不應該僅僅抱著這一點歷史上遺傳下來的基礎就自己滿足了。國語的文學從方言的文學出來。仍須要向方言的文學裡去尋他的新材料，新血液，新生命。

這是從「國語文學」的方面設想。若從文學的廣義著想，我們更不能不倚靠方言了。文學要能表現個性的差異；乞婆娼女人人都說司馬遷，班固的古人固是可笑，而張三李四人人都說紅樓夢，儒林外史的白話也是很可笑的。古人早已見到這一層，所以魯智深與李逵都打著不少的土話，金瓶梅裡的重要人物更以土話見長。平話小說如三俠五義，小五義都有意夾用土話。南方文學中自晚明以來崑曲與小說中常常用蘇州土話，其中很有絕精彩的描寫。試舉海上花列傳中的一段作個例：

……雙玉近前，與淑人並坐床沿。雙玉略略久身，兩手都搭著淑人左右肩膀，教淑人把右手勾著雙玉頭項，把左手按著雙玉心窩，臉對臉問道：「倪七月裡來裡一笠園，也像故歇實概樣式一淘坐來浪說個閒話，耐阿記得？」……（六十三回）

假如我們把雙玉的話都改成官話；「我們七月裡在一笠園，也像現在這樣子坐在一塊說的話，你記得嗎？——意思固然一毫不錯，神氣卻減少多多了。所以我常常想，假如魯迅先生的阿Q正傳是用紹興土話做的，那篇小說要增添多少生氣呵！可惜近年來的作者都還不敢向這條大路上走，連蘇州的文人如葉聖陶先生也只肯學歐化的白話而不肯用他本鄉的方言。最近徐志摩先生的詩集裡有一篇一條金色的光痕，是用硤石的土白作的，在今日的活文學中，要算是最成功的嘗試，其中最精彩的幾行：

昨日子我一早走到伊屋裡，眞是罪過！老阿太已經去哩，冷冰冰歐滾在稻草裡，野勿曉得幾時脫氣歐，野嘸不人曉得！我野嘸不法子，只好去喊攏幾個人來，有人話是餓煞歐，有人話是凍煞歐，我看一半是老病，西北風野作興有點歐。

他說：凡懂得吳語的，都可以領略詩裡的神氣。吳語的區域大致在蘇松常太杭嘉湖，是江南鶯飛草長，煙波樓臺之處。歌謠的分佈，在北方就是以北京爲中心向西北迴環流行。在北方就是蘇杭楊三州的領域，再加上金沙江地帶和粵謳構成歌謠的天羅地網，無遠弗屆的趨勢。

沈兼士先生在序二中指出：

「國語的文學」和「文學的國語」，固然是我們大家熱心要提倡的，但這個決不是單靠著少數新文學家做幾首白話詩文可以奏凱；也不是國語統一會規定幾句標準就算成功的。我以爲最需要的參考材料，就是有歷史性和民族性而與文學和國語本身都有關係的歌謠。歌謠之中尤以江蘇的爲能以優美的文辭，表現豐富之情緒。漢書地理志論吳地風俗的一段說：

「始楚賢臣屈原被讒放流，作離騷諸賦以自傷悼。後有宋玉唐勒之屬慕而述之，皆以顯名。漢興，高祖王兄子濞於吳，招致天下之娛遊子弟，枚乘鄒陽嚴夫子之徒興於文景之際。而淮南王安亦都壽春，招致賓客著書，而吳有嚴助重買臣貴顯。漢朝文辭並發，故世傳『楚辭』，其失巧而少信。……本吳粵與楚接比，數相並兼，故民俗略同。」

而藝文志載地方歌詩，吳楚汝南歌詩十五篇實居其首。這是江蘇歌謠在歷史上的價值。現在頡剛搜集的吳歌，雖不能說盡是有精彩的技巧和思想，但是那種旖旎溫柔情文兼至的風調，總不能不推牠爲南方歌謠中的巨擘。這一個就足以值得研究文學和國語的人的注意。

兼士先生從歷史上說明吳歌的源流，加以吳楚歌謠接近，其範圍更是廣大。

俞平伯序中說逼眞的描寫，活靈活現的人物正是「不得不採用方言以求酷肖」。又說：

吳聲是何等的柔曼，而歌詞又何等的溫厚，我們若搭足紳士的架子忽略牠們，眞是空入寶山，萬分可惜，在此不得不感謝頡剛編次之功了。

劉復在序中說：「自從六朝以至於今日，大約是吳越的文明該做中國全部文明的領袖罷，吳越區域之中，又大約是蘇州一處該做領袖罷，如果我這話說得不大錯，那麼蘇州在中國文明史上所處的地位也就可相而知了。」

顧頡剛在吳歌中有個分類，他說：

我搜集到的材料，曾在舊序中分成五類：

(1)兒童的歌。

(2)鄉村婦女的歌。

(3)閨閣婦女的歌。

(4)男子（農，工，流氓）的歌。

(5)雜歌。

現在編纂這書，仍備依這幾類，分爲上下卷：兒歌爲上卷；餘四種都是成人的歌，爲下卷，這五類的分界意義大約如下：

兒歌——這是就兒童的興會發抒，或以音韻的諧合，或以聯想的湊集，或以頑皮的戲謔而成的歌。這些歌與下列四類的描寫人生，敍述有條理的思想的完全不同。

鄉村婦女的歌——這是以她們的中心思想（愛情）發揮而成的歌；因爲她們沒有受過禮教的薰陶，所以敢做赤裸裸的敍述。

閨閣婦女的歌——這類歌的結構比別類都茂密，說的人情世故也都刻畫入細。在形式方面，固然獨創的也很多，但給識字的婦女做了，便接近到詩及彈詞上面去。在意義

> 方面，說私情的不及說功名的多，大都希望夫婿以科第得官，或者說自己竭力振頓家事，求得丈夫面上的威光。這種情境，決不是鄉村婦女所想得到的。
>
> 男子（農，工，流氓）的歌——他們或有豪邁的氣概，或有滑稽的情興。（農工流氓以外的男子是沒有歌的，程度高的就做詩了，低的就唱戲了。）
>
> 雜歌——如對於宇宙和人生求解答的對山歌，如佛婆們的勸善歌等。

不過，這個集子裡歌謠，胡適認爲：

> 我讀第二卷的感想是嫌他收集的閨閣婦女的歌——彈詞式的長歌——太多，而第二和第四類的眞正民歌太少。這也難怪。頡剛生長蘇州城裡，那幾位幫他搜集的朋友也都是城裡人，他們都不大接近鄉村的婦女和農工流氓，所以這一集裡就不免有偏重閨閣和歌詞的缺點。這些閨閣歌詞雖然也很能代表一部分人的心理習慣，卻因爲沿襲的部分太多，創造的部分太少，剪裁不嚴，言語不新鮮，他們的文學價值是不很高的。
>
> 我們很熱誠地歡迎這第一部吳語文學的專集出世。頡剛收集之功，校注之勤，我們都很敬服。

吳歌的歌詞要仔細去欣賞，才能懂得深藏在方言中的趣味。顧頡剛在自序的結尾說：

> 這書中，儘有是一字而前後不一致的，歌詞的解釋也雜亂得很，又沒有把歌詞加上音符，又沒有把搜集的地方按歌記出，實在是一冊不整齊，不完備的書，希望歌謠學家，文字學家，風俗學家，音樂學家，都給我詳細的指正；更希望我能彀得到些空

間，可以詳細的修改一過。

我們就來看這集歌謠的主要內容。

西方路上一髭油

西方路上一髭油，姊妹兩個賭梳頭。「姊妹，倷梳啥個頭？」「我梳九曲三彎盤龍頭。妹妹，倷梳啥個頭？」「我梳個木魚頭。姊姊，倷戴啥個簪？」我金簪，銀簪戴弗盡。妹妹，倷戴啥個簪？」「我嘸不簪，只好戴隻骨簪。姊姊，倷啥個押髮？」「我金押髮，銀押髮戴弗盡。妹妹，倷戴啥個押髮？」「我帶隻木頭押髮。姊姊，倷戴啥個圈？」「我金圈，銀圈戴弗盡。妹妹，倷戴啥個圈？」「我嘸不圈，只好弗戴圈。姊姊，倷著啥個衣？」「我紅衣，綠衣著弗盡。妹妹，倷著啥個衣？」「我拉拉坂堆裡拾一件破夏衣。姊姊，倷著啥個裙？」「我紅裙，綠裙著弗盡。妹妹，倷著啥個裙？」「我拉拉坂堆上拾一條破夏裙。」

十八歲小娘半夜裡哭

十八歲小娘半夜裡哭，哭得爹娘懣急昏。「搭偕東村頭上泰山叔婆篤，第三個囡兒，同年，同月，同出世，俚朝朝抱出小孩郎！」「倷嫑哭哉，嫑發慌，讓倷爹爹轉來，勿論窮富配成隻。要拚私房娘窩裡拌。」「我弗拉裡器，勿拉裡慌！我拌子私房買棺材；拌子衣衫下棺材！哥哥嫑搭嫂同床；爹爹俚嫑來進娘房！」三人打得團團轉。大家做個活孤孀！

像上面的歌謠，不只是蘇州有，北方也有，比如：「娘問女兒望什麼？」「我望槐花幾時開」。它的內容指的是女兒思春，盼望早日出嫁。「爲啥嘮哥哥有嫂嫂我無郎？」一直是問到刀口上了：

一朝迷露間朝霜

一朝迷露間朝霜，姑娘房裡懶梳妝。蓬頭赤奔娘房裡：「爲啥嘮哥哥有嫂我無郎？」「女兒啦，倷勿要慌來勿要忙，但等爹爹轉來瞟看好才郎！算命先生算倷六十成親，八十壽，還有廿年好風光。七十二歲添公子。滿堂兒女好風光。」「母親啦，我弗拉裡慌來弗拉裡忙，弗要爹爹轉來瞟看好才郎。弗要算命先生算我六十成親八十壽，還有廿年好風光，七十二歲添公子。滿堂兒女好風光！」爹爹勿要進娘房；哥哥嫂搭嫂同床！三人打得團團轉，大家做個活孤孀！

結織私情結識隔條濱

結識私情結識隔條濱，繞濱走過二三更。走到吥篤場上狗要叫；走到吥篤窩裡雞要啼；走到吥篤房裡三歲孩童覺轉來。」「倷來末哉！我麻骨門閂笤帚撐，輕輕到我房裡來！三歲孩童娘做主。兩隻奶奶塞子嘴；輕輕到我裡床來！」

「倷來末哉！」你要來呀，告訴你怎麼走，告訴你來了怎麼做，這眞是膽大心細。「秋天明月桂花香」原名「女器沈香」，說的也是婚前的私情延長到婚後忘不掉。

秋天明月桂花香

秋天明月桂花香，多情美女暗心傷。只聽得窗下寒蛩聲不絕，又聽得簷前鐵馬響叮噹，風吹紫竹颼颼響，不見愁人也斷腸。那多姣獨坐呆思想，想起亡故才郎好慘傷：「記得奴出嫁之時郎相送，送奴上轎淚汪汪，鎖緊咽喉只顧對奴哭，潑淋淋兩淚落胸膛。嚇，哥哥嚇！有何言對小妹說，何必腹內做文章！他說道：男不娶來女不嫁，到如今拋卻前言好慘傷！你是嫁到夫家去，只做自已尋歡把我忘——忘卻當初恩情重，拋散我孤單好慘傷！我是陽間不好與你打官司，死後陰間告閻王。閻王差了小鬼來捉你這無情女，看你夫妻怎久長！何必這樣苦心傷！哥哥嚇，非是奴忘山盟誓，奴只因配親在前相交後，爹爹母親作主張。說道奴的才郎有病在牙床！奴是暗暗通誠來祝告，保佑才郎得安康。奴恨不得來到床前來看你。奈因未曾滿月一新娘！那知你不到一個月，說道奴的才郎一命亡！那時奴聞凶音信，幾番哭倒在牙床。那時丈夫來盤問，只說腹中疼痛好難當，恨不得親到靈前來相送，奈因年老公婆在高堂！哥哥呵！只得暗暗戴你三分孝：三尺白綾束胸膛；白頭繩一根藏在烏雲內；四時花朵不去滿頭妝；芙蓉臉上不去搽脂粉；做雙弓鞋玄緞幫；奴只得嫁到夫家去，自然滿月回門轉，娘家與你再成雙，還要贈你花銀子，你去選一個美貌紅妝做妻房，才郎聽，變面龐，說道：『無情女子太輕狂！你卻笑我家中多貧苦，沒有銀錢娶妻房，我若要你買命花銀子，除了我死子買棺枋！』他是說不盡多多少少斷頭話，奈因諸親百眷在高堂；那時儐相堂前來催促，奴只得硬了頭皮撇了郎。奴是上了花花轎子哀哀哭，傍人只道奴捨不得爹共娘，誰知我點點滴滴都是那相思淚，一心放不下有情郎！誰知道不上半個月，白羅衫一件長不脫；外罩一件素衣裳，叫丫鬟要去買塊沈香木，雕刻才郎俏面龐。日間恐怕丈夫來知道，只得梳妝匣內做祠堂，到晚來暗藏帳裡同奴伴，伴郎君時刻在身旁，倘然丈夫身出外，奴就請出才郎訴衷腸。奴是要尋其短見歸冥府，奈因掉不下堂前爹共娘！待奴生下一男並二女，好立夫君接代後嗣香，那時尋其短見歸地府，好同著才郎一路上西方！再不然，離卻紅塵就把家來出，削髮爲尼誦金剛，超度才郎去上西方。」

「多福多壽多男子」是民間的普遍希望，多男子更希望人人做官光耀門庭。所以，一般民間都喜歡這個歌謠，不喜歡的不是生不出兒子就是兒子不爭氣？

一母所生九個兒

一母所生九個兒，又添一位美紅妝。老爺是，外國君王十三載，還來時，「請問夫人：九個孩兒那一個強？」「大兒是堂堂一品當朝相。二兒是兩品散都堂。三兒官爲延由道。兵部尚書第四兒。五兒雲南爲布政。六兒是陸上帶師轉長江。七兒新點翰林院。工部侍郎第八兒。只有九兒年紀小，今科得中狀元郎，家中小女年十六，又許朝陽做娘娘。」老爺聽，喜洋洋，「我十六年前得一夢，夢見紗帽紅袍立滿堂；後園先出靈芝草；金龍五爪亮瞪瞪。」

「山歌好唱口難開」這首歌全國無分南北東西到處都有，但這首歌對唱的氣氛的熱烈，卻是難得一見的：

山歌好唱口難開（對山歌）

山歌好唱口難開。櫻桃好吃樹難攀。白米飯好吃田難種。鮮魚湯好吃網難張。啥人對倷説山歌好唱口難開？啥人對倷説櫻桃好吃樹難攀？啥人對倷説白米飯好吃田難種？啥人對倷説鮮魚湯好吃網難張？唱歌郎對我説山歌好唱口難開。販桃郎對我説櫻桃好吃樹難攀。種田漢對我説白米飯好吃田難種。捉魚郎對我説鮮魚湯好吃網難張。落裡碰著唱歌郎？落裡碰著販桃郎？落裡碰著種田漢？落裡碰著捉魚郎？上山碰著唱歌郎。下山碰著販桃郎。田角落裡碰著種田漢。西太湖裡碰著捉魚郎。納亨樣式唱歌郎？納亨樣式販桃郎？納亨樣式種田漢？納亨樣式捉魚郎？長長大大唱歌郎。矮矮短短販桃郎。黑鐵襪搭種田漢。赤膊零丁捉魚郎。送樣啥個唱歌郎？送樣啥個販桃郎？送樣啥個種田漢？送樣啥個捉魚郎？送本小書唱歌郎。送隻苗藍販桃郎。送雙蒲鞋種田漢。送兩生絲捉魚郎。一本小書幾化瓣？一隻曲籃幾化眼？一雙蒲鞋幾化根？一兩生絲幾化頭？只買小書嬒數瓣。只買曲籃嬒數眼。只買蒲鞋嬒數根。只買生絲嬒數頭。納亨死法唱歌郎？納亨死法販桃郎？納亨死法種田漢？納亨死法捉魚郎？唱歌郎死起來爛牙床。販桃郎死起來甩橋上。種田漢死起來下泥潭。捉魚郎死起來汆長江。

撒帳

在附錄中顧先生說到「撒帳」的典故：

我在第五十九首「坐床撒帳挑方巾」一句下，注道：撒帳，未詳其儀式。照字義講，應當把帳門放下，爲他們胖合的象徵。但似乎沒有這回事，……

但不久就發見我的錯誤。趙翼陔餘叢考卷三十一，頁六，撒帳條云：知新錄云，「漢京房之女適翼奉之子，房以其日三煞在門，犯之損尊長，奉以爲不然，以麻豆穀米麵之，則三煞可避。自是以來，凡新人進房，以麻米撒之，後世撒帳之俗起於此」。按，此說非也，撒帳實始於漢武帝。李夫人初至，帝迎入帳中，豫戒宮人遙撒五色同心花果，帝夫人以衣裙盛之，云得子多也。事見戊辰雜抄。唐中宗嫁睿宗公主，鑄撒帳錢，重六銖，文曰「長命富貴」，每十文繫一綵絛。今俗婚姻奩具內多鐫長命富貴等字，亦本於此。

讀了這一條，使我們知道撒帳的儀式是爲避煞而有的，也是爲多子與長命的祝禱而有的。

廣西象縣劉策奇先生述象縣的撒帳儀式如下：新娘進新房後，就同新郎在新房窗前「拜米斗」（以一斗盛米，上置銅錢一吊（千文），插尺子一枝，紅燭一對，線香九枝），「交拜」，「食交杯酒」。新郎扯米斗上之尺，掀開新娘蓋頭之紅布置床頂；順手打新娘三下；衆人擁他和她去「坐床」，當拜米斗時之祭品，食交杯酒之下酒物。就是女家備來的一個「全盒」，內裝瓜子，落花生，龍眼，荔枝……。坐床後，由一好命（有錢，有子孫，夫婦尚成雙的）的婦人，將全盒內之瓜子撒播於新床四面，引誘一班小孩上床搶奪，以增熱鬧，當播撒時，也要說些嘏辭（即是吉利語），如：——

撒帳東，床頭一對好芙蓉。撒帳西，床頭一對好金雞。撒帳北，兒孫容易得。撒帳南，兒孫不打難。……五男二女。女子團圓：床上睡不了，床下打鋪連；床上撒尿，床下撐船。

由以上的話，更可知撒帳是邊取好口彩的把戲，完全是在多子的祝禱了。最近又在歌謠週刊七十二號中翻到魏建功先生的嘏辭一文，內載南京刻本「新人坐床撒帳」的嘏辭道：

一撒，一元入洞房，一世如意，百世昌！
二撒，二人上牙床，二人同心，福壽長！
三撒，三朝下廚房，三陽開泰，大吉昌！
四撒，四德配才郎，四季開花，滿樹香！
五撒，五子登金榜，五鳳樓前，讀文章！
六轍，六六大順華，六龍捧日，放光霞！
七撒，七子團圓慶，七巧織女，會牛郎！
八撒，八仙來慶壽，八代兒郎，受勳章！

九撒，九世同居住，玄孫必選，總統郎！
十撒，十不撒，過年一窩養兩！

又週刊五十九號白啓明先生所作河南婚姻歌謠的一斑內，收集了洛陽，盂縣，溫縣，開封，南陽，唐河縣的撒床歌八首。又說，「除了這八首之外，尚有漢川之一首，篇幅非常的長（千字以外），內中有些「詩云」「子曰」的意味，怕不是一種天籟歌，所以此處付之闕如。可見這種風氣的普遍了。

我對於掌禮先生（即老式的贊禮員，是吹手的副業）的椴辭，從來不曾留意過。經了這一回的提示，將來到人家賀喜時也要好好的「洗耳恭聽」咧。

吳歌第八十首云：

牡丹開放在庭前，才子佳人笑並肩。
「姐姐呀，我今想去歲牡丹開得盛，那曉得今年又茂鮮！」
「冤家呀，你道是牡丹色好奴容好，奴貌鮮來花色鮮？」
郎聽得，笑哈哈，「此花比你容顏鮮！」
佳人聽，變容顏，二目睜睜看少年，「既然花好奴容醜，從今請去拌花眠；再到奴房跪床前！」

記得唐寅的有拓花歌。（六如居士全集卷一），錄出其文：

昨夜海棠初著雨，數朵輕盈嬌欲語。佳人曉起出蘭房，折來對鏡比紅妝，問郎「花好奴顏好?」郎道「不如花窈窕」。佳人見語發嬌嗔,「不信死花勝活人!」將花揉碎擲郎前,「請郎今夜伴花眠!」

但「全唐詩」無名氏有一首「菩薩蠻」,詩文是:

牡丹含露眞珠顆,美人折向庭前過;含笑問檀郎:「花強?妾貌強?」檀郎故相惱,須道花枝好。一面發嬌嗔,碎挼花打人。

這比唐寅更前了六百年,可見這首歌的流傳已久,正如趙松雪夫人的「你儂我儂」在「掛枝兒」中早已有之。這也證明歌謠的流傳性已如河水活活,無遠無屆的。

民國以來的歌謠

我國民歌的構成博雜，山歌、漁歌、牧歌、農歌、兒歌、敘事歌、景物歌、儀禮歌、節慶歌，以及生活中的即興之歌，如走江湖賣藝、打花鼓、數蓮花落、玩花燈、彩龍船；各種各樣的素材，皆可成爲民歌的內容。

山歌是我國民歌中的一大脈流，民歌中的山歌數量最多。山東有首民歌叫做「不唱山歌心不爽」，詞兒雖然只有：「不車水來稻不長，不唱山歌心不爽，千段萬段的山歌也是唱不完。」但這兩三句詞兒，卻含有「長江不盡滾滾來」的味道，又有句俗語叫做「山歌好唱口難開」，北地「採花」的這首民謠中就有「這山上看見那山上高喲，那山上有一樹好櫻桃，櫻桃呀好吃樹難栽，小曲子好唱啊口難開。姑娘啊！」其實，這首短歌的意思是含著對姑娘愛慕的深情，只是難於說出口罷了；一旦出口，那就是變成了有問有答的對唱了。

一、西北歌謠

民歌的流傳自先民至今，有幾千年的歷史了。民國以來歌謠的蒐集由北京大學開始，由劉半農先生主持其事；後來他且因爲到塞外採集北地民謠，回程後感染回歸熱而喪命。這是何等大的損失。但歌謠的收集，卻因此而擴大起來，熱烈起來。由於前面各章節中說到歌謠的實際情況，說歌謠的傳佈在北方由北京爲中心從大西北的流行迴環不息。在南方以蘇浙荆楚地區吳越歌到西南金沙江一帶的風情治蕩，又形成以彰泉福閩地區的淸音到奧謳客家的歌謠，眞是凡有中國土地，莫不洋溢著有情有調的天籟。現在，我將先從北平歌謠說起，再談到北方和南方等地的歌謠，先看北平歌謠的「盧山眞面目」：北平是個大地方，四通八達，「東直門」和「平則門」便入了歌謠，要人們知道四圍腳程，道路左右前後：

東直門

東直門挂著匾，界邊就是俄羅斯館；俄羅斯館照電影，界邊就是四眼井；四眼井不打鐘，界邊就是雍和宮；雍和宮有大殿，界邊就是國子監；國子監一關門，界邊就是安定門；安定門一甩手，界邊就是交道口；交道口跳三跳，界邊就是土地廟；土地廟求靈籤，界邊就是大興縣；大興縣不問事，界邊就是降福寺；隆福寺賣葫蘆，界邊就是四牌樓：四牌樓南，四牌樓北，四牌樓底下喝涼水，喝涼水，怕人瞧，界邊就是康熙橋；康熙橋不白來，界邊就是釣魚台；釣魚台沒有人，界邊就是齊化門；齊化門修鐵道，南行北走不繞道。

平則門

平則門拉硬弓，界邊就是朝天宮。朝天宮寫大字，界邊就是白塔寺。白塔寺掛紅袍，界邊就是馬市橋。馬市橋跳三跳，界邊就是帝王廟。帝王廟搖葫蘆，界邊就是四牌樓。四牌樓東，西牌樓西，四牌樓底下賣估衣，我問估衣怎麼賣？桃紅裙子二兩一，老太太打個火抽袋煙，界邊就是毛家灣。毛家灣找老四，界邊就是護國寺。護國寺賣叭狗，邊界就是新街口。新街口道兒長，界邊就是蔣養房。蔣養房按煙袋，界邊就是王奶奶。王奶奶啃瓜皮，界邊就是火藥局。火藥局丟花針，界邊就是北城根。北城根賣破盆，界邊就是德勝門。德勝門兩頭縮，當間有個王八窩。晴天出來晒蓋子，陰天出來把脖縮。

在吃食方面，最入歌謠的是沿街巷頭的叫賣聲：

蘇州酒

蘇州酒，杭州酒，蘇杭二州賣好酒。

拍！拍！拍燕窩

拍！拍！拍燕窩，拍出錢來打酒喝。

誰要喝豆汁兒啊？

誰要喝豆汁兒啊？還得找老西兒：酸酸的，辣辣的，酸黃菜哼！唉！喲！

誰要吃雜麵？

誰要吃雜麵？還得找老段：寬條的，細條的，簾子棍來哼！唉！喲！

香香蒿兒

香香蒿兒，辣辣，辣辣灌兒，苦麻兒，蒿苣菜兒。

糊！糊！糊狗肉

糊！糊！糊狗肉：大盆香，二盆臭，請王媽媽吃狗肉，後來的啃骨頭。

春麥稭

春麥稭，碾子台，黑夜作夢姐姐來，姐姐愛吃過水麵，套上驢來磨三爛：粗羅篩，細羅過，盆裡合，板上按，拿起剛刀砌細麵，砌的麵好似線，下到鍋裡蓮花轉，盛到碗裡蓮花拌，姐姐嘗嘗鹹和淡，也不鹹，也不淡，妹妹做的好體面的飯。

八仙棹

八仙棹，金鑲邊，小小月餅往上端，左邊石榴，右邊棗，當間又擺大仙桃。紫杜梨，紅柿子，當間又擺毛栗子，毛豆角，兩頭尖，小小的西瓜往上端，鋼刀切成蓮花瓣，一年四季保平安。

老太太

老太太，你別饞，過了臘八就是年。臘八粥，喝幾天；眼看就到二十三。二十三，糖棍粘。二十四，掃房日。二十五，炸了烙炸，炸豆腐。二十六，調了豬肉，調羊肉。二十七，殺了公雞，宰母雞。二十八，把麵醱。二十九，蒸饅首。三十晚上，坐一宵。大年初一，扭一扭。

大柿子

大柿子，長的紅，誰的女婿誰不疼。白水梨，挑街賣，誰的媳婦誰不愛。

褡褳褡

褡褳褡，誰跟褡褳作親家。親家有個好姑娘，姑娘會梳頭，一梳梳到麥子熟，麥子磨成麵，芝麻磨成油，黃瓜上了架，茄子打滴溜。

正月正

正月正：大街小巷掛紅燈，二月二：家家擺席接女兒，三月三：蟠桃宮裡去遊玩，四月四：男女老幼逛塔寺，五月五：白糖粽子送姑母，六月六：陰天下雨煮白肉，七月七：坐在院中看織女，八月八：穿自由鞋走白塔，九月九：大家喝杯重陽酒，十月十：窮人著急沒飯吃，冬月中：公園北海去溜冰，臘月臘：調豬調羊過年啦。

說話是門很大的學問，我們看看拿說話作題材，編成順口溜的歌謠的內容：

說什麼說？

說什麼說？鍋臺連著鍋。唱什麼唱？鍋臺連著炕。

這首短歌有另外一層意思，鍋臺連著鍋，深一層是鍋臺連鍋不分開。鍋臺連著炕，固然是北方住家的設計，但是食與住，炕更是一家人安睡的床鋪，無炕不成家，一個家就是在這四句話裡頭，說來簡單，內涵卻是豐富。

說了一個一

說了一個一，道了一個一，什麼開花在河裡？蓮蓬開花在河裡，說了一個二，道了一個二，什麼開花一根棍？韭菜開花一根棍，說了一個三，道了一個三，什麼開花在道邊？馬蘭開花在道邊。說了一個四，道了一個四，什麼開花一身刺？黃瓜開花一身刺。說了一個五，道了一個五，什麼開花一嘟嚕？葡萄開花一嘟嚕。說了一個六，道了一個六，什麼開花一碟肉？淑氣開花一碟肉。說了一個七，道了一個七，什麼開花賽公雞？雞冠子開花賽公雞。說了一個八，道了一個八，什麼開花帶喇叭？茉莉開花帶喇叭。說了一個九，道了一個九，什麼開花做燒酒？高梁開花做燒酒。說了一個十，道了一個十，什麼開花像羹匙？玉簪開花像羹匙。

說了一個一

說了一個一，道了一個一，什麼開花在河裡？菱角開花在河裡。說了一個二，道了一個二，什麼開花一根棍？韭菜開花一根棍。說了一個三，道了一個三，什麼開花在道邊？馬蘭開花在道邊。說了一個四，道了一個四，什麼開花一身刺，黃瓜開花一身刺。說了一個五，道了一個五，什麼開花一嘟嚕？藤蘿開花一嘟嚕。說了一個六，道了一個六，什麼開花滿地走？扁豆開花滿地走。說了一個七，道了一個七，什麼開花在水裡？水仙開花在水裡。說了一個八，道了一個八，什麼開花像喇叭？牽牛開花像喇叭。說了一個九，道了一個九，什麼開花手拉手？絲瓜開花手拉手。說了一個十，道了一個十，什麼開花像羹匙？玉簪開花像羹匙。

說了一個一

說了一個一，道了一個一，劉秀才打馬出城西。說了一個二，道了一個二，大鬧天宮孫猴兒。說了一個三，道了一個三，三人三馬趕三關。說了一個四，道了一個四，孟良放火燒塔寺。說了一個五，道了一個五，存孝打過猛老虎。說了一個六，道了一個六，包老爺殺過曹國舅。說了一個七，道了一個七，十二個寡婦去征西。說了一個八，道了一個八，八人八馬往前殺。說了一個九，道了一個九，陳琳懷著太子走。說了一個十，道了一個十，十座高山好景緻。

通俗小說人物，也可說成這樣的口氣。

上面兩首「說了一個一」的前面一首第六第七以及第九兩句與後面的稍有不同，趣味也有改變，有的用吃食來比喻，有的用手拉手來表示親近，都是生活的寫實。

二人進繡房

二人進繡房，夫妻在一旁，坐在椅子上，瞧瞧花幔帳。夫說：『多少銀錢買牠到家鄉。』妻說：『不用銀錢拙手把牠繡上』一繡鳳凰雙展翅，一繡巧鳥在樹上，一繡荷在水上漂。

明顯的說：這媳婦的針線活兒做的眞巧。

天上星星十二行

天上星星十二行，大姐回家哭一場，我問大姐哭什麼？大姐說：『娘家沒陪好衣裳；

大哥陪送我的花洋縐，二哥陪送我的鴨蛋黃，三哥陪送我的胭脂粉，四哥不像娘家人；大嫂子教過我的針線多，二嫂子教過我的繡綾羅，三嫂子教過我的拉，扎，扣，四嫂子教過我的罵公婆，公婆一回沒罵了，呼雷閃電了不得！』

針線活兒要做得好，是往日媳婦兒的大本錢。公婆千萬不能罵，「呼雷閃電了不得」，北方俗話說：「不孝順公婆，要遭天打雷劈」。

天河出叉兒

天河出叉兒，袷襖馬褂；天河掉角兒，棉褲棉襖兒。

天河出叉兒，套句話說就是天氣變涼了，你要穿上袷襖馬褂。天河掉角兒，天要下雪降霜了，你要加上棉褲襖兒啦。

天上星多

天上星多；月不明，地下人多；心不平，清官難斷家務事；砍的不如旋的圓。

「砍的不如旋的圓」砍是要傷人的，旋就是「和平」或是「和爲貴」的一種做人處事的圓和態度。

要說九

要說九，淨說九，前門樓子九丈九。

烏木棹放一張

烏木棹放一張，張飛設宴請霸王：尉遲公上邊坐，旁邊坐著王有章，左邊孟良和焦贊，右邊老包和姚剛，敬德提壺忙把盞，端盤子老媽兒楊七郎。

按此首所引人名，均係演義書上所說黑臉者，倍極滑稽。

手拿一吊多

手拿一吊多；出門碰見李大哥，大哥大哥聽我說：『雜合麵兒；一斤長到一吊多。』

伸手借錢，湊巧要說的時間巧，說到刀口上，才能借得到手。

陰天下雨地下滑

陰天下雨地下滑，自己栽倒自己扒，親戚朋友拉一把，酒換酒來茶換茶。

女孩子出嫁在古今中外都是大事，我在這裡選了一些給大家看：

小大姐

小大姐，剛十六，紅袖子大襖綠挽袖；婆婆看見就要娶，公公看見下大禮；下得大禮四角方，大馬拴在牆頭上，小馬拴在廟門上，鞭子掛在花枝上；廟門對廟門，單娶一個小俊人；不擦官粉自來俊，擦上官粉愛死人。

咕咚咕咚三聲炮！

咕咚咕咚三聲炮！界邊姑娘坐花轎，八人檯，檯進府門來，哥哥抱我上花轎，嫂嫂送我大街道，吹吹打打好熱鬧。

娶媳婦的

娶媳婦的！門口兒過，宮燈，戳燈十二個。旗，鑼，傘，扇，站兩旁，八個鼓手作細樂。轎子抬著姑娘走，抬到婆家大門口；進門口兒入洞房，去會小新郎，過了三年並二載，丫頭，小子，沒處兒擺。

豌豆花

豌豆花，豌豆花，今朝妹子嫁人家：娘哭她是我穿針女，爹哭她是我一枝花，哥哥說她是個「賠錢貨」，嫂嫂罵她是個「惹事精」。惹的貓兒不拿鼠；惹的狗兒不看家；惹的桃花不結果；惹的李樹不開花。

蒲櫨子車

蒲櫨車，大馬拉，嘩啦嘩啦到娘家。爹出來抱包袱；娘出來抱娃娃。哥哥出來抱匣子，嫂子出來一扭撻。嫂子嫂子你別扭，當天來，當天走。不吃你飯，不喝你酒。

這首歌各省都有，說的是女兒回娘家的遭遇。夫婦不和穆和不孝順的也有：

麻野雀

麻野雀，就地滾，打的丈夫去買粉。買上粉來她不搽，打的丈夫去買麻。買上麻來她不搓，打的丈夫去買鍋。買上鍋來她嫌小，打的丈夫去買棗。買上棗來她嫌紅，打的丈夫去買繩。買上繩來她上弔，急的丈夫雙腳跳。

麻野雀

麻野雀，尾巴長，娶了媳婦忘了娘。把娘揹在山後頭，媳婦娘在坑頭上，烤白餅，捲沙糖，媳婦媳婦你先嘗。我去後頭，看看咱們娘，咱娘變了一個屎蝌螂，日夌日夌趕不上。

最悲慘的是媳婦在婆家受虐待而尋死覓活的，如：

花椒樹

花椒樹，紅孤朵，娶了媳婦沒出息，公也打，婆也罵，奴不如死了吧！死在哪兒？死在水缸裡，撈出來，水漬漬，娘家人來叫不依，公打幡，婆抱罐，小女婿抱靈牌。

樹梢兒是最值得同情的一首歌謠：

樹梢兒

樹梢兒，樹梢兒白，我這兒受罪誰知道！一更鼓裡懷：油光的臉蛋兒洗不白；誰給爹娘帶個信兒，多多帶點兒胰子鹼來。二更鼓裡懷：漆黑的頭髮通不開；誰給爹娘帶個信兒，多多帶點兒梳頭油來。三更鼓裡懷：麵紅的棉襖敞著懷，誰給爹娘帶個信兒，多多帶點兒鈕扣兒來。四更鼓裡懷：三寸金蓮兒一順兒歪：誰給爹娘帶個信兒，多多帶點兒鞋帶兒來。五更鼓裡懷：桑樹底下掛靈牌：誰給爹娘帶個信兒，多多帶點兒紙錢兒來。

笑話禿子的歌謠很多，其實指的是嫁了個小丈夫，禿子尿炕是其中一首，寫出來給讀者看：

禿子尿炕

…………頭一回尿濕了紅綾被呀，哎喲！二一回尿在了象牙床呀，哎喲！天天尿炕奴生了氣，生了氣順手就是兩巴掌；咳！咦呼呀呼嗨！
打的那女婿沒處藏呀，哎喲！先叫姐姐後叫娘呀，哎喲！叫聲娘來你歪生氣呀，咳咦呀呼嗨！二晚上管吃麵來不喝湯，咳！咦呀呀呼嗨！
不是你姐姐不是你娘呀，哎喲！奴家打你爲了尿炕呀，哎喲！自小你財主你沒教養呀，咳咦呀呼嗨！就是給你吃了石頭也尿炕，咳咦呀呼嗨！

北京的歌謠大要如此，生活性的東西放在裡邊，令人有親切的感受。

北方的歌謠以大西北爲擴散與迴環的地域，有些歌謠藏在僻靜的鄉村和有井水的人家，晉西北武州代州朔州寧武以及楊八郎當年把守的三關和綏遠的歌謠眞是聲調激越，詞語率眞，感人處，往往令人神采飛揚，或熱淚盈眶。

今採擷成篇，輯錄於此：

石榴花燈

民歌不唱口難開，石頭岩上樹難栽，風謠唱翻黃河水，小妹心事哥來猜。
斑鳩飲水咕咕叫，哥無妻子妹無夫，妹無丈夫不成對，哥無老婆作孤人，哥戀妹妹花轎抬，妹愛哥哥馬上來。
石榴花開葉子青，妹在房裡繡枕頭，石榴花開火樣紅，手拉哥手笑盈盈，只爲今年花開好，結了棗子送雙親。
手抱娃娃看花燈，蒼龍白虎在上頭，托塔李靖二郎神，唐僧取經孫悟空，梁祝相會在樓臺，岳陽城頭呂洞賓，桃園結義關雲長，過了五關斬六將，在古城邊斬蔡陽。

西口荷包

哥哥你走西口，小妹妹實在難留，手拉住哥哥的手，送哥送到大門口。
小妹兩眼淚雙流，叮嚀千般記心頭，住宿大店走大路，坐船安坐船中腰，事事謹愼守本分，萬萬莫交女朋友。
哥哥你走西口，妹心跟了哥哥走，手裡遞過荷包袋，拴在哥哥褲腰頭。
荷包繡上雙鴛鴦，鴛鴦戲水不離分，楊柳青青桃花紅，哥娶妹時三月梢。
初一十五月兒高，妹數指頭哭聲吞，早起盼哥到黃昏，黃昏想哥到天明，夢裡送哥一條船，哥哥坐上早回還。

晉北和綏遠的民謠，許多都是相似的，因爲語言習慣大都相同。在離別曲中，我最欣賞的一首歌是「走西口」，其中細膩的情味，不是口裡可以說出的：

哥哥你走西口哎喲，小妹妹我實在難留，手拉住哥哥的手，送哥送到大門口。
哥哥你走西口喲，小妹妹我送你走；懷抱你那衣帽匣，兩眼淚雙流。
送歌送到大門口喲，小妹妹我不丟手；有兩句知心話，說與哥哥記心頭。
走路你要走大路喲，萬不要走小路；大路上人兒多，拉話解憂愁。
住店你要住大店喲，萬不要住小店；大店裡客人多，小店裡怕賊偷。
睡覺你要睡當中喲，萬不要睡兩邊；操心那個挖牆根，挖到你跟前。

坐船你要坐船後喲，萬不要坐船頭；船頭上風浪大，怕掉水裡頭。

喝水要喝長流水喲，萬不要喝泉眼水，怕的是泉眼水上，是蛇擺尾。

哥哥呀你走西口喲，萬不要交朋友；交下的朋友多，生怕忘了我。

有錢時他是朋友喲，沒錢時他兩眼瞅；惟有小妹妹我，天長又日久。

這篇叮嚀了又叮嚀，安頓了又安頓的詞兒，眞是活托托把一個農業社會中聰明乖巧的女兒家的心事，說的有聲有色，明白透徹，幾乎可以照見她那顆玲瓏的心肺，輕聲細語生風的口角了。在我的記憶中，這詞兒裡好像還有：「吃菜要吃白菜心，吃麵要吃大白麵」的話；如果把這些詞兒塡進去，唱來亦不嫌多。

下面輯錄的這些，篇篇精彩，句句可人：

花上帶花

東山上點燈西山上明，四十里平川瞭也瞭不到人，你在你家得病呀，我在我家哭，秤上的梨兒送不上門。（想情哥）

你給他拉親親捎上一句話，你就說三天三夜，沒吃沒喝不說不道不言不語，但想他呀卿卿。（想卿卿）

天天刮風天天下，天天見面說不上一句話，天天下雨天天晴，天天見面成不了親，天天刮風天知道，小妹妹心裡難過誰知道。（天天刮風）

大同府呀嘛嗨，九龍碑呀嘛哈，你是哥哥的啊噢嘛，要命鬼呀嘛哈。（大同府）

老遠望妹白如雲，頭上紮起紅頭繩，芝蘭花兒帶兩朵，花上帶花愛死人。（花上帶花）

藍花花

青線線，藍線線，藍格蔭蔭的彩，生下一個藍花花，實實的愛死人。
五穀子，田苗子，惟有高粱高，一十三省的女兒家，數上藍花花好。
三班子的吹來，兩班子的打，三月裡送大錢，四月就來迎。
你要死那嘛，你就早早的死，前晌你死，後晌藍花花走。
手提著羊肉，懷裡揣上糕，冒上我的性命，往哥哥家裡跑。
我見到我那情哥哥，有說不完的話，咱們倆個死活，要長生在一搭。

四個鸕鸕

烏拉山的鸕鸕，瓦瓦灰，誰想起我那明鏡哥哥，刮了野鬼。
你刮你的那個野鬼，奴在奴的個家，你當你的光棍呀哈，奴守奴的寡。（刮野鬼）
房前的大路，卿卿，你別走，房後走下來，卿卿，一條小路。（小路）
一根篇擔鉤帶長，挑起篇擔走街坊，不爲篇擔能挑水，挑水只爲看情郎（挑水）
日落西山滿天霞，對面山上來了一個小冤家，眉兒彎彎眼兒大，頭上插了一朵山茶花。
那一座山裡沒有樹，那一株樹上沒有根，那一個男子心頭沒有意，賣了麥子來娶她。（娶她）

金不換

送情郎聞到百花香，對著情郎說比方，花不逢春不開放，郎不看妹不梳妝。(比方)

哥哥在山頭上，從早到晚支魯支魯割油麥，小妹妹在山底下，白個稜稜小手手格丟格丟格丟刨山藥。(割油麥)

杏花開來菜花黃，催動世人種田忙，清明呀種籽下了土，一粒種籽萬擔收。

你種莊稼要起早，三早就能當一春，收割麥子如黃金，萬物都在土中生。(種莊稼)

一根竹竿容易彎，三縷麻繩扯脫難，猛虎落在平下，蛟龍無水困沙灘，不怕力小怕孤單，衆力合夥金不換。(金不換)

東山蘋果

東山上蘋果一片片紅，西山上綿羊臥白雲，白雲跑開滿山山轉，七月的紅果果紅山畔，紅艷艷的野花照山坡，當中一道清漣河，河河流水灣灣多，一對對情人唱山歌，牧羊的哥哥河灣裡唱，摘果果的小妹在山坡上，風吹河水呼魯魯的響，河畔畔牧羊哥哥逗妹妹，山歌唱的清又脆，知心合意一對對，紫紅的葡萄甜果果，親親熱熱送哥哥。(唱山歌)

天上雲多月不明，河裡魚多水不清，山上花多開不盡，世上人多心不平，清道夫兒把地掃，懶人貪睡不起床。(四多)

榆樹榆開花榆錢多，孫二娘開店十字坡，打遍天下無敵手，遇著壯漢武二哥。(十字坡)

走絳州

又名：一根扁擔

一根扁擔軟溜溜的溜呀哈哈，軟溜軟溜軟溜溜呀哈哈，擔上了扁擔要到絳州，楊柳青花兒紅，支格支格察拉拉拉崩，哎嘿哎嘿喲我要到絳州。

注：唐時山西已設絳州府，（龍門縣屬轄，爲薛仁貴故鄉）今稱絳縣。爲農商雲集地，節日趕集於市。歷時所唱「走絳州」民歌，流傳已久，耳熟能詳。

民國二十九年，我歌「走絳州」於西安，因應抗戰，自加兩段詞而流行各地。但因聲口傳訛，遂有絳州、江州、荊州之混淆，及河南民謠之誤。特於此辯正。附當年所加兩段詞：

一根扁擔軟溜溜的溜呀哈哈，擔上扁擔向前走呀哈哈，給前線的弟兄們送軍糧，吃的多呀身體壯，打的那小鬼喊爹娘，哎嘿哎嘿喲趕他回東洋。

一根扁擔軟溜溜的溜呀哈哈，擔上扁擔向前走呀哈哈，給前線的弟兄們送衣裳，穿的暖呀身體強，打的那小鬼見閻王，哎嘿哎嘿喲勝利回家鄉。

「一繡一隻船，船上張滿帆」的那首「繡荷包」是人人知道的，但另外還有二首「繡荷包」卻又有不同的境景和味道：

繡荷包

一繡一指穿，繡上了江邊沿，繡上了兩個水手他把船搬。二繡當陽橋，果然繡的好，把張飛繡在了橋上。三繡張國老，騎驢過小橋，漁鼓間板鬧吵吵。四繡四明星，身扣八卦衣，把蓮花繡在海池裡。五繡楊五郎，五郎是好將，五台山上修下來道場。六繡楊六郎，六郎是好將，東到西河，他保過宋王。七繡楊七郎，七郎是好將，亂箭射死在花椒樹上。八郎是好將，他到番邦當過大王！九繡九明星，九轉穆桂英，單等楊宗保來招親。十繡十樣星，再繡十八僧，繡成了一件網子走北京。

繡花荷包送我郎

花荷包，亮澄澄，一邊緞子一邊綾，緞子亂了綾還在，不灰心來不灰心，一夜坐到四五更。坐了幾多冷板橙，蹲了幾多冷火坑！當著爹娘不敢做，背著爹娘插幾針。一插龍來龍現爪，二插虎來虎翻身，三雕青蛙來跑開，四雕鯉魚跳龍門，五雕五支燈道早，六雕獅子配麒麟，七雕天上七姊妹，八雕天上呂洞賓，九雕南海觀世音，十一要雕楊宗保，十二要雕穆桂英，十一十二都雕完，把妹雕在月中保，日頭不晒雨不淋。

正月正

正月裡有一個正月正，正月十五鬧花燈，叫妹妹合嫂嫂，前邊去觀燈。二月裡來是春分，先看唐朝有二人，米良川鞭對鐧，秦瓊和敬德。三月裡來是清明，家家户户上墳塋，小寡婦上新墳，兩眼淚汪汪。四月裡有一個四月八，嫂嫂神廟把香插，天保佑，地保佑，保佑個小冤家。五月裡有一個端陽節，帶罷荷葉艾葉雄黄酒，吃一杯又一杯，還有艾葉葉。六月裡來熱難當，打發姑娘上牙床，穿一對紅繡鞋，高底響叮噹。七月裡有一個七月七，天上牛郎配織女，他二人鳳配龍，一對好夫妻。八月裡有一個八月八，南陽奉府是包家，鍘壞了陳國舅，文武都害怕。九月裡有一個九月九，菊花開花泡藥酒，吃一杯又一杯，喜在我心頭。十月裡有一個十月十，家家户户送寒衣，拖一個引一個，同是兒和女。

天氣對於農家是一大問題，所以，歌謠裡特別重視：

一九二九

一九二九，吃飯凍手；三九四九，凍破碓臼；五九六九，沿河插柳；七九八九，訪親看友；九九加一九，遍地犁牛走。

三月初一風

三月初一風，麥子定不豐。四月初一雨，糜子必定秕。三月三的風，四月四的雨，麥子黃疸穀子秕。

天熱似火燒

天熱似火燒，實在難以熬；窮漢太陽晒，富人把扇搖。

立秋

立秋摘花椒，白露打核桃，霜降摘柿子，立冬打軟棗。

山是兩手開

山是兩手開，樹是兩手栽，房是兩手蓋，衣是兩手裁。人生沒兩手，有路沒處走，有手不勞動，不如豬和狗。

農民十二月

正月是新年，燒香敬祖先。劏雞開老酒，三牲各一筵。門前挂利市，紙炮響連天。村村午獅子，鑼鼓鬧錚錚。婦人轉外家，甜粄用油煎。不覺正月半，屋屋賞花燈。三馬弁四六，歡喜萬千千。光景容易過，酒完米也完。仍然糴米煮，依舊借人錢。二月醮墳時，糴谷賣豬劉。銅鼓叮噹響，明傘插離離。拖藍戴纓帽，搖扇手捋鬚。照丁分胙肉，食得笑微微。不覺惊蟄到，思量種谷時。耙田做秧腳，開圳又作陂。幾多打捏肚，苦楚毛人知。谷種又唔夠，石灰毛便宜，蝦糖培料貴，毛培禾怕遲。麼錢麼奈借，當衣又當被。老婆怨老公，老公又打妻。你看有錢儕，長衫弁短衣。兩腳不兼泥，差奴又喝婢。可惜天唔平，窮人受孤淒。三月是清明，相連谷雨至。天晴割麥子，落水枯牛屎。出糞打石灰，咬爛大腳臂。秧有五十日，早禾赶緊蒔。臨時請人工，難都難得死。一日三餐飯，工錢二十幾。麥飯唔敢嘗，兩頭尖白米。煮里又愛蒸，唔軟唔敢取。豬肉不碗公，豆腐及木耳。蜆肉撈蝦公，咸魚又豆鼓。小菜多放油，唔肥唔歡喜。額外去奉承，工錢價要起。今日話都來，明日吊腰去。日日都蒔田，窮人笑得死。耕得田多儕，蓄氣又蓄氣。四月是荒月，小菜都唔足。毛薯又毛芋，菌中又毛粟。苦瓜始打花，茄子正生目。毛錢糴八煮，殆殆食麥粥。當裙又當衫，賣柴又賣竹。好了粮富子，歡喜糴貴穀。升米銀三分，穀價千五六。毛愁又毛慮，食魚又食肉。生借都唔肯，只想謀田屋！五月是端陽，肚饑日子長。麥子食完了，穀串未曾黃。人人説過節，毛錢詑一場。三牲少雞奉，春子櫜盤張。還有臘豬

肉，烏釘火份藏。打到兩壺酒，豆葉補大腸。枯來請祖公，鹽碟屬層薑。荷子已禁
了，鴨子又毛養。一升三筒米，分做幾餐粮。長年是荒月，窮人毛春光。六月割了
禾，窮人愁已多。佈儅糴新穀，五百錢一籮。切里喊唔切，精了又風過。毛錢來補
會，屈到毛奈何！債主來取錢，話得羅羅唆，情願送到屋，孩得背駝駝。剩到石把
穀，唔夠供老婆。割禾毛飯食，長算受崩波。七月秋風涼，番禾又好蒔。初七開芋
圓，杓麻匏拖地。田唇有芋荷，想捉乳豬戌，走到各市場，講三又講四。毛錢唔肯
賖，空空送湊敘。歸家誰肯借，願出四分利。句句喊大公，百話當打屁。失禮又討
羞，刎得一肚氣！只枯嶺崗租，一斤兩個二。掌牛剗草皮，漸漸挨前去！八月白露
流，窮人不使愁。排來行芋運，餐餐一鍋頭。芋頭并芋卵，滿缽又滿甌。今餐唔食
得，下餐又怕嗟。毛里又剗過，任食唔使儲。各人改到完，三日怕人偷。薯子苗已
謝，番豆也好收。番薯成地壢，谷子滿田丘。構倒冷霧豆，賣錢買豬油。上圩戴笠
麻，老實唔怕羞。縣里月光餅，好過嘉應州。買倒兩三個，十五做中秋。老人受一
塊，細子也分兜。九月是寒露，不收著熱褲。買得好棉花，紡絲機細布。襖婆并要
衣，今還在當舖。天冷想去贖，毛錢眼顧顧。蚊子正生牙，繭蜂就簷户。初九是重
陽，登高在何處。東廂和山岩，南廂雞靈寺。若去神光山，人多難閃路。十月是立
冬，毛人見大虹。禾子黃稔稔，谷串雙打雙。田丘都十盡，落水好殺冬。先割糞湖
粘，采擔正當重。弟弟刎唔起，好在有家兄。蒸酒蓑表糯，晒刎加光礱。野赤做毛

米，擔分主人公。谷種仔細晒，唔灱會生蟲。十一月大雪，日日風發北，吹脫兩耳公，纔腳都出血，唔系炙火窗，怕霜又怕雪。看人種麥子，吾也心乙乙。米麥幷谷麥，種到冬至節。麥壢要打深，兩邊開田缺。月尾冬至節，祠堂多景色，一姓人都齊，豬羊來祭設，街上十分穰，早去歸來黑。十二月大寒，年窮月又盡，剛剛九個圩，件件算得定。年到債又到，窮人休老命！出屋總愛歸，唔歸也寄信。一下入年價，籮篙親戚敬。家家踏年粄，茶油糖愛秤。蘿卜幷馬頭，百般都貴盡。月到三十晡，藥水洗淨身。婦人在廚下，煮飯愛有剩。果盒來祀灶，夜卦有人聽。天光又一年，恭喜又相慶。

許多民歌，是根據民間的故事和詞曲小調、小說唱本而構成的。如梁山伯與祝英台的故事，是人人同情、人人知道的；歌中拿梁山伯與祝英台作素材的所在皆有，但雲南的一首「祝英臺」，卻更顯示了他的特色：

正月阿拉拉的好唱，滴哩哩的祝英咕嚕的台喲，一對阿拉拉的蜜蜂，滴哩哩的採花咕嚕嚕的來。

以下說馬家逼婚二人殉情的經過。可注意的是，方言在此的突出運用，給人以特殊的感覺。

孟姜女萬里尋夫哭倒長城的故事，在民間無地區限制，普遍流行的是「孟姜女十二月尋夫」：

正月裡來是新春，家家户户點紅燈，別家丈夫團圓敘，我家丈夫造長城。二月裡來暖洋洋，雙雙燕子到南方；新窩做的端端正，對對成雙在畫樑。三月裡來是清明，桃紅柳綠正當景；家家墳上飄白紙，孟姜墳上冷清清。四月裡來養蠶忙，姑嫂雙雙去採桑；桑籃掛在桑枝上，勒把眼淚勒把桑。五月裡來是黃梅，黃梅發水淚盈腮；家家田裡黃秧籐，孟姜田中是草堆。六月裡來熱難當，蚊子飛來寸斷腸；寧可喫奴千滴血，莫叮我夫萬喜良。七月裡來七秋涼，家家窗下作衣裳；青紅藍綠都裁到，孟姜家内是空箱。八月裡來雁門關，孤雁足下帶書來；閒入只說閒人話，那有人送寒衣來。九月裡來是重陽，重陽美酒菊花香；滿滿篩來奴不喫，無夫飲酒不成雙。十月裡來上稻場，摔礱做米納官糧，家家都有官糧納，孟姜家中身抵莊。十一月裡雪花飛，孟姜女出外送寒衣；前面烏鴉來領路，無奈長城冷淒淒。十二月裡過年忙，殺豬宰羊鬧揚揚；家家都有豬羊殺，孟姜家裡空堂堂。

「孟姜女」的故事爲人熟知，這首敍事式的民歌，更含著全民的怨恨與反抗暴政的深意。

北方又有民歌「四季相思」大多是拿西施、貂蟬、王昭君、孟姜四大美人做素材而構成其內容，主題是描寫景物與生活，而仍是情愛的重心。

西北地方有一首「四季花開」，表現女孩兒家一種佻達喜悅的心情；套句俗語是：眞眞的可愛，詞兒是這樣的：

春季裡到了，水仙花兒開；水仙花兒開，繡閣裡的女兒家，踏呀踏青來呀，小呀小阿哥哥，拖上我一把來。

夏季裡到了，薔薇花兒開；薔薇花兒開，山呀坡上的女兒家，牧呀牧羊來呀，小呀小阿哥哥，跟上我一起來。

秋季裡到了，野菊花兒開；野菊花兒開，樹呀林裡的女兒家，打呀打柴來呀，小呀阿哥哥，陪上我一同來。

冬季裡到了，臘梅花兒開；臘梅花兒開，火呀爐邊的女兒家，烤呀烤火來呀，小呀阿哥哥，加上我一把柴。

這裡說的是四季裡四種不同生活的女兒家，一種相同的感情：踏青、牧羊、打柴、烤火；都有牠心中戀慕的情哥在，是不能分開的。春季裡要一同踏青，夏季裡要一同牧羊，秋季裡要一同打柴，冬季裡烤火，也要情哥加上一把柴。如果說這是絕頂高明的象徵，象徵寒冷的心境需要溫熱；在新詩裡這種不落斧鑿的表現手法，也是極少見的。

苦力的歌在北方也是有的，他們的難處以歌謠表現出來，較比詩更直接更切實些；推煤，紡棉，做紙都是苦哈哈的生活，我們來看：

(一)

推煤漢，眞難幹，雞兒叫，搭上絆。稀粥喝了兩碗半，窩窩隨了兩個半。推到半山上，凍的直打戰。裝上炭，賣到有親家，賺了二百大，買了小米一升半。我吃了飯，婆姨娃娃還沒有飯，你看這難幹不難幹？

㈡

老婆難，老婆難，一天我能紡幾兩棉？眼看就是年來到，小子又要筆來又要硯，閨女又要花來又要線，廚房媳婦又要油來又要鹽。你看我老婆難不難，我一天能掙幾文錢？

㈢

做草紙，眞個苦，一年到頭莫有閑工夫。春，夏，秋，還猶可，到了數九天，跳在水裡頭，凍的我冷颼颼；沒奈何，只爲賺錢，養我的家和口。

㈣

冬來了，天冷了，身上無衣凍不了，肚裡無食受不了。有錢的：吃好的，喝好的，身上穿的狐皮襖，還要說不好；像我窮苦人，對此怎麼好？

私情歌是永遠唱不完的，我們先看中原一帶的這首長歌；是男女間的一點至情，所結的戀愛的花兒。

㈠

一朵好花傍牆栽，牆低花高現出來；別人有緣得花戴；哥今無緣望花開。

㈡

點燈上床思想妹，脱衣上床思想雙；夢中計想同妹睡，醒來又是睡空床。

㈢

大河水，幾時得到小河流？妹的手梗白如藕，幾時得來做枕頭？

㈣

金打茶壺銀打杯，自己吃酒無人陪；吃飯無人來收碗，出外無人望郎回。

㈤

想了一朝又一朝，再想一朝成了癆；十個成癆九個死，妹不原諒哥難逃。

㈥

一更一點月出頭，哥在房邊打石頭；妹在房中打主意，早曬羅裙未曾收。

㈦

二更二點月照街，輕手輕腳把門開；雙手來接哥的傘，爲妹情重哥才來。

㈧

三更三點月照樓，手掀蚊帳掛金勾；情哥問妹那頭睡，兩手彎彎做枕頭。

㈨

四更四點月落西，更鼓亂打雞亂啼；可恨金雞啼得早，鴛鴦隔散兩分離。

㈩

五更五鼓大天光，情妹送哥出繡房；手拿衣袖抹眼淚，難捨情妹好心腸。

董作賓先生是河南南陽人，字彥章民國前十七年生，五十二年十一月廿二日下午三時病逝台大醫院。生前任台大，師大教授暨歷史語言研究所所長。他以研究甲骨文言譽國際。生前彙集「看見她」四十五首來做研究。朱介凡爲「看見她」集稿文中說：

「統計看見她這十八次載於歌謠周刊的情形，除雷同者外，共爲五十六首」。這是從一萬一千五百五十九首歌謠中選出來的。董作賓看出彼此間相互的關係，和他們流傳散布的痕跡，列有一個表：

北系

第一級（同點）	第二級（同點）	第三級（同點）	第四級（同點）
三原（望見她）	陝西（東南部）（看誰先到丈人家）		
晉城（甲）（看見她）	晉城（乙）（兩葉兩）		
河北（甲）（看見小奴家）	河北（乙）（二姨子拉）	南宮（一走走到）	
南陽（甲）（看見小大姐）	南陽（乙）（丈人沒在屋）		
唐縣（看見她）	寧晉（跑白馬）	東鹿（沙窩裡沙）	威海、萊陽 甲（同上）

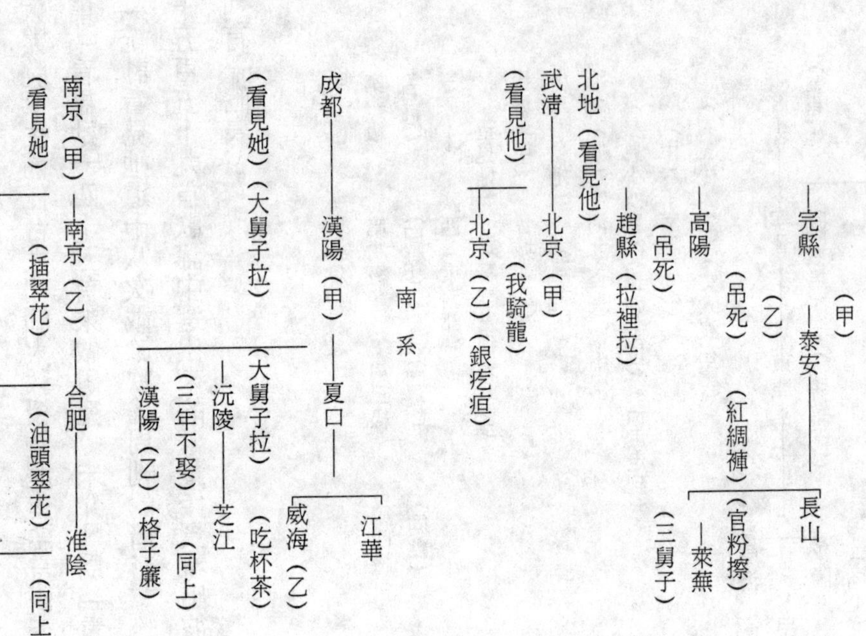

（甲）
完縣
泰安
長山
（乙）
（吊死）
（紅綢褲）
（官粉擦）
高陽
萊蕪
（三舅子）
（吊死）
趙縣（拉裡拉）
北地（看見他）
武清
北京（甲）
（我騎龍）
（看見他）
北京（乙）（銀疙疸）
南系
成都
漢陽（甲）
夏口
江華
威海（乙）
（看見她）（大舅子拉）
（大舅子拉）（吃杯茶）
沅陵
芝江
（三年不娶）（同上）
漢陽（乙）（格子簾）
南京（甲）
南京（乙）
合肥
淮陰
（看見她）
（插翠花）
（油頭翠花）
（同上）

—和縣　—霍山　—漣水
（小學生）（撐船）（同上）
—丹徒　—南通　—豐城
（小學生）（同上）（小金蓮）

銅山（就像他）
績溪（瞧著他）

他說這個表仍可合并，作的更精要一些。在系統方面，他另列出一張表：

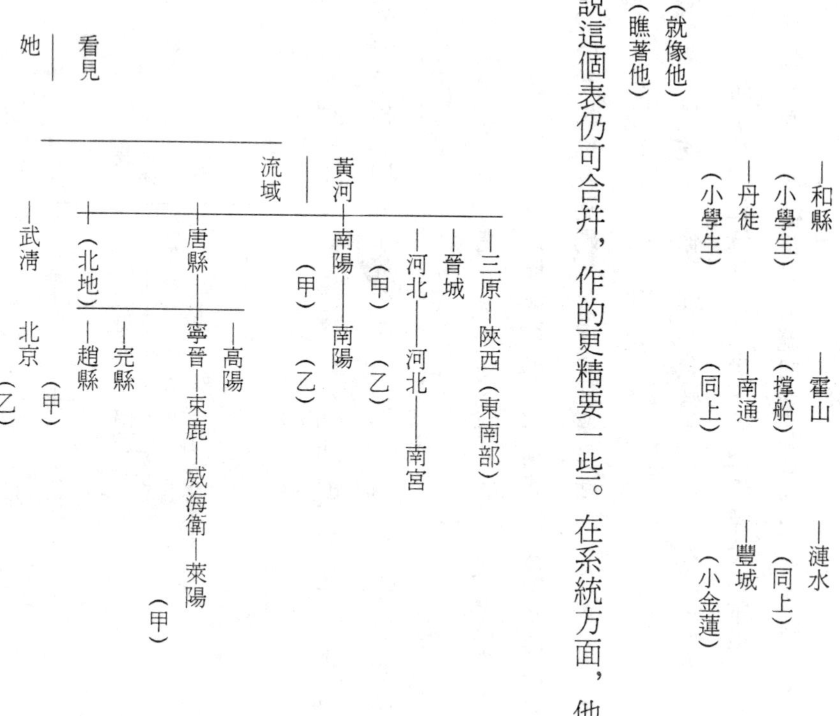

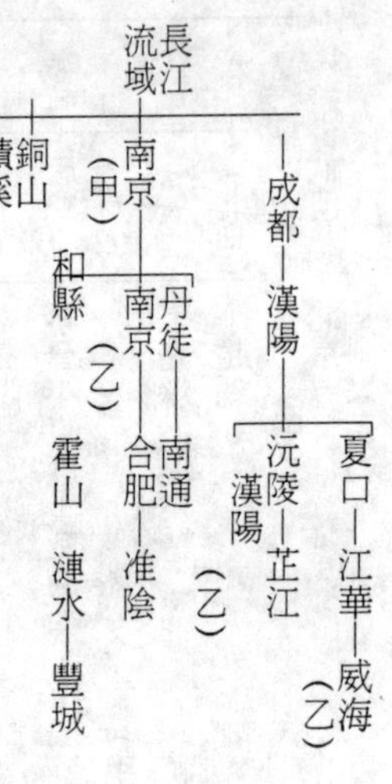

從黃河流域到長江流域，這樣廣大的地帶，稱之爲從北方到南方的全國性的傳說，應該是很恰當的。分析與研究董先生做了很多，我只想提出感覺兩個字來，來看「看見她」的一些交流的眞面目，最被口傳是這一首：

你騎驢兒我騎馬，看誰先到丈人家。丈人丈母沒在家，吃一袋煙兒就走價。大嫂子留，二嫂子拉，拉拉扯扯到她家；隔著竹簾望見她：白白兒手長指甲，櫻桃小口糯米牙，回去說與我媽媽，賣田賣地要娶她。三原（陝西）張安人

被加上了些裝飾的是這一首：

燕雀燕，雙屹岔，你騎騾子我壓馬，看誰先到丈入家。進的門磕一頭就走呀！大姨子留，小姨子拉，拉拉扯扯就坐下，油漆棹子搌布摸。烏木筷子廳哩川，四個菜碟單擺下。坐煎酒，泡桂花。風擺門簾看見她：白白臉，黑頭髮，包包嘴，糯米牙，白白

手，紅指甲，銀鐲子，十兩八，銀筒箍，珐瑯花，緞子鞋，打子花，還是奴家親手扎，步步走路像踩蓮花。走路好像風擺柳，立下就像一股香，坐下就像活娘娘。我回去，先與爹娘誇一誇，賣房賣地要娶她。娶回來莫當人看待。一天三根香，三天九根香；後來三天下了炕。掃腳地，腰吊腿長，尻子跟著搒攎！陝西（東南部）王煥猷

我們看看山西晉城的這兩首：

三葉三，兩葉兩，三葉底下跑竹馬，散開鞭，跑開馬。一跑，跑到丈人家。大姨出來拴大馬，小姨出來拴小馬，大馬拴在梧桐樹，小馬拴在石榴花。掉下鞭子沒處掛，掛到丈母門頭下。大馬吃黑豆，小馬吃芝麻。隔著門簾看見他：通紅舌頭雪白牙，青絲頭髮黑黝黝，兩鬢還插海棠花，耳戴金耳環，手戴戒指忽喇喇；高底鞋，鑿梅花，左梳頭，右插花，俊死他來愛死我，典房賣地娶過他。晉城（甲）（山西）焦士亨

三葉三，兩葉兩，三葉樹底跑竹馬；馬又快，鞭也打，甚時走到丈人家。大舅媳婦把馬拴，小舅媳婦把馬拉，一拉，拉到他的家。先吃煙，後喝茶，四個菜碟擺桌上，小舅媳婦把酒酌，大舅媳婦把我讓。喝罷酒，吃罷飯，隔著門吉看見他：頭上梳是盤龍戲，兩鬢戴的丁香花，臉擦官粉白光光，小口就如櫻桃花，鳳頭小鞋高三寸，好比當初西子娘。晉城（乙）焦士亨

這兩首不同處是在大姨和小姨，大舅媳婦和小舅媳婦，以及後段不同的打扮上，我想這是習慣與趣味上的少許差別，內容只是大同小異罷了。我另外找到「沙盆兒沙」可說也是

「看見她」的外一首，也是晉北的民歌：

沙盆兒沙

沙盆兒沙，沙盆兒底下一匹馬，馬兒不走鞭兒打，一直打到丈人家；丈人出來籠出馬，丈母出來道稀罕，室哥出來迎客裡，一直迎到北庭裡；東風刮，西風刮，刮開門簾看見她，雪白臉兒黑頭髮，象牙髻兒插梅花。

「沙盆兒沙」到了河北是：

沙糖沙，沙糖裡頭籮芝，沒過門的女婿怎進家？大姨子掇，二姨子拉，低低頭過去罷！紅漆棹，手巾抹，四盤菜，往上托，喝盅酒，再說話！隔玻璃看見小奴家：黑頂頂的黑頭髮，得愣愣的大爬角，白生生的小臉搽官粉。雙藍布衫綴邊子，雙藍褲子絪銀花，高底鞋扎的五彩花，看了一人也不差。娘呵，娘呵，咱娶罷！沒有錢，挑庄賣地還要娶，今年一個花媳婦，過年一個白娃娃。河北（甲）（河南）劉經菴

到了南陽變成了有些兒歌的味道：

小童兒，放白馬，一放，放到丈人家；丈人沒在屋，大舅官出來扯，二舅官出來拉，拉拉扯扯到他家。馬拴梧桐樹，鞭掛繡樓ㄉ一ㄚ。黑漆桌，抹一抹，先吸煙，後喝茶，糯米粿子雙手拿。隔著門簾看見小大姐：青絲頭髮，紅絲頭繩紮；鬢角還插海棠花；身帶白玉環；手帶戒指喲喇喇；紅鞋粉高底，綠纓顫撒撒；月白布衫對蓮花，東庄定鼓手，西庄定喇叭，嘀嘀嗒嗒到俺家。南陽（甲）（河南）白啓明

到唐縣又加上些花招：

花花園裡跑白馬，丟了鞭，跑了馬，一跑，跑到丈人家，大舅兒拽，小舅兒拉。一拉，拉到炕頭上，炕桌子擱在炕當下。篩上茶，『姊夫，姊夫喝碗茶！』恐怕燙了姊夫的牙；篩上酒：『姊夫，姊夫喝鍾酒！』恐怕燙了姊夫的手；『不喝茶，不喝酒，』跳下炕來就要走。門口裡有個大黃狗，乾邦邦，不下口。東風刮，西風刮，刮開門簾兒看見她，倒坐著門限兒做蓮花，手兒白的麵哥大，臉兒白的粉頭花，趣黑的頭髮沒根兒紮，腳兒小的針鎚把，走也罷，走也罷，看見爹娘說：『給我娶過來罷！』『緩緩年頭兒再娶罷。』『你要不給我娶，我要在花花園裡吊死走呀！』『今天淘麥，明天磨，後天就給你娶過來。』『現在你不給我娶過來，我一心要吊死走呀！』唐縣（直隸）賈午

我們看當初熱心於蒐集與研究歌謠的常惠先生的這一首：

大陽出來一點紅，人家騎馬我騎龍，騎眞龍，過海東，海東有我丈人家。大舅子看見往裡讓，小舅子看見往裡拉，丈母娘下炕就燒茶。一碗茶，沒喝了，隔著竹簾瞧見她：青緞中衣袴桶紮，月白小襖狗牙掐，小紅鞋兒，二寸八，上頭繡著喇叭花，等我到了家告訴爹媽：就是典了房子，出了地，也要娶來她！北京（甲）（京兆）常惠

到了四川成了「步步走的是蓮花」：

張相公，騎白馬，不走大路踏泥巴。一踏，踏到丈人家。丈人丈母不在家，大舅子

扯，二舅子拉，拉拉扯扯才坐下，紅漆桌子搌布抹，四個菜碟忙擺下，一壺酒，來談話。風吹門簾看見她：粉白臉，黑頭髮；倒丫角，插翠花；八寶耳環三錢八；步步走的是蓮花。回去拜上爹和媽，賣田賣地來接她。成都（四川）孫元良

到了湖南又是一種說法：

正月十五去跑馬，一跑，跑到丈人家。大舅扯，二舅拉，拉拉扯扯到他家，他家屋裡禮信大，十個碟子擺蓮花，便吃酒，便談話，風吹門簾子，一眼瞧見他：拜上爹，拜上媽，再緩三年不來接，老了蓮蓬謝了花。走東家，逛西家，吃油茶，打哈哈。芷江（湖南）熊宴秋

到了湖北變成了兒歌的調子

七歲伢會賣花，賣花賣到丈人家。大舅子扯，二舅子拉，拉進去，泡香茶，格子眼，望見他：櫻桃口，糯米牙；上穿綾羅下穿紗，紅緞子鞋撒梅花；一根蔥的挖耳當頭插。哎喲，我的爹！哎喲，我的媽！我不吹牛，我不拍馬，賣田賣地去接他！夏口（湖北）李逢時

到了南京都不離娶她回家的念頭，再看威海衛的這首：

喜鵲叫，尾巴喳，走到南京買翠花，一買，買到丈母家。丈母扯，舅母拉，拉到家去吃杯茶。風吹門簾望見他：黑頭髮，白臉旦，回家對我爹娘說，快用花轎把他將來家。威海衛（乙）苗延年

下面，這是胡適之先生採集來的：

東邊來了一個小學生：辮子拖到腳後跟，騎花馬，坐花轎，走到丈人家，丈人丈母不在家，簾背後看見他：金簪子，玉耳挖，雪白臉，淀粉擦；雪白手，銀指申；梳了個元寶頭，載了一頭好翠花；大紅棉襖繡蘭花；天青背心蝴蝶花。我回家，告訴媽：賣田賣地來娶他。洋鑽手圈就是他！南京（江蘇）（原題旌德）胡適之

我們從上面舉出的歌謠來看，主題就是「看見她」了要娶她回家，因此騎馬到丈人家，接受招待，以及其他隨著看見她流轉由江北到江南的因物起興，就變成了地方特色的習尚了。至於一些稱呼上的不同，也是隨著地區的不同而轉變的，只要讀者會意就好，也不必強作解人了。

在這裡介紹的淮南與越地歌謠，是江浙吳楚之間，充滿風趣的好音，不該被遺漏，紹興官話與地方語言的特色是別開生面的，而淮南的則是典雅的，用七言二十八字及五行三十五字，來表達男女的心聲，許多妙語如珠，使人傾側。

淮南民歌

淮南民歌集，是十三、四年間，臺靜農先生在他家鄉搜集的歌謠，共六百餘首，由「歌謠周刊」編著常惠督促整理成二本歌集。三十八年秋天，胡適先生告訴臺先生北京大學清理出這兩本歌謠集。四十八年胡適之給臺靜農的信件說：

靜農兄：

今天翻檢月涵先生送我的歌謠周刊合訂本第四册，其中有你的淮南民歌第一集，共有一百十三首。還有你「致淮南民歌的讀者」短文一首。你那天說，你已沒有存稿了。何不用這本歌謠作底本，叫人重鈔出來，校勘一遍，重印成一個單行本？

適之

四八，十二，十二夜

六十年，這本淮南民歌集影印了出來，對歌謠研究也是一大貢獻，我在這採用的一些，就是這本集子裡面的珍品。不過，也大都是私情歌：

郎唱山歌要好聲，姐繡絨花要好針，八副羅裙要好帶，
井裡打水要好繩，好女人還要好男人。

俺銀乖姐隔之河，樹葉子遮之看不著；久後一日霜打死，
霜打樹葉朝下落，手打蔭棚望哥哥。

俺給乖姐搐天秧，乖姐允俺這幾樣；白天允俺涼稷子，晚黑允俺象牙床。

小小田埂二面光，又栽楊柳又栽桑；當中又栽糾藤樹，小乖姐纏的少年郎。

這首歌，即藤樹相纏，永不分離的意思。

十七八歲大了丫頭，又想燎郎又怕羞，蟲吃粟子心裡肯，

風吹楊柳亂擺頭，想採鮮花跪倒求。

栽花還栽刺瑰玫，撩姐還撩十六歲，走起路來也好看，

抱在懷裡顫巍巍，私叫多少乾妹妹。

日頭落了黑了天，秧老根深上了癱，竹竿出頭節節老，人有幾個二十三。

日頭漸漸往下丢，打把金鉤鉤日頭；只有金鉤鉤帳子，那有金鉤鉤日頭；

鉤不上小郎不回頭。

一枝藕蓮在江邊，不知紅蓮是白蓮；紅蓮白蓮都接藕，

郎心姐心都一般，郎愛貪花姐愛玩！

想姐想得沒奈何，臨死賣個小勾鋤，後來買給乖姐去鋤地，

一天到晚小肚子磨，就跟嫖姐差不多！

清早起來去瞧乖，腰深露水打不開；十字路上盤腿坐，等著太陽來晒開；

回頭才去瞧乖乖！

清早起來去瞧乖，乖姐睡覺未起來；清絲頭髮盤郎頸，

朱紅舌頭壓郎腮，口口問郎可自在？

竹棍過埂不過溝，相與個情郎捨不得丢，俺兩個在娘房同床睡，

死在三曹並棺丘，奈河橋上手扯手。

端起來飯碗數一聲，烏木筷子掉一根，拾起筷子掉了碗，

端起鞋筐掉了針，爲之想郎掉了魂！

日頭落了萬里黃，畫眉觀山姐觀郎；畫眉觀山要下雨，

乖姐觀郎進香房；紅綾帳子臥鴛鴦。

日頭落了萬里黃，美貌女子貪才郎，小腳好比溝陷井，

媽頭子好比迷人橋，吐沫子好比迷魂湯。

越歌

越歌百曲是婁子匡先生所搜集，他一直是俗文學研究有成的專家學者。不求聞達而自然成爲俗文學界的大家。他一方面搜集歌謠，另一方面又設法把搜集到的俗文學分別整理編輯印出來，對文學的貢獻之大，是在於一，他親自下手去找可靠的材料。二，他搜集到的材料既多且廣，分門別類把材料整理出來。三，他在越歌中用了最俚俗的歌謠，把生活唱成趣味洋溢的聲音，他又勤於註解，讓人們瞭解歌謠裡的風俗人情，使外行人亦覺得這些歌謠眞是有趣。也讓大家知道一些紹興歌謠的特色。

生活歌

一忙忙

一忙忙，開開窗門月光光。二忙忙，梳頭纏腳落櫥房。三忙忙，年老公婆送茶湯。四忙忙，打扮孩兒進書房。五忙忙，打扮女兒進繡房。六忙忙，打扮孩兒做新郎。七忙忙，打扮女兒嫁夫郎。八忙忙，年老公婆上天堂。九忙忙，一串念珠進菴堂。十忙忙，一雙空手見閻王。

註釋：這首歌是歌唱女子一生的忙碌和結果。是接字的歌謠。

一希奇

一希奇，麻鸕踏煞雄雞。二希奇，輪船行東陰溝裡。三希奇，三歲孩子生鬍鬚。四希奇，黃狗拜天地。五希奇，鴨子會爬地。六希奇，燒火媽媽跌東湯鍋裡。七希奇，七歲妹妹生弟弟。八希奇，八十公公坐東坐車裡。九希奇，泥水作修灶翻東煙囪裡。十希奇，老太婆挖得夜壺來饋尿。

正月正

正月正，年糕糉子蒸一蒸。二月二，櫻花跌落地。三月三，梅子嘗鹹淡。四月四，四碗餛飩四碗醋。五月五，五個粽子望父母。六月六，六隻黃狗渹渹浴。七月七，買個西瓜吃一吃。八月八，買個月餅嚼一嚼。九月九，小妹到蘇州。十月十，小妹十件衣裳渹勿出。

冊冊冊

冊冊冊，粉團花，粉團花上一枝籐，撥撥撐船人客做做繂絲繩。日裡繂鷴哥叫，夜裡飭縴凰凰聲；凰凰叫一聲，撐船人客出一驚。

烏蓬船

烏蓬船，搖攏來！白蓬船，搖開起！親媽喂！偌來哉噢？倷囡是勿好，歐伊量量米，米桶裡頭養小雞；歐伊洶洶米，蹤得屁股摸螃鮍；歐伊拎拎水，撲得湖磡摸螺螄；歐伊舀舀油，油瓶裡頭養小狗；歐伊落落鑊，兩隻奶奶拖落鑊；歐伊燒燒火，火鍁頭裡煨白菓；歐伊盛盛飯，鑊蓋頭頂做羹飯；歐伊拔拔筷，撲得著籠哭爺爺，歐伊拔拔蔥，撲得牆頭望老公；歐伊揩揩桌，楷得四集角；歐伊掃掃地，掃得三爿畫花地；歐伊紡紡花，花車頭裡排人家；歐伊織織布，布機頭裡饋堆屎。

註釋：這是公婆不滿於媳婦，見了她媽訴說的歌謠。

頭一嫁

頭一嫁，勿算嫁。第二嫁，羅裙多。第三嫁，滿頭花。第四嫁，木主發行嫁。

懶惰嫂

懶惰嫂，手像煨年糕，腳像彎茅刀，頭髮像個豬窠草，眼睛像個油胡桃，鼻頭像個煙囪罩，嘴巴像個破蒲包，耳朵像個破神筊，馬桶沿裡起黏膠，埃墻三丈三尺高，睏帶太陽三丈高，還道是顆黃昏曉。「我只要老公好，居帶來，掃一掃咯挑一挑。」

註釋：這是歌唱一個惰懶而髒不堪的女子的歌謠。

大媽媽咳

「大媽媽咳，薦薦我咭！」「我贈薦。」「小嬸嬸核，薦薦我咭！」「謳」。「薦薦帶東嘉德裡，老爺來哼著棋，太太來旁游嬉，問我年紀，廿歲以裡。問我生活，粗細來得。太太懶裡來帶，戴個大頭如意，走個一塊石板到底，吃個三轉糙個白米，蓋個紅綢棉被。居帶起：吃個黃早米，走個爛稻地；帳子撿帶開來，一沰破花絮，蝨子被窩裡，臭蟲擺圍棋，虼蚤滿天飛。

註釋：這歌是一個初做傭婦——紹興喊「暴出籠」——的女子，托人薦用和初上工時的情形。

阿大叮噹

阿大叮噹，阿二換糖，阿三吊薺菜，蘿蔔開花白如銀，草子開花滿天星，薺菜開花碎紛紛，蠶豆開花黑良心。

註釋：這歌多在清明前後唱的，到鄉間捧掃墳墓，坐在烏蓬的畫舫裡，耳朵聽著櫓聲槳聲，目光已看到黃的白的…………花兒，嘴裡就自然的唱出上述的一曲。

前莊白洋大地

前莊白洋大地方，有廟有祠堂，走進屋裡像霸王，走出外面像蟲郎。

紹興城裡十洞橋

紹興城裡十洞橋：一有大木橋，二有凰儀橋，三有三腳橋，四有螺螄橋，五有鯉魚橋，六有福祿橋，七有蕺望橋，八有八士橋，九有酒務橋，十有日暉橋，走過十乘橋；坐頂花花轎。

註釋：這首是接字的歌謠

新剃頭皮青㧊㧊

新剃頭皮青㧊㧊，添起辮線四兩頭，雪白布衫原罩袖，丈二搭膊束腰頭；雪白飄帶盤項頸，湖椒涼鞋蹋後跟。

註釋：這是看見新剃光頭的人而唱的歌謠。

趙阿狗呀趙阿狗

趙阿狗呀趙阿狗，田倒賣得九畝九分九厘九毫九，十畝也好湊。上種紅菱下種藕，田塍邊裡排葱韮，河磡沿裡插楊柳，楊柳高頭延扁豆。大兒子賣得紅菱又賣藕，第二兒子賣葱韮，小兒子打簶斗，大媳婦趕市跑街頭，二媳婦淴菜拎水跑河頭，小媳婦劈柴掃地搬碗頭，快活逍遙阿狗。

註釋：這首歌是說一家勤勞的鄉村人家的狀況。

團圈四沿都落空

團圈四沿都落空，安昌人，良心凶；只可摸陣風，阿大懶娘眼睛哭得紅東東。

註釋：這是久旱無雨時唱的歌。

千金小姐嫁個種田郎

千金小姐嫁個種田郎，十指尖尖像藕芽，肩挑飯籃手拎茶；早起出門弔居家，弔晝出門夜居家，泥腳泥手進眠床。千金小姐嫁個讀書郎，冬穿綾羅夏穿紗，半年六月勿居家。

二、西南歌謠

金沙江歌謠

多年以前，我在長者吳竹銘先生主辦的「海風」雜誌上讀到李霖燦教授的「從文藝觀點看金沙江情歌」這篇大文，印象深刻，無時或忘。後來我找到他編的「金沙江情歌」這本歌集，喜出望外，他在序裡介紹金沙江說：

> 在這裡所謂的金沙江，是指維西、中甸、麗江、鶴慶四縣境內的那一段，因爲我只走過這一些地方所以收集的地域範圍也以此爲限，在比較詳明一點的地圖上，這些情歌中說到的地名大部份可以查到。金沙江在這一帶盤曲成一大河套，即所謂的金沙江N子大灣，我所收集的這些歌曲大半是在這個大灣的附近。而且唱得最有變化最有詩意的也是在這一帶。當你在這一帶江邊旅行的時候，隨時都可以聽到兩岸唱答的情歌歌聲，尤其是黃昏後江聲靜極了的時光，那情境異常動人。

他又介紹玉龍大雪山說：

過金沙江後，就到了玉龍大雪山的後面，橫看成嶺，側看成峰，在麗江看玉龍山只是峭拔，現在隔江看去，眞是一條玉龍蜿蜒的橫在綠水之上，江山淸麗，使人神魂瑩澈。

這樣的介紹，的確令人神往：

如此江山，如此明月，使人不禁抽引出無銀的綺思遐想……忽然在江的兩岸，由微風低濤聲中傳來了一縷悠遠曼長的歌聲。我們已經睡下了，又禁不住走出了帳蓬坐在月明中靜靜的聽：——是誰在這月明江上細細傾吐她們的情懷？漸漸地也聽得出這些情歌的詞句：又像是一對情人隔江相聞地在傾吐她們的無限情愫，又像是在歌誦金沙江上的美麗：

雪山不老年年白

江水長流日日淸

他是藝術家，也是評論家，而蒐集「金沙江情歌」不下五千首之多，更令人肅然起敬。有詩與畫的美妙環境，自然產生綺麗情長的思慕，所以，那兒的情歌，一經男女對唱出口，便凝結成爲愛情的結晶。

在「金沙江情歌」中，以地帶來說，他分爲：石鼓，鶴愛，魯甸，麗江，巨甸等幾個區域。在內容上，他又分爲：追求，期待，想思，歌頌，苦痛，勸誡，猜疑，拒絕，失望，離別，憂傷，希望，愛戀，姻緣，象徵，永篤，雋語等幾個專題。在追求中我們看：

唱個小曲逗逗你，看你有心沒有心？

高山頭上陽雀叫，你要成雙飛過來。

三兩棉花四兩線，去年紡（訪）你到今年。

只要郎心合妹意，那怕雲南隔四川。

一出大門大二變，隔河看見火燒山，火燒柏木心不死，聯妹不看心不甘。

一根竹子砍兩半，削成筷子配成雙，只要郎心合妹意，那怕金沙那條江？

扁擔挑水擔鉤長，雙手抱著擔鉤涼，家中還有半缸水，不是挑水來望郎。

妹家花園栽根梨，枝枝椏椏結滿梨，頭回偷梨經妹罵，這回偷妹不偷梨。

我們看「你要成雙飛過來」，「那怕雲南隔四川」兩句歌中運用的多麼爽，四句中看見柏木，竹子，扁擔，梨花眼前物象，都可以隨手拈來，張口唱出，又是多麼的明利黠特。在期盼與相思中又有新的點子生出來：

吃飯那時思想你，眼淚落在飯碗過，焦愁還比山頭大，眼淚還比雨點多。

打呵欠來口朝天，妹的三魂落那邊，妹的陰魂落得怪，單單落在哥跟前。

日頭出來紅丟丟，打把金鉤鉤日頭，金鉤掛在銀鉤上，小妹掛在哥心頭。

小小蜜蜂翅膀黃，一飛飛到妹胸膛，把妹胸膛咬一口，問妹想郎不想郎？

頭一首說的是淚點如梭，二首說的是失魂落魄，三首說金鉤掛銀鉤，四首借蜜蜂來傳情，一首比一首奇，一首比一首濃，所謂濃情蜜意，金沙江上有更多。讚美是眞誠的獻出，一點也不肉麻：

石頭花開葉子青，小妹生的賽觀音，人人説是觀音好，妹比觀音勝三分。

這種歌頌已經到達沸點。互訴苦情也是掏心挖肺，淋漓盡致：

雪山不老年年白，江水長流日日清，死沒良心長江水，隔了多少有情人。

紅漆大門瓦蓋牆，哥無老子妹無娘，十字街頭宰豬賣，郎割心肝妹割腸。

把長江水比做沒良心，十字街頭賣豬，一轉而爲割心割腸，眞是痛徹五臟了。訴苦外也有相互的支應，誠心的期待：

莫要焦來莫要愁，小哥出門瞧地頭，地頭瞧看來接你，快樂日子在後頭。

衣裳越新越好看，姊妹越久越相親，只可相交同到老，不可半路丢下人。

帶信可要小心：

帶信莫給娃娃帶，娃娃嘴裡實話多。

帶信莫給結巴帶，一句帶出兩句來。

既盼情長久，叮嚀莫變心：

桃子剝皮心一個，就怕石榴五花心。

一瓶難裝兩樣酒，一心難帶兩樣人，見了黃花丢紫花，見了新人丢舊人。

離別是最難過的，這些歌謠精巧，不下七言絕句：

烏木筷子兩頭齊，只恨人生多不齊，無情最是金沙水，隔得郎東妹又西。

送郎送到五里亭，只送五里難捨情，再送五里情難捨，十里難捨有情人。
送郎送到十字街，十個梅花九樹開，妹是梅花香十里，哥是蜜蜂萬里來。
送郎送到鐵橋邊，橋邊楊柳綠茵茵，從此郎去千里路，妹坐橋邊望眼穿。

相交就是定情，這種纏綿，就是天長地久，相親相愛：

相交吃了糯米飯，糯米成團拆不開。
相交吃了豆芽菜，鉤鉤聯聯過一生。
鐵打鍊子九十九，哥拴頸子妹拴手，那怕官家五法大，出了衙門手攜手。
三月裡來三月三，活路要做花要貪，繡花枕頭哥不睡，要睡小妹手彎彎。
包谷包來包谷包，包谷地裡好結交，三言兩語就説好，笑瞇瞇笑解圍腰。

永久的姻緣，是老死不分開：

千針萬線聯攏你，要想拆離萬不能。
除了鈕子無銅器，除了你外無別人。
提起當家死了去，提起笑話活轉來。
同期得病同期死，同期入殮一棺材。
生要聯來死要聯，生死要聯一百年，九十九歲經命了，奈何橋邊等一年。
大理海子一棵桃，三根絲線搭座橋，只要姊妹合心意，絲線更比銅線牢。

這裡引錄的歌謠，只不過是千中選一，它的特點是把生活中悲歡離合的愛情，做生命的發揚，做情感的跳動，不是單純色情的誘惑，而是生活的享受，奔放，抑鬱，噴射。千萬首歌謠只是現實色聲香味觸的反映，喜怒哀樂愛戀欲的寫實，自然親切，婉轉明麗，絕非文字所能形容，只是語言的一片燦爛的鑽石。因爲是戀歌，所以是平凡中的偉大，俚俗中的至美。它的味道純淨而本色，旖旎而纏綿，音韻千錘百鍊，把金沙江千變萬化，奇美絕妙的景色揉和到熱烈於愛情的男女青年的心胸，燃燒成動人心魄的歌唱，有想像，有比喻，借物生情，融景入聲，詞句柔婉，而情義深重，用字妥貼，而趣味甜美。他們應對的靈敏，不下於詩人的睿智，他們造情的活潑佻達，尤過於咬文嚼字的鑽研。最寶貴的是他們取材之廣，運用之妙，柔轉如金沙之水，明秀如麗江之月，這種口耳傳情的民間文字，從極普通的歌謠中，能不著一字盡傳風流者，只有這人人能聽，個個能懂的心靈之歌了。也許這金沙江的情歌已傳了幾百幾千年了，我們舉的五言七言的調子外，又有八言，九言，十一言，十二言種種的不同：

那駕仙風吹著你，貴人來到這賤地方？（八言）那是仙風吹著我，聞著花香順風車。

地上姊妹一對對，天上星宿一顆顆，三星跟著七星走，三星那有七星轉變多？（九言）

要學鐵板搭橋千年過，莫學楸木開花不結果。

妹家門前有七十二條採花語，（十二言）妹走那條哥不知。

相關語隨手可以找到：

火燒鏖鏖心不熱，心頭不熱心不乾。（廿）

銅鍋遇著鐵勺子，銅（同）心遇著鐵（貼）心人。
西瓜滾在黃瓜地，有圓（緣）遇著有圓（緣）人。
大理海子綠茵茵，線上加線青（親）上青。（親）
十送小郎石頭河，天上打下一隻鵝，鵝（我）的心腸留給妹，妹的情義留給哥。

押韻的巧妙，全在順口溜，一點都不拗口，特別是一種完全叶韻的形式：第一、第二、第四句的末尾韻腳竟是同一個字，如：

賊丫頭來怪丫頭，那有羅裙忘外頭，昨天偷郎不打你，今天偷郎切你頭。
（註：這三個頭字意思各不相同，所以讀起來並不覺得重複。）
高山砍柴刺篷多，小妹頭上管頭多，相交莫給人曉得，不服妹的人又多。
大河水漲沖石頭，幾時才到大海頭？小妹兩手白如藕，幾時得來做枕頭？

這種用同一個字來三次叶韻的例子，在文人的詩詞中是沒有的。篤人的話也有，但絕不會凶言惡語。俏皮話則眞的幽默：

紅嘴鸚鵡綠翅膀，那天才得轉人身？

歌唱到這裡，也說出他們在自由的天地裡，要求人活的尊嚴，生活不虞匱乏的渴望。以上所舉，知道他們的歌謠都是一種率性的白描，在素淨的天地，抹上各種各樣的色彩，照耀宇宙是這樣和融美麗。李霖燦說：

這一些情歌是由和晉吉、周瑄、周鍊心、和即賢、劉貢三、和才、李晨嵐諸位先生和我共同收集來的，謹於此紀念我們在金江玉龍之間對這件韻事合作的珍貴友誼。眞是：

曲子不消出錢買，大夥唱來大夥聽，雪山不老年年白，江水長流日日清。

西南采風錄

這本歌謠集是抗戰時，長沙成立了臨時大學（北大清華南開三校聯合而成），不久，遷往昆明，沿途考察成立了教授和學生組成的旅行團，由長江到昆明三千三百華里徒步而行，路過大小城池近三十個，所過村鎭不可勝計，爲期兩月餘，采集民歌，不遺餘力，除田畔牧場茶館街頭，教育文化機關，歌本鈔本蒐集，大多爲情歌，亦有農歌兒歌曲。由劉兆吉先生編印出來。我所選用的，儘量突出其特色：

郎有心來妹有心，好比絨線配花針；郎是花針先引路，妹是絨線隨後跟。

郎想妹來妹想郎，想來想去臉皮黃；爹娘問我想那個？口想爹娘心想郎。

妹家門前一棵槐，小郎死了大路埋；抬走妹家花園過，聞見花香活轉來。

郎在高山放早牛，妹在後園梳早頭；牛不低頭嫌草老，妹不抬頭不風流。

白布帳子花枕頭，問你小哥睡那頭；小歌路程來的遠，就與小妹睡一頭。

腳登板凳手爬牆，兩隻眼睛望情郎；昨日爲郎挨了打，情願挨打不丢郎。

貴陽有名的一首歌謠是「瑤娘思夫」：

瑤娘思夫

一更裡來月照紗窗，想起生身二爹娘，倘若奴是男子樣，也好在家奉高堂。爲子敬孝是正章。早晚二時問安康，誰知二老無福享，單生裙釵女兒行。自古生女是外向，十七十八選才郎。那日雙親堂前上，來了媒婆本姓王。香茶吃畢把話講：說媒就是于冰郎。她說郎君立志向，一夜讀書到天光。同學窗友都在講，後來必定保帝王。二老聞言喜心上，就把裙釵放冷郎。

二更裡來月明亮，奴坐繡樓淚兩行。七月初七把轎上，吹吹打打接過房。奴坐轎中聽炮響，三聲大炮進周堂。奴與夫君把床搶，洞房花燭喜洋洋。夫妻恩愛情難講，一夜恩情百年長。大比之年開皇榜，夫君服科走忙忙。幾篇文章來中上，身居進士在朝堂，誰知朝堂出奸黨。奴夫怕去奉君王，回轉家來對奴講。伴君猶如伴虎狼。千年富貴如燈亮，不如修道把姓藏。奴家聞言淚汪汪，千言萬語勸夫郎。夫君不聽裙釵講，一心學道走外方。奴夫一去無音信，丟奴在家守空房。

三更裡來月照廂，瑤娘自思沒主張。奴是裙釵把郎放，要靠夫君過日光。誰知冤家把山上，半路丟奴好悽涼。前世挪了姻緣賬，今生夫妻不久長。好似天宮把彈放，彈打鴛鴦兩分張。自從夫君往外向，何曾一刻丟下郎。獨坐繡樓空思想，無心無意繡鴛鴦。提剪又把布來放，提針又把花來忘。園內百花無心望，每日繡樓淚兩行。白日懶把花樓上，晚來悽涼到天光。百人夫妻同羅帳，恩愛二字嘆衷腸。裙釵好是鬼樣，獨自一人守空房。朝日我把夫君望，怎不早早轉回鄉。

四更裡來月照江，園内牡丹望海棠。奴夫本是癡呆漢。二甲進士付東洋。寒窗辛苦全不想，你把富貴丢一旁。深山修道有甚好，那見凡人上天堂。奴夫錯聽旁人講，拆散夫妻兩分張。晚來耳聽更鑼響，手提明燈進繡房。奴手撈開紅羅帳，不見奴夫在牙床。牙床美女空思想，冷郎怎不還故鄉。

採茶歌也是貴陽的民謠：

正月採茶正月正，採茶唱歌來開心；長江後浪催前浪，世上新人攢舊人。
二月採茶是春分，採茶娘子出繡幃；逢人且説三分話，未可全拋一片心。
三月採茶三月三，採茶娘子上高山；自古賢妻夫禍少，古來子孝父心寬。
四月採茶麥刁黃，有子須當送學堂；大家禮義敎子弟，小家兇惡敎兒郎。
五月採茶五月五，採茶娘子受孤苦；茫茫四海人無數，那個男子是丈夫。
六月採茶熱難當，採茶娘子眞慘傷；畫水無風空作浪，繡花雖好不見香。
七月採茶七月七，採茶娘子淚悲啼；父母恩深終有別，夫妻義重也分離。
八月採茶桂花香，採茶娘子喜洋洋；秋至滿山多秀色，春來無處不花香。
九月採茶九月九，我勸娘子不用愁；兒孫自有兒孫福，莫給兒孫作馬牛。
十月採茶要立冬，我勸娘子嫁老公；月到十五光明亮，人到中年萬事休。
冬月採茶風雨飄，娘子行路心内交；入山不怕傷人虎，只怕人情兩面刀。
臘月採茶又一年，天下人人敬祖先；不求金玉重重貴，但願子孫個個賢。

雲南僰民歌謠

雲南東接沅湘，北連川康，南鄰印緬等地，故其歌謠有東自中原楚越漢地者，有流行於華里佛海的。僰民語文吸收緬康藏泰越言詞交織而另成一系，其歌謠經翻譯成漢文，始能瞭解其宗教與習俗。張鏡秋其人研究僰文有成，足跡遍及荒山瘠嶺採訪民間歌謠集成「雲南僰民唱詞集」由其師徐嘉瑞協助及「西南文化研究室」印行，以爲流通。

此集包括一，伊臘訶歌，二，香裐小姐的戀歌，三，打洛土司小賧前夕夜歡唱三首，四，天王松柏敏奇遇唱詞譯。附錄一，打洛土司小賧緬寺觀禮記，二，貝葉僰文佛典七星經譯，三，北宮山頭采風錄。

「伊臘訶歌」是一首歡情曲，是讚美歌，是暢快的聚會，有歌有舞，是男女相愛定情結緣的頌歌；「伊臘訶」來自梵文，是與舞蹈歌唱有關的節慶歌，我們看這首歌的典雅的詞文和內容；看這首三言詩的翻譯：

伊臘訶歌

池花藍，托葉上！流清芬，遍地香！花爭妍，香溢洋！香撲鼻，薰群郎！衆女流，齊出場！塗脂粉，嚼檳榔！投情愛，戀情郎！飾新裝，媚荒傖！激芳情，縱歡暢！裙影亂，伊尋郎！互指引，意戲俺！喜良緣，苦晝長！看中眼，思延攀！芳心動，上都郎！眞高貴，高貴啊！伊臘訶！伊臘訶！秀！……

此首歌謠中如「池花藍，托葉上」指的近似蓮花，不免有些佛教的意識在內。僰三言成句，每字一音，和漢文一樣是單音字。字義應如所譯，但他們唱起來是怎樣？是三言一節嗎？與舞蹈合流，他們的節拍如何？則不得而知。最能相知的是這熱烈歡會的內容由白日到夜晚，男女找尋合意的對象，「看中眼，思延攀，芳心動，上都郎」的趣味，便陳現在眼前。秀！是大家所喊的聲音，在秀的歡呼中男女手相攜，身并肩而去，也可以相見。

香赧小姐的戀歌，是少女迎賓獻唱之歌，以苾來伴奏。其形如短簫，竹管銅簧，音調悽涼，抑揚頓挫，如泣如訴，如哀如慕，月夜聽之，尤令人惻然。苾音久聞之，其聲柔美，又如流水潺潺，不絕如縷。此歌有註言：

焚俗，青年女子追逐求情之對象，大都為各緬寺內之二佛爺及大和尚，若輩一般之心理，以能博取二佛爺或大和尚之愛情為榮幸。蓋凡入緬寺為僧侶者，殆皆家庭所鍾愛而智慧較高之男子。伊等受持於緬寺，進於大和尚或二佛爺之階段，不僅其社會地位較高，必其家庭之殷實，故能延至二佛爺和大和尚之階段且不還俗。青年女子之愛慕伊等，亦如昆明女子之愛慕大學生也。蓋緬寺之在僰族社會，亦如學校教育機關之在內地也。大和尚及二佛爺，或自動向青年女子追逐而奪取愛情，或被動而獲得青年女子之愛慕，由戀愛而進於結婚，勢必「還俗」不可。二佛爺之階段還俗，社會敬重之，特呼之曰「康郎」hanlan；或曰：「摩訶」ma－ha；漢人通呼之曰「二先生」，亦猶內地大學畢業生之有學位者也。大和尚之階段還俗，不為社會所重；故於其還俗後，亦無特殊之稱謂。二佛爺若不存還俗之念，則可進行「大佛爺」之地位。凡爲大佛爺者即不可存還俗之念矣。若大佛爺而有弋色之思，且成爲事實，社會人士引爲不祥，必舉火以焚燒。

詞中所言禍福皆由前世所定，努力於今世積德行善，乃能在來世得享厚福，這也是這首歌除了女子愛戀男子之外的另一種意義。

香赧小姐的戀歌

一

聽吧！爺呀！標緻的意中人呀！好像菩提樹葉的扶疏，生發有致！兩頰緋紅！睛光逼人的愛人呀！

二

這回儂要立意，把整個心靈獻君，道破衷曲了！說出了儂愛情的話兒吧！君休要把情愛錯認在心頭！

三

聽吧！爺呀！你披了黃袈裟是多麼壯美呀！君腰細，眼睥睨！妾一見傾心，神魂飄蕩！濃心陶醉，精神錯亂了呀！眞個白嫩的皮肉兒！

四

爺呀！白皙皮肉，豐瘦咸宜，畫一般的人兒呀！不高不矮的身段，誰及你的勻稱？孟海廣闊的地面，誰及你的手指兒，新抽條的芭蕉一般啊！

五

爺呀！你生得多麼漂亮中看呀！你不想還俗了嗎？將出家終老嗎？郎呀！鬢髮兒多麼細軟啊！美髮黝黑，可惜剃得光滑，不留一髫呀1

六

有時哥漫步長途，便像孔雀翱翔！妾也曾夢中常相見！便像哥白天和妾閑話一般啊！

七

妾香赮夢中醉意，疏慵倦起！追妾起坐床頭！四顧情侶，可憐形影俱寂！才知道妾香赮夢中幽會，非是實景！心想你，天天都只空望呀！

八

聽吧！爺呀！我儘管空望你，你可是又和許多姑孃戀愛了嗎？爺呀！你腰細如象牙一般呀！是不是將獨身一世，想出家終老了嗎？想遺棄我呢？我還是知道了！

九

爺呀！休離棄了我，試多想吧！爺可是知道的。爺呀！休使那蘿沐花空自落了，離棄了技柯！爺呀！你眞個瞳眸黝黑，眉眼秀麗。

十

那時，哥呀，你跨上馬鞍，好像要飛去也！誰說好看，誰也比不上你呢！誰也不容易得到我對你的愛情呀！啊喲喲！早飯甫罷，情致已非了！早飯吃了，心總盼切你轉來啊！蹲著看，你好似在鏡裡，可憐儂忍耐的等候！

十一

回想當時孟海城子邊的象山麓下，新月初上，儂待得心如火焚！儂去來翹望，已是三轉了！等見了鏡裡人，遠遠走到，心頭頓然歡暢！恰似福帶給了一箱黃金呀！

十二

儂心頭無限歡暢，心滿意足！爲了儂和「比保」（與婦女求情之儂，謂之比保）目相注，心相合呀！來到了近城邊，林蔭下歇！儂喜看著心愛的人兒，好似袋裡添了金塊一樣啊！

十三

儂轉來坐在廣闊的公館裡，那臨路的曲徑邊兒！我注視著一張淺黃色氈子（意謂只見袈裟），新愁又眞的呈現了，儂心便煩亂了來！

十四

儂依然好好修裝！漱洗罷，穩挽了鳩髻！步影姗姗、漫行街頭，心兒慌忙！儂欣望形影成雙！心花撩亂，坐臥都不寧了！

十五

只爲了等候這心愛的男性啊！爺呀！美姿襯著新裝，雙雙的一對人兒！那邊也有兩個男子，手挽手的坐候兩情侶，睇視街頭！

十六

聽吧！爺呀！雙眉秀美，便像天仙描過一般！哥的兩腮緋紅，好似那鎔金的鑪火！爺呀！你身段勻美，走來時好似鳳舞翩翩！

十七

那時一對小姐，走近兩情郎；兩位黑齒的姑孃，動了情愛！異性相吸引，好像要飛出了世界！痛苦的話頭，不會擾到唇邊啊！闢口說的，都是愛情的蜜語！

十八

那時仰首山蒼，霧重霜濃，走近哥兒，說說笑笑，眞個閑情逸致！語情叨叨，直到夕陽西沉，餘暉已沒，都還不夠！

十九

兩情侶，雙麗姝，天意巧合！四情侶，愛結同心；仙人也來謳歌了！藏形叢林裡，情投意合！也還說情語琅琅！同著兩位情侶走進了一院官邸！

二十

那時兩情侶，撒手分袂，各自東西！走到那壟山樹下！也還有心頭話，掉頭看，已走開了！儂心便昏醉一般啊！那時便像魚游到洞沼，轉頭看不知何往！有一次，曾見你，咬牙切齒，望望而去啊！

二一

聽吧！爺呀！你披著那漂亮的黃色袈裟！那時兩情侶離訣遠去！儂香赧一路轉回。歸故鄉，挨近城子路邊！意未盡，還想轉首尋哥呀！哥呢，也許想不到儂心戀惓，意轉淡漠了嗎？

二二

喂喂，唉，儂今生多福，可不知賧了幾世啊！欣望得傾瓶滴水，直到老死呀！到而今，唉，好似那空眼望幻景！又怎得許身別人呢？誰知儂不停的哭泣啊！儂空自盼望，任你把儂捉呃斷頸吧！

二三

聽吧！爺呀！玉蘭花敷榮遍地阿！黃玉蘭挺生高崗，儂眞個高攀不上！爺呀！椰子果生得太高了，儂香赧怎夠得上採摘呢？儂高擎雙手，也無望獲得！若儂株守樹下，也難望落花可拾阿！你呢，做了和尚，今生便受持不盡了嗎？

二四

無憐惜的丟棄了儂，儂怎生寡趣！香赧的淚不盡的流呀！儂一介清寒受盡了無限窮苦！

二五

儂香桭是一個無父母的孤女呀！雖和朋友嬉戲，父親也不會看到的啊！可憐我親愛的母親也死了！百般窮苦，給儂身受了！只有那土司太太一人憐愛儂啊！好像親生女一般的看待呀！

二六

這回儂香桭眞個寡歡無趣了！眞個心煩意亂，受苦不盡了！若非想到哥在緬寺，心中總不會好過啊！儂倦來思眠，早入衾被！夢裡纔幽會！走來說了幾句愛情的話兒，忙把我驚醒了來，定睛一看；醒來時，一無所有啊！儂睡夢裡常見情愛的哥呀！

二七

聽吧！爺呀！輕步飄逸的人兒，抛棄了我呀！哥不要丟了那黃軟的袈裟吧！恐犯了佛誡是不妙的啊！請不要犯過太多，懺悔莫及啊！妹雖株守不渝，哥也該怕報應的懲誡吧！寂苦時，儂只相思著心愛的人兒；儂發這心聲的詞話，繪上一個小鳳，飛向哥處去也！

二八

聽吧！爺呀！你的蠻腰圓細，有如那新製的蠟燭一般啊！爺呀！蓮花開在水池裡，不要給冷風吹殘了吧！儂便像那鳳凰，羽翼落了華翠，要到處求心靈的暫安呀！若重逢君意，哥慢把儂的鳳凰退還，休要丟到灶火裡焚了吧！

二九

若眞個可取，儂像那雎凰啊！哥慢覆給一闋綺麗的唱詞吧！哥也畫來一個雄鳳吧，好像振羽翱翔，盤旋空際，交頸聚首的啊！美男子做給我一個心悅的酬答吧！

三十

儂居孟滘城子裡，高攀上方的人兒，追求情愛！儂也跟著上來孟海吧？儂欣望福在眼前！

三一

哥生得玉樹臨風，眞個造福不淺！儂故有讚美的詞話，落在尺箋裡。不美聽聞的俚詞，隨著小鳳飛去也！

三二

儂本女流，能知何事？哥慢發衷情詞話，如那椰子花開一般！白皙的手，請不要攘臂罵儂香赧吧！儂靜候回音呀！哥若愛顧一盼，眞個給人榮幸萬狀！儂的詞話便此終了！

看來僰文是很難翻譯的如哥謠一般的聲色的，不過我們瞭解譯者的辛苦，是值得尊敬的。

「打洛土司小賧前夕夜讌歡唱三首」是唱出漢僰不能通婚的一個悲劇，女孩的心十分傷痛，便唱出了這首悲苦的歌：

打洛土司小賧前夕夜讌歡唱三首

一首

一

聽吧！娘呀！蓮花開出魚塘水面呀！哥只待成雙共居！哥只待相見後愛結同心！到而今，妹有了丈夫，竟把哥丟棄了！給哥空自盼切呀！

二

聽吧！娘呀！你那腰身便像甘蔗一樣，風吹飄蕩！哥要和妹傾談，不知從何處說起？心兒創痛，還有甚可講呢？哥呢，好似棉布呀，怎配裝綻絲緾呢？眞個一點不稱呀！還說甚？到而今，妹已成他人妻了！

三

娘呀！你那顏容，便像天仙！哥還有什麼話可說啊！哥還能到那兒申訴啊！若非雷殛了你的丈夫；他怎肯拋棄你呢？可惜妹腰細貌美，竟成別人妻啊！

第二首

一

聽吧！香，你就納了這男子吧！當做你的僮僕，他和你穿鞋，提水洗腳，多安貼！你慢去採生菜來煮湯吧！你只給他一點湯喝便夠了！這僕人呢，不淘氣，不要吃你的飯和魚啊！

二

若到夜晚了，小姐，你給他那兒睏呢？和別人睡，又怎捨得！請准近主母側睡一晚夜吧！

三

他放下蚊帳，不給討厭的蚊子進擾！九月來了，休給蚊子叮了乳頭！若是那兒發痒，你便叫僕人進來給你搔痒吧！小姐休動手搔到僕人的痒處呀！僕人呢，會慌亂，只怕從褥氈滾下地來呀！

第三首

一

聽吧！娘呀！像花兒的可愛，你那對秋波啊！伶俐的景洛（即打洛）妹們，奉告你們吧！哥要告訴妹們知道，聽了記在心頭！蓮花妍麗般的景洛妹們，你們聽哥講吧！

二

聽吧！娘呀！四月攀枝花發芽，五月花便發紅了呀！哥想掃攏落花，躺臥花間！哥想掃攏敗葉枯枝，壅培那樹根兒！哥想採花榻前賞玩；哥想撥棄攀枝花果殼，裸露花絮！更想把花絮裝入衾褥裏！這未貼切，好像和妹一塊兒坐臥，心頭鬱鬱！

三

可憐哥的衾褥已爛，堆滿著虱蟣呀！

可憐緣邊衾布都爛了，螞蟻也來抬虱蟣啊！虱蟣抬走，忙得個兵慌馬亂一般兒！蚤虱紛紛逃亡，好像兩廣人作戰一般呀！我呢，不知把頭靠落何處是好！

四

脖頸間都叮腫了！哥呢兩肩腋下，都生了虱蟣了！到而今，妹又要哥同住，把哥視如美男兒，怎夠得上呢？哥呢，只來和妹們談閑，好像猛麻老人和孫兒玩「臘瓦比」戲般呀！

五

哥呢，只一外方遊客，怎堪與妹結識？若眞的和妹同住，恐嫌草俗不恭吧！可惜哥身邊無一點兒芳香。妹怎肯如此垂青呢！哥呢、滿頭蟣虱，蔓到鬢頰間！妹放棄我吧；慢慢兒和景洛少年結識吧！

(註) 此歌前後凡三首，原文爲張榮邦君錄贈。余迻譯爲漢文。榮邦係孟海土著僰人。年約二十歲。僰名岩剛。少時入孟海官緬寺爲僧。旋還俗入佛海省立簡師學校受漢學。卒業後任佛海縣政府翻譯員。民國三十一年一月初，隨余至孟溍，孟板，打洛，視察學校教育。比抵打洛，土司刀慶華以舉辦小賧緬寺，留余住五日觀禮。當啓賧之前夕土司衙門張筵夜飲。貴戚僚佐，畢至禮讚。且自蠻汀火聘唱婆兩少女入席奏唱。余以外賓參加觀禮。榮邦亦入席參唱。伊固爛熟於唱誦者。翌日，余囑伊將所唱詞錄贈，即此兩詞之僰文原詞是也。

原詞第三首三章第四句有云：「蚤虱，紛紛逃亡；好像兩廣人作戰一般呀！」此蓋由於過去漢人少與僰人接觸。依歷史關係言之，僅滿清光緒末年，頂顛叛亂之後，雲貴總督李經羲派遣討伐之部隊，泰半爲兩廣人。蓋雲貴漢人咸以邊區瘴癘流行，視如畏途。惟兩廣人習於熱帶生活，不致感染瘴癘，故凡自頂眞叛亂勘平，後居留於邊區者，蓋皆兩廣人。因之僰之所稔悉者，亦惟兩廣人而已。詞中對兩廣人似有輕慢之意，或由於民族歧視心理使然歟？

又第四章四句謂：「哥呢，只來和妹們談床，好像猛麻老人和孫兒玩「臘瓦比」戲一般呀！」猛麻屬緬境，距國境甚近。去歲（抗戰時）我國遠征軍第六軍九三師，自放棄景棟後，即駐兵猛麻以抗泰敵：「臘瓦比」戲，未確悉。或即僰族少女輩所帶玩之「巴豆滾打」戲歟？玩時於地上豎巴豆殼一排，少女各人，依先後於十步外以足趾夾一巴豆殼，踏滾擊倒此豎立之巴豆。熟練者，往往能指定擊打某豎立之巴豆。伊輩以此爲戲者，興趣盎然，得意忘形。猛麻老人和孫兒玩「臘瓦比」戲，意謂老少不倫類也。

漢文學之言情作風，甚少有以反襯筆意，爲恢諧動情之者，此詞之作，可謂別開風氣云。

「天王松柏敏奇遇」是一篇三百節的叙事長詩，如藏族的「莫日根」，「札西雪巴」，如蒙古的英雄「成吉斯漢」那樣的叙事詩，在此不錄。

粵謳

楊家駱先生主編中國學術名著，獨具慧眼，把「粵謳」編入俗文學叢刊第一冊集中，書前有：

重印粵謳序

南海招子庸，字銘山，號明珊，清嘉慶舉人。知濰縣，有政聲，尋坐事落職歸。工繪蘭竹，又能以新意寫蟹，風味爲畫家所未有。精曉音律，爲弔所眷妓秋喜以廣州方言俗字撰曲合琵琶而歌之，其詞哀感頑艷而易解，其調纏綿悽楚而動人。後復循其體自撰曲百數十首，皆抒情寫戀之什，道光戊子合刊爲集，署曰粵謳。自是粵女之鬻藝者所歌莫非子庸之作，歷百數十年，至今未嘗稍衰，視唐妓之歌白樂天詩，宋妓之歌柳屯田詞，初不少讓。於是粵謳在俗曲中自成一體，近數十年粵港日報所載彷作之篇尤指不勝屈，顧世之治文學史、音樂史者涉筆未嘗一及子庸，寧非憾事？駱以撰中華大辭典，每藉爲輯錄粵語方言俗字之資，會有俗文學叢刊之編刊，爰以粵謳原刻本重爲影行，治聲歌之學者，度亦有所取焉！

中華民國五十年一月二十九日金陵楊家駱序

除上序外，另有道光年間原本資料甚多。可以作爲研究之用。另更有本書提要，尤可供讀者之鑑賞參考，幷錄於此：

本集提要

目標	範圍	內容：編別	說明	分量	特色	希望
本書編輯目標有三：㈠使讀者領略平民文學的風格和價值，㈡使讀者藉能明瞭中國各地風俗人情的大概。㈢供給一般心靈純正的孩子們婉轉清脆的吟唱。	本書彙集中國各地流行的民歌童謠，就採集所得，他的範圍，包括下列：㈠南部：彙集嶺東一帶的歌謠，和包括廣東的梅縣東莞廣州潮州台州，福建的福州，以及雲南西康各處的歌謠，且加入遍佈在東南沿海一帶的蛋民歌謠。㈡中部：彙集包括浙江的紹興餘姚嘉興吳興奉化，江蘇的吳縣一帶，以及河南安徽等省的歌謠。㈢北部：彙集河北省北平一帶，以及山東各地的歌謠。	敘事歌謠	彙集各地的敘事山歌和童謠；包括關於寫人的寫情的，以及敘述婚姻景物風俗等等的歌謠；藉此可察各地風俗民情的實況。	三九九則	本書費一年餘時間，廣集各地歌謠，舉其特點，約言有五：㈠材料豐富；全書材料一千二百六十二則，㈡注解清楚；舉凡各地的方言土語，加以注解，務使讀者一目了然。㈢內容眞實；歌謠詞句，悉仍其舊，絕不加以增損，以存其眞。㈣分類顯明；就歌謠性質，分爲「敘事」「戀情」「規諷」「滑稽」四編，編更分類，類更分目，開歌謠分類的新紀元。㈤標明區域；各地歌謠，依其流行區域，分列成表，附於書末，凡欲查某地各種流行歌謠，或某則歌謠流行區域，祇須就表索閱，非常便利。	吾國幅員遼闊，各地流行的歌謠，不勝枚舉。本書所集，自知尚未普遍，遺漏正多；而分類別目，事屬初刱，審察容或不當，希望各地人士，就所知所聞，不吝賜教，俾得於再版時增補修正。
		戀情歌謠	彙集各地的戀歌和情歌，依其所處情境，分爲「愛情」「憤恨」「訴怨」「哀情」「艷情」五類，更依其性質，而區分爲「獨唱」「合唱」「兼唱」等歌謠；從此可見，各地民間戀情的眞相。	四〇〇則		
		規諷歌謠	彙集各地的規諷歌謠，從其性質復分爲「規勸」「諷刺」兩大類；其言雖微，而實含有規勸譏諷令人深省的寓言。	八三則		
		滑稽歌謠	彙集各地的滑稽歌謠，或以詞令見長，或以形容見長，更爲剖別；具有令人發笑動人快感的妙趣。	三八〇則		

但書中仍以私情歌爲多，私情歌的眞摯，就是一語道破男女的心事：

昨日夜裡滿天星，今朝落雨弗該應，情哥郎勸帶釘鞋傘，小奴奴急斷肚腸根！

情哥郎不帶傘不穿釘鞋，淋壞了郎身怎麼好，情哥不來想死了我。

遠處唱歌沒有離，近處唱歌離一身；願郎爲水妹爲土，和水捏做一個人。

這分明就是將一塊泥和水來調和，你泥中有我，我泥中有你的說法。

腳登板凳手爬牆，兩眼睜睜望情郎；昨日爲郎挨了打，情願挨打不丟郎。

情願挨打不丟郎，這是怎樣的情份，怎樣的癡。不過，這首歌各地都有。

高高山上一枝槐，手爬槐樹望郎來！娘問女兒望甚麼，我望槐花幾時開。

這首歌謠，像花開滿地，東西南北不分，女兒家的想望全由這首歌唱了出來。

「阿妹生得桃紅面，眼角丟來一條線，妹子姻緣厓分，身家畀妹厓都愿」「郎係愛花妹愛花，兩人相好共一家，郎係好比清泉水，妹係好比好細茶。」「碟子種花園分淺，扁柴燒火炭難圓，啞子食著單隻筷，心想成雙開口難。」

第一首第三句的厓是情分，第四句的厓是我或妹的意思。第二首第三句的清泉水是比喻細水要長流，第四句的好細茶是比喻要郎慢慢的品嘗。第四首第一句的圓諧緣，第三句：啞子食著單隻筷，是說妹一個人著急沒有用，要等哥來開口。

男女對唱中有最逗趣，一語雙關的詞兒，要聽者自去辨認：

男唱：「嫘姐擔水走叮噹，且你水埕漏個孔，姐你站著哥代塞，免致水漏沃足濕！」

女唱：「人擔人水走叮噹，人個水埕不漏孔，人個漏孔有人塞，人室有個塞孔人。」有針無線樣般連，有弦無線樣般彈，麻布洗面粗相識，兩人開口難對難。麻布洗面粗相識，粗諧初，剛才相識。針線弦線要有個介紹人或媒人。

入山看見藤繞樹，出山看見樹繞藤，樹死藤生纏到死，樹生藤死死也纏。新打茶壺錫撈鉛，汝話錫來厓話鉛，汝話鉛來厓話錫，總愛有錫正有鉛。

有錫有鉛，有情有錢也。

黃昏卸卻殘妝罷，窗外西風冷透紗。聽秋聲，一陣一陣細雨下。何處與人閒鬭牙？望穿了秋水不見還家。潺潺淚如麻，又是想他，又是恨他，手拿著紅繡鞋兒占鬼卦。

閒鬭牙就是說閒話，這首歌有三言和九言，四言和十言錯雜，其中，增加了音質音節上的效果，情郎不來，眞是恨牙癢癢。

先日同妹暖溫溫，口水拿來當茶呑，今日來講斷情話，縣官來判心唔忍。急水灘頭魚難上，少年守寡苦難當，睡到五更想思起，新蓆磨斷九條綱。碗公滔水唔當杓，妹係約郎愛定著，新買油壺打脫耳，無掛無吊正安絡。

這首歌是男子失戀所唱，新蓆磨被九條綱，是失眠之苦也。碗無杓，壺無耳，單調如此，正不知怎麼「安絡」，怎麼過活也。

蘇州蓆子九條綱，錦被羅帳蓋鴛鴦，錦被蓋郎兼蓋妹，乾蝨嚙妹又嚙郎。

乾蝨嚙妹又嚙郎一句的蝨是臭蟲，意思是兩人同睡一張床，臭蟲同時會咬兩人，此中自有眞情愛，地久天長拆不開。

斑鳩飛入畫眉籠，面目不識不敢同，不係自己心肝肉，心裡暗想不敢通。

等郎來相通的情歌。

買梨莫買蜂咬梨，心中有病無人知，因爲買梨故親切，誰知親戚轉傷離。一家女兒做新娘，十家女兒看鏡光，街頭銅鼓聲聲打，打著中心只說郎。嫁郎已嫁十三年，今日梳頭厓自憐，記得初來同食乳，同往阿婆懷裡眠。自剪青絲打作條，親手送郎將紙包，如果郎心止唔住，看厓結髮唔開交。第一香櫞第二蓮，第三檳榔個個圓，第四芙蓉五棗子，嫁郎總愛得郎憐。

嫁出來的女兒心聲，做成歌兒曲曲傳達。這些歌謠，黃遵憲在他的「人境廬詩艸」一集中，曾以山歌集錦錄出。

粵語中描寫妓女可憐的生活很多，據說招子庸在廣州時喜歡一個妓女秋喜，後來他去了北京。秋喜因欠人錢債，被逼投江而死。子庸回來知道此一悲劇，非常傷痛。所以，在粵謳的弁言中他說：

「粵語篤摯，履道士願，樂，欲聞。請以此一卷書，普度世間一切沈迷慾海者」。

找出了「吊秋善」一謳，給大家看。

弔秋喜

聽見你話死。寔在見思疑。何苦輕生得咁癡。你係爲人客死心唔怪得，死因錢債叫我怎不傷悲。你平日當我係知心亦該同我講句。做也交情三兩箇月都有句言詞。往日箇種恩情丢了落水。縱有金銀燒盡帶不到陰司。可惜飄泊在青樓孤負你一世。煙花場上有日開眉。你名叫做秋喜只望等到秋來還有喜意做也。纔過冬至後就被雪霜欺。今日無力春風唔共你爭得啖氣。落花無主敢就葬在春泥。此後情思有夢你便頻須寄。或者盡我呢點窮心慰吓故知。泉路茫茫你雙腳又咁細。黃泉無客店問向乜誰棲。青山勻骨唔知憑誰祭。衰楊殘月空聽箇隻杜鵑啼。未必有箇知心來共你擲紙。清明空恨箇頁紙錢飛。罷咯不若當作你係義妻來送你入寺。等你孤魂無主仗吓佛加扶持。你便哀懇箇位慈雲施吓佛偈。等你轉過來誓不做客妻。若係冤債未償再罰你落花粉地，你便揀過一箇多情早早見機。我若你未斷情緣重有相會日子。須緊記念吓前恩義。講到銷魂兩箇字共你死過都唔

粵謳中的形式頗多而自由，可說不拘形式而有各種體裁的變換。在押韻上也是隨人喜歡，而有抒展開放的表現，言詞也以內容而定互見，任意安排，讀來無不暢當。這就是粵謳的長處。

粵謳附有一「風俗歌謠」，順便也附在這裡。

風俗歌謠

一　潮州風俗

一

十二月紡粒紗，挈去市上換沙蝦；沙蝦殼硬硬，夫妻雙雙儘管剝。

二

一缽芝蘭萁萁香，打扮我母去落庵；頭戴珍珠龍鳳髻，腳下弓鞋繡黃蜂。一缽芝蘭〇〇青，打扮我母去做齋；頭戴珍珠龍鳳髻，腳下弓鞋繡沙蛟。

三

正月正，新仔婿，來上廳。二月二，老媽仔，入庵寺。三月三，桃仔李，夠你擔。四月四，桃仔李仔，夠你臂。五月五，扒龍船，溪中嚧。六月六，尖擔仔，四處鑿。七月七，倒捻烏，龍眼襞。八月八，抽豆籐，摘豆莢。九月九，風禽斷線半天走。十月十，新米飯，脹盈目。十一月十一，凍到阿奴腳襞手亦襞。十二月十二，凍到阿奴腳硬手硬勸撤鼻。

二　福州風俗

一

龍舟搖曳東復西，采連湖上紅更紅。波水澹澹水溶溶，奴隔荷花路不通。

二

搓糍癡搓搓，年年節節高。大人添福壽，伲仔歲數多。紅紅水薰菊。排排兄弟哥。

三

月是大，奴是細，奴拜月奶石百另八拜。刀仔掏還月，耳仔掏還奴；割豬割犬莫割奴。

四

西湖南湖鬥龍舟，青蒲紫蓼滿中洲。波渺渺，水悠悠，長奉君王萬歲遊。

五

祭竈祭葫蘆，竈公竈媽照顧奴。元寶是奴拍，丁庫是奴糊。竈公上天講好話，竈媽落地保護奴：保護奴爺務錢趁務錢趁；保護奴奶福壽長；保護奴兄討兄嫂，保護奴俤討俤人；保護奴嫂半盲腹老疼，臨盆生下小孩兒。

六

妹著做，正月牡丹得仏愛；伓冬做，二月白蔗排街前。妹著做，三月枇杷新上果；伓冬做，四月楊梅酸驚仏。妹著做，五月茉莉香撲鼻；伓冬做，六月荔枝紅巷娘。妹著做，七月石榴開笑口；伓冬做，八月橄欖青滑頭。妹著做，九月菊花香晚節；伓冬做，十月胡椒辣喉嚨。妹著做，十一月福橘排盤裡；伓冬做，十二月茶花滿山紅。

七

正月爿，瓜子殼丟門前。二月爿，插楊柳滿厝前。三月爿，懿旨萊灮門前。四月爿，龍船鼓滿江前。六月爿，掏傘仔分稻爿。七月爿，燒紙衣分鴨爿。八月爿，起塔仔砌瓦爿。九月爿，放紙鷂滿天爿。十月爿，迎城隍滿街行。十一月爿，搓丸仔貼門前。十二月爿，刣豬仔分豬爿。

三　浙江風俗

一

月尖光，照地廊；年卅晚，剳檳榔，檳榔香，阿媽嘗，阿姊笑，阿妹搶。

二

十一月是冬至，家家户户煮糍，扛碗婆婆兼隔里，唔扛大姐一肚氣。

三

正月燈火煌煌後，滿地兒童隨地舞，大人紅紋賀新年。

四

九月裡是重陽，記得有年閏九月，過個重陽又重陽。

五

三月裡，是清明，家家兒去踏青；我說汝，汝說我，大家討論是金錢，金錢無時人恥笑，金錢有時人贊賞。

六

元宵樂，元宵樂，元宵樂樂賀新年，老老少少看花燈。

七

五月五扒龍舟，亞婆抱孫出外遊；媽媽在家裹粽子，姐姐廚中煮蟹球；煮好蟹球奉祖先，三跪九叩來拜請；豬肉滿盤雞滿碟，求神賜福千萬年。

八

正月裡，是新年，家家户户點燈籠；紅呀紅，我們孩子打鑼打鼓賀新年，賀喜又賀喜；不久就散燈，各人出外謀生。

九

正月裡，是新年，琉璃燈點佛神前；人家有錢做席開年酒，我家無錢未開年。

一〇

賞月公，賞月婆，年年賞月物又多，個個走哩唱月歌；月餅糖雞兼大菓，人話吃過好得多；月裡嫦娥下降坐，人門香燭照著過。

一一

提竹籃，裝三牲，摩肩接踵載道行：行到廟堂來參佛，行到古寺來問僧；祈我家門臨五福，祈神保佑永長生。

一二

九月九，是重陽，各處兒童具菓香，去到路頭齊拜跪，祈我病根隨鳶遠飛揚。

一三

荳角仔，曲灣灣，灣去九如山，九如山有個菩薩仔，阿哥拜；阿哥切豬肉，我切雞；阿哥貪婪吃去奶，雞肝雞肥我吃埋細。

一四

乞手巧，乞容貌，乞心通，乞顏容，乞我爹娘千百歲，乞我姊妹千萬年。

一五

五月五，是龍舟，龍舟鼓嚮水面遊；大男細女睇龍舟，龍舟扒去又扒反。

一六

家家門門貼紅錢，紅錢貼起炎炎飛，必然大吉利，幾心喜！祝你今年撞裂銅鼓蒂，燒豬牌扁掛門楣。

一七

正月乾糖水，二月擔塘泥，三月塘水白濛濛，四月蟾蠂蛤蚧叫，五月扒龍舟，六月割禾腰，七月仙女聚會過仙橋，八月糖雞及月餅，九月紙鳶半天朝，十月割禾取草燒，十一月冬，十二月年：家家門口貼紅錢，黏起紅錢艷二飛；家家門口煮油糍，煮得油糍過年笑嘻嘻。

一八

一月一，是元旦，家家門口點火燈；小兒子，細女子，個個歎喜看紅紙；一閩鬧口舞瑞獅，努力跑之來爭春；忽聞一個跌斷一個牙，一路回家哭嘩嘩！阿媽叫聲好兒子，他就更加大嘩嘩，卒至給些食物，他就笑哈哈！

一九

好禾呵，好生理呵！桔仔掛門楣，人仔眞歡喜；木莖大如梨，禾葉大如舟，大人眞歡喜，小兒笑嘻嘻！

二〇

癩頭婆，饞雄鵝；雄鵝殺殺過冬至。

二一

新年來到，糖糕祭竈姑娘要花；小子要炮；老頭子要戴新呢帽；老婆子要喫大花糕。

二二

正月摸骨牌。二月做草鞋。三月斫毛柴。四月呵呵笑。五月端午羹。六月乘風涼。七月稻桶響。八月桂花香。九月九重陽。十月看姑娘。十一月颼颼冷。十二月雪花揚。

二三

正月下，麻雀兒飛過看龍燈。二月二，煮糕炒豆兒。三月三，薺菜花兒上竈山。四月四，殺隻雞兒請竈司。五月五，糖糕粽子過端午。六月六，貓兒狗兒同洗浴。七月七，乞巧果子隨你喫。八月八，大潮發，小潮發，聖帝菩薩披頭髮。九月九，打抛老菱好過酒。十月十，蚊子腳兒筆立直。

四 北平風俗

一

月亮爺亮堂堂，騎著大馬去燒香。大馬拴在梧桐樹，小馬拴在廟門上。廟門對廟門，裡頭出來一個小媳婦，坐在板凳上叼著煙袋歪著嘴，嘎迸嘎迸嗑瓜子。

二

月亮月亮爺，亮堂堂，騎著大馬去燒香。大馬拴在梧桐樹，小馬拴在樹皮上，鞭子掛在廟門上。開開廟門瞧娘娘。娘娘擦著胭脂粉，老爺撅著鬍子嘴；娘娘帶著面，老爺光著臭腳八了。

三

月亮爺爺亮堂堂，騎著大馬去燒香。大馬拴在梧桐樹，小馬拴在廟門上，扒著廟門瞧娘娘：娘娘擦著粉兒，和尚撅著嘴兒；娘娘戴著花兒，和尚光著禿腦袋瓜兒。

四

八仙棹，金鑲邊，小小月餅往上端，左邊石榴，右邊棗，當間又擺毛栗子，毛豆角，兩頭尖，小小的西瓜往上端，鋼刀切成蓮花瓣，一年四季保平安。

五

老太太，你別饞，過了臘八就是年。臘八粥，喝幾天；眼看就到二十三。二十三，糖棍粘。二十四，掃房日。二十五，炸了烙炸，炸豆腐。二十六，調了豬肉，調羊肉。二十七，殺了公雞，宰母親。二十八，把麵醱。二十九，蒸饅首。三十晚上，坐一宵。大年初一，扭一扭。

六

正月正：大街小巷掛紅燈。二月二，家家擺席接女兒。三月三：蟠桃宮裡去遊玩。四月四：男女老幼逛塔寺。五月五：白糖粽子送姑母。六月六：陰天下雨著白肉：七月七：坐在院中看織女。八月八：穿自由鞋走白塔。九月九：大家喝杯重陽酒。十月十：窮人著急沒飯吃。冬月中：公園北海去溜冰。臘月臘：調豬調羊過年啦。

七

臘月二十三，糖風粘，皂王爺上天。二十四，掃屋子。二十五，做豆腐。二十六，肥豬肉。二十七，宰公雞。二十八，白麵發。二十九，貼道酉。三十夜裡樂一宵，初一早晨走一走。新年來到，闔家歡樂：閨女要花，小子要炮；沒恙的老婆，要裹腳條。打一千，罵一萬，忘不了三十五更那頓飯。

嶺東戀歌，是在十五年由李金髮編採出來的。序中瓶內野蛟三郎有幾句話說：

歌中的情緒之表現，是何等纏綿，愛情何等眞摯，境遇何等可哀，有時是大詩人所不及的，吾嘗謂梅縣人聰穎異常，此即是民衆文化之結晶，其外無所長也，歌中尤其妙在如詩經中之興也，賦也的雙關語，惟其詩有在七話中絕妙的，而形諸筆墨則反點金爲鐵了，此是我在有些地方，把他矯正之後，非常抱歉的，兩性的衝動，在歌中都有顯明和深刻的要求之表現，他們或遇人不淑，或家法森嚴，我們讀之如身受其苦，這些輾轉於十八層地獄的姊妹們，我們有人道責任的，應該起來援之以手啊。

在這一席話裡說明婦女對愛情的執著，對生活的逆來順受。李金髮所集的戀歌，就是男女的私情歌，我們錄用幾首給讀者看：

妹妹叫郎床上坐，叫郎來唱風流歌，今夜同郎眠著唱，風流一夜笑呵呵。

大阿妹來細阿娘，厓知妹妹有口塘，阿哥有隻金鯉子，送給妹妹塘裡養。

新打酒壺嘴弓弓，親哥送給妹手中，酒壺張得千年酒，同妹來結萬年雙。

天上落雨雲走南，又想落雨又想晴；老妹做出扭肘事，又想斷情又想行。

月光東清風東涼，胡椒細細辣過薑，老妹東好又打粉，害死幾多少年郎。

東好人才不曉花，情願單身囫自家，百鳥都曉尋雙對，鴨子也要交卵渣。

妹係深山沙泉水，郎係山上橫坑茶，兩人同心來入口，味道到了開心花。

不怕死來不怕生，不怕血水流腳踭，不怕腳上無腳趾，兩人有命總要行。

丙村行入宮背塘，聽知亞妹想戀郎，脫棹食飯莫閂緊，老鼠緣桁漫上樑。

生要纏未死要纏，生死同妹結姻緣，脫頭恰似風吹帽，坐監恰似嬲花園。

爲了偷情，坐監牢如同嬲花園，這個嬲，等於進花園去逛一逛。

麻竹做橋肚裡空，兩人交情莫透風，燕子喊坭口要隱，蜘蛛結絲在肚中。

這裡又是一種偷情，蜘蛛結絲在肚中，不要說出來讓人知道。

新打鐮子十八張，張張割草利霜霜，那有鐮子不割草，那有妹子不戀郎。
許久不曾見心肝，一見心肝心就歡，一見心肝心歡喜，難得心肝黏心肝。
心肝哥來話你知，我的床上沒乾卑，哥哥在上我在下，乾卑咬我不咬你。

乾卑說的是床上臭蟲之類的東西。

心肝哥來話你聽，那有老妹不要你，脫衫脫褲同你嬲，是否老妹發了癲。
心肝姊來嫩嬌花，口唇紅過石榴花，乳子硬過麻竹筍，腳臂白過綠豆芽。

蛋哥與客音歌

蛋歌

清代乾隆間羅江李調元輯有「奧風」四卷，爲兩奧的民俗采風錄，其中輯有粵歌、蛋歌、猺歌、狼歌、獞歌各節。後來到了民國十三、四年間，鍾敬文是粵人，編有「蛋歌」一冊。李調元在蛋歌題目後說：蛋有三：蠔蛋，木蛋，魚蛋。寓潯江省爲魚蛋。並說蛋民是蛇種，「祀蛇於神宮」。福建地方傳說，蛋民的祖先爲蒙古人，元亡後流落嶺南一帶。但以蛋民的言語、風俗而言，雲南大致和粵人相近，因爲生活水上，蛋家又名「艇家」，蛋爲艇之轉音，故名蛋家。廣東新語第十二卷詩語中說：

其蛋女子蕩姿如吳下唱楊花者，曰綰髻。有謠曰，槳者。搖船也，亦雙關之意；滘者；覺也。

我們先看下面輯錄的蛋歌：在水上唱起來是如何的暸亮與悠長：

手撚梅花春意鬧，生來不嫁隨意樂；江行水宿寄此身，搖櫓唱歌槳過滘。

官人騎馬到林池，斬竿削竹織筲箕；筲箕載綠豆，綠豆恨相思；相思有翼飛開去，只剩空籠掛樹枝。

雲在水中非冒影；水流影動非身情；雲去水流兩自在，雲何負水水何縈！

撥棹珠江十二年，慣隨流水逐嬋娟；青蘋難種君莫種，愜雨堪憐君莫憐。

另有一些，更是水面波影，歌裡人影交相疊映。也輯錄在這裡：

食飽明起去放縺

食飽明起去放縺，囉，逢著小妹擔水來，囉。一心想食妹嘴水，囉，驚畏小妹惡挺肩，囉。

明早起來米甕欹

一

明早起來米甕欹，囉，修頭抹粉咬臙脂，囉。行出門外送兄去，囉，俺兄久久想俺人，囉。

二

明早起來米甕空，囉修頭抹粉戴銀鬃，囉。行出門外送兄去，囉，俺兄久久想俺人，囉。

頭帆推起尾正正

一

頭帆推起尾正正，囉，中帆推起船要行，囉。大船細船去到了，囉，放掉俺妹無心情，囉。

二

頭帆推起尾超超，囉，中帆推起船轉頭，囉。大船細船去到了，囉，放掉俺妹心頭焦，囉。

白菜開花白抛抛

一

白菜開花白抛抛，囉，妹當胸前三粒瘤，囉。兄當伸手擲一下，囉，親像肉餅兼肉包，囉。

二

芹菜開花料料青，囉，妹當胸前二粒奶，囉。兄當伸手擲一下，囉，親像肉餅配甘茶，囉。

弓蕉結子條條彎

一

弓蕉結子條條彎，囉，妹當勸兄勯過番，囉。番爿錢銀艱苦眸，囉，三風二湧眞艱難，囉。

二 油柑開花花粒青，囉，妹當觀兄勯當差，囉。當差錢銀難苦眸，囉，三操二講眞艱難，囉。

松柏開花烏林林

一 松柏開花烏林林，囉，買起香香拜觀音，囉。觀音若是有保庇，囉，保庇俺兄想俺只，囉。

二 白菜開花白映映，囉，買起香香拜老爺，囉。老爺若是有保庇，囉，保庇俺兄來同行，囉。

石榴開花二葩纓

一 石榴開花二葩纓，囉，孟良焦贊豎二爿，囉。兄當比做楊宗保，囉，妹當比做穆桂英，囉。

二

一隻白鵝飛落來，囉，人心事久豎二爿，囉。兄當比做梁山伯，囉，妹當比做祝英台。囉。

蛋歌重要方言總音釋

這裡所收錄方言，以已見於書中兩次以上者爲限。

注音，以國音字母爲標準，有不濟者，亦兼採用羅馬字母——書中注音，也本此法。

釋意，只以牠在方言上的解釋爲限，若已爲普通認識字義，更不贅注。

尢　夫也。

爿　邊也。

仔　讀ㄚ，子他。

分　給與也

只　這裡也。

讀ㄇㄡ，妻也。

個　的也。

冥　夜也。

唔　讀m，不也。

隻　讀ㄐㄧㄚ，這樣也。

著　在他。得也。

睇　看也。
賞　讀ㄉㄚ，今也。
嘞　讀ㄇㄞ，不要也。
斟　讀Chim，吻也。
頓　饗也。
讀ㄇㄟ，不會也。
纓　花鬢也。
生好　漂亮也
老契　情人他。
抛抛　白貌。
明早　清早也。
映映　清貌。白貌。
咱　妻也。
保庇　祈神保佑也。
媽悶　肉麻也。
親像　相似也。

鹹水歌是蛋歌的一種，又叫後船歌，有人寫了二首羊城竹枝詞，大家來聽：

漁家燈上唱漁歌，一帶沙磯繞內河。阿妹近興鹹水調，聲聲押尾有兄哥。白雲山上草青青，白鵝潭下春水生。山上鵑啼郎記取，水上蛋歌郎漫聽！

這便是一個好證見了。

㈠

兄當著東妹著，西，囉，父母嚴硬唔敢來，囉。十二精神帶兄去，囉，唔知親兄知唔知，囉？

㈡

巴豆開花白拋拋，囉，妹當共兄做一頭，囉。白白手腿分兄枕，囉，口來相斟舌相交，囉。

㈢

頭帆掛起尾正正，囉。中帆掛起船要行，囉。大船細船去到了，囉，放掉俺妹無心情，囉。

頭帆掛起尾超超，囉，中帆掛起船轉頭，囉。大船細船去到了，囉，放掉俺妹心頭焦，囉。

又如：

㈠

菱角開花在深潭，囉，妹當要嫁兄唔甘，囉。妹當嫁出成雙對，囉，兄當著只喘大氣，囉。

㈡

頭殼暉暉霹霹彈，囉，肚仔痛痛透心肝，囉。若得阿妹分我睇，囉，先生免請藥免煎，囉。

㈢

一盤豬肉一盤春，囉，妹當送兄開大船，囉。妹當送兄快快到，囉，短命舵公迫開船，囉。

三、臺灣歌謠

臺灣歌謠除了一部分原住民外，台灣同胞大都是惠州，潮州，泉州，彰州，福州遷過來的移民，保存有漢族的文化，生活如內地大陸一般，習俗亦復如是。男女的私情，表現的質直而不做掩飾，是和福建廣東沿海的歌謠相彷彿的。

水錦開花白波波

水錦開花白波波，八仙過海藍采和。眞名正姓共哥報，免得護哥去尋無。

水錦開花白葱葱

水錦開花白蔥蔥，哥阿生水眞害人。一年梟千共梟萬，採了花心過別欉。

後面的這首的意思，也有告戒情郎莫做負心人。以下我們再錄一些在這裡：

一盆好花鷹爪桃

一盆好花鷹爪桃，伸辦一蕊要護哥。是哥禁嘴不敢討，有伸哥額免驚無。

娘子生做正好體

娘子生做正好體，恰好京城牡丹花。是哥今年恰狼狽，不敢共娘你交陪。

為娘割弔心肝亂

爲娘割弔心肝亂，即久息路無來觀。先生來看百樣款，無見親娘不照原。

為娘割弔心肝呆

爲娘割弔心肝呆，與娘相好恰甜糖。呆人𣛮唆路來斷，不得共娘做一床。

為娘割弔飯食少(一)

爲娘割弔飯食少，瞑日提藥常常煎。不信脱衫護娘看，即久消瘦成人乾。

為娘割弔飯食少(三)

爲娘割弔飯食少，相思一病倒廟蓆。倒在床中大聲叫，叫無茶湯通食燒。

為娘割弔桃花嬲

爲娘割弔桃花嬲，倒落床中直聊聊。朋友那來眞見銷，起來無拐立袂朝。

繡球開花結歸排

繡球開花結歸排，爲娘割弔心肝呆，瞑日相思無人知，偷來暗去一半擺，那行長久人會知。

娘子十八哥廿二

娘子十八哥廿二，加娘四歲敢有奇。娘子十分個親淺，敢討不倚娘身邊。

採茶一叢過一叢

採茶一叢過一叢，遇著一個過路人。雙手攬娘不甘放，擋腳搖手嚷不通。

櫻桃開花結成冉

櫻桃開花結成冉，麵線要煮免煞鹽。爲娘割弔眠又減，頭眩目暗病就染。

哥阿現時真歹運

哥阿現時眞歹運，仰望娘子牽成君。牽成我身那出運，不敢船過水無痕。

一夜不睏極翻身

一夜不睏極翻身，日長夜短減人眠。求娘因緣不相陣，配娘不過重頭輕。

與娘說話石斬字

與娘説話石斬字，護娘僥去兄無疑。偷來暗去一半擺，那行久長人會知。

當初與娘怎樣呼

當初與娘怎樣呼，今來反僥想別路。護娘先僥兄無苦，再選新娘有恰蘇。

娘阿你厝哥還在

娘阿你厝哥還在，不敢與娘您厝來。新可十分那意愛，我身也不常常來。

瑤桃開花仙山有

瑤桃開花仙山有，番船過海半沉浮。未如娘仔在値處，恰慘護娘迷著格。

祿朴開花在庭前

祿朴開花在庭前，娘仔生水如天仙。看有食無干干癮，親像戇佛鼻香煙。

木香開花人人愛

木香開花人人愛，小娘住在田厝內。兄哥無嫌即要來，門外叫聲阮就知。

綢春開花播田天

綢春開花播田天，甲蝦落水會捲連。娘仔烘爐茶鈷便，煎茶請哥合皆然。

官蘭開花葉彎彎

官蘭開花葉彎彎，目尾共娘長交關。看見娘仔生好勦，害哥心肝不著亂。

梅花開透嶺山香

梅花開透嶺上香，阮厝也有是大人。娘仔暗靜共哥講，起腳動手哥不通。

木筆開花色笑笑

木筆開花色笑笑，兄哥不是林邦橋，要提銀項免按腰，是哥今年趁恰少，裁長補短也會著。

長春開花赤如金

長春開花赤如金，相思娘仔千款心。看娘生水嘴欣欣，那會恰娘同床枕，並無風流也甘心。

松柏開花會吐黃

松柏開花會吐黃，哥仔識識都會爐。是咱一時心慌忙，賣田賣厝不通講。

古樹開花在山頭

古樹開花在山頭，哥今一年一年老。要是當初十八九？驚無水娘睏同頭。

芥菜開花會抽心

芥菜開花會抽心，菜藍捧水護哥斟。都是與哥盤嘴錦，敢無與哥好入心？

紅竹開花樣樣紅

紅竹開花樣樣紅，哥你交關有別人。新娘交來舊娘放，迎新去舊不是人。

龍眼開花何萋萋

龍眼開花何萋萋，娘仔意愛少年家。瞞翁騙婿與揀茶，要去茶樓伴大客。

山藥開花在山嶺

山藥開花在山嶺，文廣困在柳州城。一半歡喜一半驚，護娘僥心一擺定，今日收心要好子。

鐵樹開花著千載

鐵樹開花著千載，擺脚行路雙手擺。兄哥那嫌阮較呆，因何透雨也要來。

甘蔗開花親像竿

甘蔗開花親像竿，娘子祖家是唐山。獻出眞情護哥看，免得打呆哥心肝。

榭榴開花成櫻桃

榭榴開花成櫻桃，竹筍離土成竹篙。人兮相好戴碗帽，虧阮相好做箍羅。

夾竹桃花節節青

夾竹桃花節節青，妲妃敗國老妖精。是阮兄妹相甲意，不敢共人過五更。

杜鵑開花兩分枝

杜鵑開花兩分枝，看見娘仔路上啼。手舉雨傘共白扇，送要兄哥返回期。

杏花開來笑微微

杏花開來笑微微，兄哥親淺年廿二。今日我哥要返里，害阮春心病相思。

紫荊開花身彎彎

紫荊開花身彎彎，護哥僥去阮不願。二目金金再過選；選要共哥恰好款。

素馨開花陣陣香

素馨開花陣陣香，一暗不睏聊聊動。心肝想念娘一人，娘仔僥哥千不通。

秋葵開花葉又紅

秋葵開花葉又紅，兄哥那要尋別人？贏我三分不使講，贏我十分你即通。

虎耳開花色更新

虎耳開花色更新，叮嚀娘仔著正經。別人恰好無路用，不比你我兮盡情。

內山出有古早樹

內山出有古早樹，海口出有金榭榴。哥仔有娘通解救，破船過海也會泅。

鹿港做醮做慶成

鹿港做醮做慶成，臺灣寶貝玻璃燈。哥汝說話無定性，難怪你娘心肝冷。

娘仔約哥竹篙叉

娘仔約哥竹篙叉，竹篙叉頂披腳帛。哥你要來著仔細，不通過間別人兮。

菜瓜花開滿棚黃

菜瓜花開滿棚黃，二條銅線通衙門。一時無哥通來坐，親像病人愛湯茶。

在本省民歌中，我覺得極富教育性的一首歌是「天黑黑」：

天黑黑，欲落雨，阿公仔舉鋤頭欲掘芋，掘呀掘，掘呀掘，掘到一尾鱸鰡鼓，伊呀嗨

著眞正趣味。

天黑黑，欲落雨，阿公仔舉鋤頭欲掘芋，掘呀掘，掘呀掘，掘到一尾鱸鰡鼓，伊呀嗨

著眞正趣味。

阿公仔欲煮鹹，阿媽欲煮淡，阿公仔欲煮鹹，阿媽欲煮淡，二人相打弄破鍋，伊呀嘿

著取出咚叱咚嗆，哇哈哈！」

爲什麼說這首歌有著很大的啓示性呢？它告許我們，兩個不合作的人在一起，往往因爲

爭吵打鬧，互不相讓的結果，造成你爭我奪，可口的一道菜，二人皆吃不成。這也就是不團

結的一個隱喻。抗戰初期有首歌，是述：成吉斯汗之母去逝前，幾個兒子守在身邊，他要兒子們每人折斷一支箭，但要他們折斷一把箭時每人都不能；他告訴說，分散則各人皆被敵人消滅，團結則任何敵人都無法把他們打倒。

我國各地農歌，大都是說播種及收穫等農事；往日逢到水旱災時，也有祈天求神的歌，也有粟祭、豐年祭等歌。我以爲最能代表農歌的一首歌，是本省的「恆春民謠」。而在福建則有「採茶歌」：

百花開放好春光，採茶的姑娘滿山崗；手提著籃兒將茶採，片片採來片片香。

茶樹發芽青又青，一顆嫩芽一顆心，輕輕摘來輕輕採，片片採來片片新。

採滿一筐又一筐，山前山後歌聲響，今年茶出收成好，家家户户喜洋洋。

客家是經過福建和廣東沿海各地陸續從中原南移的同胞，他們係有中原文化的傳統，生活勤勞克苦，男女作業於田野山嶺，表現愛情，委婉而善用比喻如：

前日與妹一籠雞，今日分做兩路啼。豬肝心肺落鑊煮，兩付心肚來待我？

雞與啼，煮與肚相關，而產生借物譴責的深意。你既然送雞，就不該分做兩路讓我痛苦悲啼。豬肝心肺熬煮的滋味，就是你待我的絕情。這種表現法，自然說明了心意。又如：

竹篙打水兩片開，問娘轉去幾時來？三籮有穀丟落海，唔得團圓做一堆。

這首歌中的娘指的女郎，而非女郎的媽，篙打水，三籮入海，有去無回，難得相見也。

男女相愛到你儂我儂，也有好的比喻：

桐子打花無葉開，叔係嫐連一回來。乳姑唔是銀打固，褲頭唔使銷匙開。

這裡說的叔，泛指情郎。其他的借物喻意，是無需解釋的。下面採錄的客語歌謠，來自胡萬川先生主持台中縣石岡鄉，由台中縣立文化中心印行者；爲了廣於傳播，並此感謝：

塘邊上種苦瓜

埤塘邊上種苦瓜，離泥三尺就開花。百萬家財妹不想，只要同哥共一家。

客家山歌最出名

客家山歌最出名，條條山歌有妹名。條條山歌有妹份，一條無妹唱無成。

妹係好花人人愛

妹係好花人人愛，哥是蝴蝶飛過來。好花還在蝴蝶採，蝴蝶唔採不開花。

阿哥在東妹在西

阿哥在東妹在西，雙人有事難得知。火燒龍船有人救，火燒心肝無藥醫。

阿哥愛上妹愛下

阿哥愛上妹愛下，阿哥戴笠妹扛遮。兩人看到有中意，樣得團圓做一家。

兩人交情就交情

兩人交情就交情，唔驚旁人並六親。湖鰍生鱗馬生角，鐵樹開花眞斷情。

想起阿哥痛肝腸

想起阿哥痛肝腸，日想夜想各一方。半夜三更思想起，爬床爬蓆到天光。

阿哥莫講妹無情

阿哥莫講妹無情，夜夜等到三更時。門扇大開唔敢入，自家無膽怪何人。

阿哥愛戀就來戀

阿哥愛戀就來戀，莫論人才莫論錢。第一兩人相中意，第二兩人愛有緣。

日頭唔出月唔光

日頭唔出月唔光，大暑唔來禾唔黃。阿妹今年十七八，樣般恁大唔戀郎。

桃花開來滿山崗

桃花開來滿山崗，兩人交情喜洋洋。半月十日看一擺，可比烏蠅見到糖。

日頭一出四海門

細男唱：日頭一出四海門，山歌萬丈照樓台。紅豆拿來做枕睡，思想阿妹託夢來。

細妹唱：阿哥住山下住庄，唔得兼身來商量。萬丈高樓看唔到，肚裡磨刀割斷腸。

扇子

細妹唱：新買扇子七寸長，一心買來送親郎。吩咐親郎莫跌hot，兩人睡目好撥涼。

細男唱：好撥涼來好撥涼，難爲阿妹好心腸。雖然物輕人意重，有點心肝念親郎。

爬崎唔上

爬崎喲唔喲上，山崎喲坐哦，手攬哦膝喲頭，唱山喲歌哇啊。人人喲講喲厓，風流喲子哦，命帶喲桃哦花，無奈哦何哇啊。

亂團石上

亂團喲石喲上啊，種啊啦桃哦，有時喲開喲花，有時無。有時喲阿喲哥，尋妹嬲，有
時喲阿喲妹呀，來尋喲哥喲。

樹上鳥兒

樹上喲鳥哪兒，嗷哎嚠哎哪啊，因爲喲無嚠雙啊。蝴蝶喲探花哪花，花下嚠亡哪啊，
山伯喲因嚠爲，祝英嚠台哪啊。

思戀歌

男：正月來思啊戀，眞哦眞思戀，打扮哪有三妹，打扮哪有三妹，打扮三妹，三妹過
新年囉哪啊唉喲喲嘟喲。
女：打扮來三啊妹，三妹來飲酒，杯杯喲有盞盞，杯杯喲有盞盞，杯杯盞盞，盞盞過
新年囉哪啊唉喲喲嘟喲。
男：二月來思啊戀，眞哦眞思戀，打扮哪有三妹，打扮哪有三妹，打扮三妹，三妹落
花園囉哪啊唉喲喲嘟喲。
女：打扮來三啊妹，三妹啊花園嬲，手抹哪有花枝，手抹哪有花枝，手抹花枝，花枝
望少年囉哪啊唉喲喲嘟喲。

山歌唔唱

山歌喲來唔哦唱啊，口唔喲來開哪啊，大路哦來唔哦行，生溜喲苔哦行，生溜喲苔哪

啊。腳踏喲來溜哪苔，跤跤溜來跌哪啊，早知喲來路哦滑啦，偓唔溜爨來哪啊。

除了上面私情的歌謠外，在吃食方面錄了一首如下：

炒米香

一的炒米香，二的炒菲菜，三的沖沖滾，四的炒米粉，五的關刀邊。六的要做官，七的分一半，九的豎塊看，十的火燒山，十一蚵仔煮麵線。

婦女歌謠與童謠

女大不嫁，受到兄嫂的歧視；或女兒出嫁，回到娘家受到哥嫂的冷待，在過去農業社會，比比皆是，因此，在婦女歌謠中這一部分佔的比例極多，在此特別錄出來讓大家看不賢良的兄嫂的面目；這是河南的：

花椒樹，棘針多，俺娘好給俺纏小腳。纏的裏腳一丈長，腳來纏的格檔瓤。從南來了一秀才，大姐二姐說媒來。「爹啊爹你那女子捨得捨不得？」「捨不得！」「娘啊娘，你那女子捨得捨不得？」「捨不得！」「哥啊哥，你那妹妹捨得捨不得？」「捨不得！」「嫂啊嫂，你那妹妹捨得捨不得？」「捨得了！一斗金，二斗銀，俺把妹妹打發出。」「爹啊爹，賠俺啥？」「一匹綢，一匹紗，八根頭繩，八朵花。」「娘啊娘，賠俺啥？」「一匹綢，一匹紗，八根頭繩，八朵花。」「哥啊哥，賠俺啥？」「一匹綢，一匹紗，八根頭繩，八根紗。」「嫂啊嫂，賠俺啥？」「賠你破板爛衣架，要也要，不要罷，還放俺家爨煤火。」

這裡是湖北的：

青竹竿，紫抬頭，爹媽養我織匹紬。日裡織丈五，夜裡織一軸。拿把爹爺看，爹說眞能幹；拿把媽媽看，媽說好手段。拿把哥哥看，哥哥寫字不抬頭；么妹氣得眼淚流。拿把嫂嫂看，嫂說稀一塊，密一塊；早早樹，早早羊，二十四，嫁姑娘。扯紅旗，戴高帽，劈劈叭叭還說我娘屋裡不熱鬧。

這是安徽的：

小板凳，彎彎腰，我是我媽小姣姣，我是我爹龍寶貝，我是我哥親姊妹。嫂子說我不扛耙，我能在家過幾夏。嫂子說我不切蔥，我能在家過幾冬。我是塘裡浮萍草，一波一浪打去了。

這是雲南的：

豌豆菜，綠茵茵，隔山隔水來說親。爹爹哭聲路又遠，媽媽哭聲水又深，哥哥哭聲親姊妹，嫂嫂哭聲小妖精。

回到娘家受到嫂嫂欺凌的：

厚底兒鞋，幫兒窄，我到娘家走一百。哥哥說，炕上坐。嫂子說，炕不熱。哥哥說，搬板凳。嫂子說，搬不動。哥哥說，搬椅子。嫂子說，沒腿子。哥哥說，給妹妹點兒錢。嫂子說，還半年。哥哥說，給妹妹點米。嫂子說，還不起。我也不吃你們的飯，我也不喝你們的酒，瞧瞧親娘我就走。出門遇見個大黃狗，撕了我的裙，咬了我的手，忍心的哥哥，出來打打狗。

嫁出去的女兒潑出去的水，這種狹隘的觀念，是令人寒心的。

小白菜，地裡黃，奴打燒餅看親娘。親娘說，來了我的親閨女。爹爹說，來了我的一枝花。哥哥說，來了我的小妹妹。嫂子說，來了我的攪蚰叭。哥哥說，打點兒酒。嫂子說，錢沒有。哥哥說，買點兒肉。嫂子說，錢不夠。姑娘聞聽套上車馬徉徜走：爹娘送到大門口；嫂子送到鍋台角；哥哥送到十里莊；十里莊，寫文章：寫咱爹寫咱娘，寫咱嫂子不賢良，有咱爹，有咱娘，這條道兒走的長。沒咱爹，沒咱娘，這條道兒苦斷了腸。

女子愛慕男子的歌，我們也選出一首：

正月裡，正月正，打發四寶上了工；上工先挑兩擔水，吃罷早飯搭牛棚，看看四寶行不行。二月裡，龍抬頭，小二姐南樓梳油頭；四寶上下覷兩眼，覷著二姐好風流。三月正，三月三，小二姐南樓纏金蓮；四寶上前摸一把，小腰一欠臉一寒。四月裡，四月八，奶奶廟裡把香插；嬸子大娘趕會走，留下四寶奴看家。五月裡，是端陽，大麥小麥都上場；長工短工都下地，撇下四寶他翻場。六月裡，熱難當，四寶南地鋤高粮；有心與他把飯送，恐怕人家笑短長。七月裡，七月七，天上牛郎共織女；夫妻二人見一面，單等來年七月七。八月裡，十五月明圓，石榴西瓜敬神仙；人家有郎也願月，我跟四寶排兩邊。九月裡，秋風涼，可憐四寶沒衣裳；小奴有個毛藍襖，撤領改袖給他穿身上。十月裡，十月一，孟姜女送寒衣；一送送到墓頭上，一哭哭到日平西。十一月，下大雪，紅綾被子睡不熱，伸腿不欲踡腿睡，不能與四寶一被歇。十二月，正一年，四寶生心學賭錢；一輸輸了個兩三吊，小奴與你體己還。十三月，一年多。拉著四寶叫哥哥：錢多錢少住下罷，大大與你加犒勞。錢多錢少我都走，管你犒勞不犒勞。

爲了情哥，可以捨命的也有：

一

村中狗咬惱柔柔，情哥「流落」在外頭。我要開門又怕娘罵我，只說花鞋忘記在外頭。

二

賊花娘來怪鴉頭，你那有花鞋在外頭？你昨日偷郎勿曾難爲你，今夜偷郎要活切你格頭。

三

切落頭來椀大一個疤！你起打起罵越要偷！人多那怕你千隻眼！屋多那怕你萬重門！

苗歌裡也有水和土的這一首：

遠處唱歌沒有離，近處唱歌離一身；願郎爲水妹爲土，和來捏做一個人。

猥褻的也有，先看湖南的：

一　一把扇子兩面紅，相送姐姐搧蚊蟲，姐姐莫嫌人事少，全付相思在扇中。

二　結識私情結識恩對恩，做雙快鞋送郎君。薄薄裡個底。來密密裡紮，情哥郎著仔腳頭輕。

再看雲南彌渡的：

一　小妹——過河過水哥背你，心甘情願郎和我，象牙床上妹背哥。

二　愛喲——太陽黃黃要落了，老天不給人方便，明天玩笑早來些。

四、童謠

「月光光歌謠」專輯，是婁子匡所搜集，原先登在婁氏主編的「民間月刊」二卷四期，於二十二年元旦出版，他在序文裡說：

我底蒐集以「月」起興的歌謠，已有七個年頭了。當時我要如此幹的動機，半是想集得全國的月歌，作民俗學的探討，半是再想把它分區的編成一部「中國月歌全集」。我是分兩條路線來徵集：第一、請各省教育廳轉令各縣教育局，在附送的徵求紙樣裡，記上就地流傳的月歌，直接寄我；第二、分函各地同好搜集。

集得的月歌，各省都有，只有蒙古、新疆、青海等三五省，蒐集不到；離我較近的幾省，怕每一縣都有一曲。因此，就大著膽，邊在搜集，邊在編纂，付印出版。

這一冊，全是流傳浙江的月歌。我就從此做起，由近而遠，預計全國都徵求到了，怕要印成二十多個小冊子。要是行去順利的話，我在此立志，準備在五年之中，成一部偉大的「中國月歌全集」。

這本專輯，收浙江各地「月光光」兒歌一二七首。杭縣、紹興、金華、樂清，各得五首；海鹽、鄞縣、奉化、鎮海、嵊縣、蘭谿、武義、遂昌，各得四首；富陽、餘杭、慈谿、蕭山、諸暨、餘姚、上虞、天台、東陽、義烏、湯溪、衢縣、江山、青田，各得三首。茲舉其第一首。

月亮婆婆旺一旺，女兒回來望望娘；娘叫女兒心肝肉，爺叫女兒百花香，哥哥叫我親姐妹，嫂嫂叫我噪家房；開箱子，穿米櫃，吃爺飯，不吃哥哥甜米飯，不穿嫂嫂嫁來衣。（杭縣）。

接著，有錢小柏蒐集編印的「江蘇月光光歌謠專輯」。還有，李希三寫了：「廣東兒歌月光光的演變特質及其反應」（民國二十五年十一月「粵風」三卷三、四合期）。

另有「張打鐵」母題歌謠的蒐集。歌謠研究會收得江蘇、安徽、江西、湖北、湖南、四川、雲南、廣西、河南、河北各地的，計四十九首，先後發表於歌謠週刊的一二三卷。這類母題歌謠，當年如收集齊全，可能各得千首以上；今後，就無法多求了。

以上這些，是接近童謠的。

「各省童謠集」朱天民編，十二年初春出版。活潑機趣是它的特點。這特點也因了口耳相傳，而有習相近，語相似的情形；如以下的例證：

過年（北平）

二十三，祭竈天。二十四，寫對字。二十五，做豆腐。二十六，割年肉。二十七，殺年雞。二十八，蒸棗花。二十九，擟香斗。三十兒，耗油兒。初一兒，磕頭兒。初二兒，頂牛兒。

描寫陰曆年節時候的風俗。

江蘇（奉縣）

正月正，家家人兒門口掛紅燈。二月二，家家人兒行船代女兒。三月三，賞牡丹。四月四，大麥芒兒好撥刺。五月五，洋糖稷子送丈母。六月六，瓜兒茄兒水綠綠。七月七，買箇西瓜橋上切：你一口，他一口，這箇西瓜本不醜；你一拳，他一拳，這箇西瓜買得圓；你一腳，他一腳，這箇西瓜買得嚼。八月八，穿釘靴，走寶塔。九月九，大家人兒飲杯重陽酒。十月中，梳頭喫飯工。十一月朝，早些砍草晚上燒。臘月臘，家家人兒喫守歲飯。

是描寫秦縣一年間的風俗。

正月裡，鬧元宵。二月二，撐腰糕。三月三，眼亮糕。四月四，神仙糕。五月五，小腳稷子箬葉包。六月六，大紅西瓜顏色俏。七月七，巧果兩頭翹。八月八，月餅小紙包。九月九，重陽糕。十月十，新米團子新米糕。十一月雪花飄，十二月裡糖菌糖元寶。（江蘇）

正月正，麻雀飛去看龍燈。二月二，煎糕炒豆兒。三月三，薺菜花兒上竈山。四月四，殺隻雞兒請竈司。五月五，年糕稷子過端午。六月六，貓兒狗兒同洗浴。七月七，七樣果子隨你吃。八月八，大潮發，小潮發，城裡老娘活俏煞，城外老娘活急煞。九月九，打拋老菱過過酒。十月朝，打兒罵女捆柴燒。十一月雪花兒飄飄。十二月家家磨粉做年糕。

這兩首歌的命意和格調，可以說是完全相同，不過其中詞句略有歧出。這種歧出之處，就是江浙兩省風土、物產、人情、方言不同的表徵。

浙江杭縣

十二箇月

正月正，麻雀兒飛過看龍燈。二月二，煮糕炒豆兒。三月三，薺菜花兒上竈山。四月四，殺隻雞兒請竈司。五月五，糖糕稷子過端午。六月六，貓兒狗兒同洗浴。七月七，乞巧果子隨你喫。八月八，大潮發，小潮發，聖帝菩薩披頭髮。九月九，打拋老菱好過酒。十月十，蚊子腳兒筆立直。

這種歌謠，各處都有，詞句亦大同小異。不過說明時令，人生，沒有別種意思。只是，其中八月八，大潮發，小潮發，可能指的是錢塘江潮。

月半

正月半，龍燈看。二月半，搖車得轆轉。三月半，鏜鑼旗傘會來看。四月半，鋤頭鐵耙架田岸。五月半，拔棵黃秧種種看。六月半，水車團團河裡轉。七月半，田中早稻秀一半。八月半，糖燒芋頭喫喫看。九月半，新米糰子領親眷。十月半，家家老小喫到像箇玉羅漢。十一月半，前門討債後門盤。十二月半，拔了鑊子剩箇破湯管，讓你看！

這首歌謠，是記載農夫一年間的情形。

還有一種兒歌，是採的大自然的花朵編成知識性的歌謠，由兒童們演唱；如浙江的「十二月花開」：

「正月梅花香又香，二月蘭花盆裡裝，三月桃花開十里，四月薔薇靠短牆，五月石榴紅似火，六月荷花滿池塘，七月梔子頭上戴，八月丹桂滿枝黃，九月菊花初開放，十月芙蓉正上妝，十一月水仙供上案，十二月臘梅雪裡香。」

又如藉採花來講小媳婦的難處：

採花

小黃狗，你看家；我到後園去採花。一朵鮮花未採了，雙雙客人到我家：裡鍋來燒茶；外鍋炸芝麻。芝麻芝麻你莫炸！聽聽堂屋內大姊說的什麼話？說的是，『新娘子會切麵，切在鍋內一條線；公一碗；婆一碗；兩箇小姑兩半碗。小姑嫌少心不願；爹娘面前說長短：說的嫂嫂在碗櫥下層藏一碗；還打碎一箇小小紅花碗。公公拏棍；婆拏鞭；新娘子嚇得叫皇天。大姑說嫂你莫叫！難逃我倆四隻眼；小姑說嫂你莫哭！媽媽頃刻咬你肉。』

這對於兒童認識季節氣候，花朵景色，是很好的教育；這種不藉文字，而用口傳的歌謠，是自然的點綴。除此外，又有用鳥獸草木聯綴的兒歌，更使人愛不釋手，如直隸、豫魯等地流行的「隔河看牡丹花兒開」：

「隔河看見牡丹花兒開，恨不能連枝帶葉折將來，水仙花的姐，丁香花的郎，芍藥牡丹進繡房，槐花枕頭蘭菊被，臘梅花的被子鬧洋洋，清早起來賽芙蓉，梳上頭油桂花香，玉彩簪子秋海棠，身穿石榴紅衣裳，雞冠裙子掃地長，紅緞小鞋扁豆花兒樣，春布裹腳牡丹花兒長。

這是何等的美麗活躍，洋洋大觀；又是怎樣的有益於兒童身心健康。至於勉勵女孩兒作家事，將來嫁了作個好媳婦的兒歌，也有很多；這眞是家庭倫理生活上的一大助益，也是兒童文學上的一種通俗的，含有藝術的創造性的美；我們試舉湖北兒歌中的這首「巧姑娘」：

「鑼鼓打得咚咚響，聽我唱個巧姑娘；一學梳妝巧打扮，二學裁剪做衣裳，三學庭前會灑掃，四學走路莫輕狂，五學知人會待客，六學作飯滿口香，七學拋梭會織絹，八學描龍繡鳳凰，九學重陽會做酒，十學賢慧李三娘。」

這首歌雖然是兒歌，但是對於現代只會吃喝玩樂的女性，是很好的教育；雖然女性的報國，不只一途；但婦女們首先在家庭中盡到一個好主婦的責任，不僅對家庭是安樂窩的享受，對社會也是安定的力量。

最妙的是下面一首，內容新奇，形式流利，把草木魚鳥連成一氣，而充滿了一片佻達的生機：

一個大嫂上正東，掽著一園青菜成了精：青頭蘿蔔坐寶殿，紅頭蘿蔔掌正宮。河南反了白蓮藕，一封戰表進京城；豆芽菜跪倒奏一本，胡蘿蔔掛印去出征；白菜打著黃羅傘，芥菜前部作先行；小蔥使的銀戰桿，韮菜使的兩刃鋒；牛腿瓠子掌大砲，青豆角子掌火繩。只聽得，古碌碌，三聲大砲響隆隆。打得茄子滿身青，打得黃瓜一包刺，打得扁豆扯成篷，打得豆腐尿黃尿，涼粉嚇得戰兢兢，藕王一見心害怕，一頭鑽進稀泥坑。

直隸唐山地方，也有一首和湖北鑼鼓打得鼕鼕響歌一樣的歌：

說了個一，道了一個，豆莢開花密又密。說了個二，道了個二，韮菜開花一根根兒。說了個三，道了個三，蘭草開花在路邊。說了個四，道了個四，黃瓜開花一身刺。說了個五，道了個五，石榴開花紅屁股。說了個六，道了個六，雞冠開花像狗肉。說了個七，道了個七，金桂開花香撲鼻。說了個八，道了個八，牽牛開花像喇叭。說了個九，道了個九，鳳仙開花採在手。說了個十，道了個十，高梁開花直又直。

小時候聽外婆教我「牛老頭有六十六簍油」，江蘇六合縣有首兒歌：

六合縣，有個六十六歲的陸老頭，蓋了六十六間樓，買了六十六簍油，堆在六十六間樓，栽了六十六株垂楊柳，養了六十六頭牛。扣在六十六株垂楊柳，遇了一陣狂風起，吹倒了六十六間樓，翻了六十六簍油，斷了六十六株垂楊柳，打死了六十六頭牛，急煞六合縣的六十六歲的陸老頭。

兒歌中最有趣的是群歌，所謂群歌，就是他們遊戲時所唱的歌，譬如雲南昆明有首兒歌就是群唱的形式和內容：

「城門城門有多高，八十二丈高；三千兵馬可過得去，有錢儘管過，無錢要大刀；什麼刀？春秋刀；什麼春，草兒春；什麼鐵？鍋鐵；什麼鍋？天八鍋；什麼天，官定天；什麼官；啄木官；什麼啄？雞屎兩大撮；什麼雞？紅冠大花雞；什麼紅，山茶紅；什麼山？泰華山；什麼泰，波羅泰；什麼波？吃飯波；什麼池，北門望著蓮花池；什麼連，衣裳褲子一起連。

許多兒童們分成兩隊，兩邊站著；兩個大些的兒童手兒拉著手舉起來作城門，兩邊兒童一問一答，相連著魚貫地唱著跳著進城門去，也就是從那兩個大個兒搭成圓圈的手臂底下鑽過去，等到結束後，大家共同唱道：

「打鼓打鼓進城門。」

廣東合浦的「洗衣裳」任想像流轉，而有想不到意趣：

洗衣裳

月亮光光，打開城門洗衣裳。洗白白，洗淨淨，打發哥哥去學堂：學堂滿，嫁筆管。筆管通，嫁相公。相公矮，嫁螃蟹。螃蟹瘦，嫁綠豆。綠豆青，嫁觀音。觀音下來拜三拜，黃狗咬倒觀音帶。觀音帶上有箇錢，買黃蓮。黃蓮苦，買豬肚。豬肚薄，買蓮角。蓮角尖，買馬鞭。長鞭長，買屋梁。屋梁高，買把刀：好切菜；好切蔥；一切切倒手拇公。一盆血，一盆膿。

這首歌，是女兒家的口氣。洗衣裳，預備哥哥穿了上學去，原是女兒家應做的事；也是這首歌的本意。自「學堂滿」起，到「觀音帶」止，一句一轉，一轉一韻，很足以開發小孩子的想像力。自「有箇錢」以下，結構法和前相同。可是運意和造句，都變換了。這便是文學家的佳製；有價值的藝術。

雲南騰衝的「打鐵」是各省兒童的歌：

打鐵

張打鐵，李打鐵，打把翦子送小姐：小姐留我歇，我不歇。打到正月正，騎著花馬看龍燈。打到二月二，二箇銅錢四箇字。打到三月三，薺菜花兒賽牡丹。打到四月四，四箇銅錢八箇字。打到五月五，糖包粽子送丈母。打到六月六，打開箱子曬霉綠。打到七月七，織女牛郎會此夕。打到八月八，八箇老人打滑撻。打到九月九，九箇娘娘來朝斗。打到十月十，又是家家祭掃日。打到冬月冬，活爐火裡好用功。打到臘月臘，臘梅花開我香煞。

直隸獲鹿的「一棵白菜」就是「小白菜」那首兒歌，是敎育後娘的歌：

一棵白菜

一棵白菜就地黃，三歲小孩沒了娘，跟著爹爹受好過；但怕爹爹娶後娘。後娘娶了三年整，生箇兒子叫孟良。母親做的龍鬚麵，孟良喫稠俺喝湯。端起碗，淚汪汪；擱下碗，想親娘。後娘問俺『哭麼裡？』俺說：『碗底燒的手心惶。』

是描寫繼母虐待前妻兒子的情形。

另外幾首，也輯在這裡：

(一)山東的

小白菜，地裡黃，七歲八歲沒了娘。跟著爹爹還好過，就怕爹爹娶後娘！娶了後娘三年整，有個弟弟比我強；他吃肉，我喝湯，拿起筷子淚汪汪。親娘想我，我想親娘，親娘想我一陣風，我想親娘在心中。河裡開花河裡落，我想親娘誰知道？

(二)河南的

小菠菜，就地黃，三生四歲離了娘。端起碗，淚汪汪，拿起筷子想親娘。爹爹問我哭嗄哩？碗底燒的手心慌。

㈢河南的

小公雞，上草垛，沒娘孩，眞難過。跟爹睡，爹吆喝；跟娘睡，娘打我；自己睡，貓兒咬腳？拿小棍，戳戳戳！

㈣湖南的

老鴉子，叫聒聒，有錢莫討後來娘。後來娘，沒心腸，好衣沒有把我穿，好菜沒有把我嘗。一天打三到，三日打九場；眼淚還沒乾，就要喊她作親娘。

悲苦的歌都富於教育性，愲稽的歌更是有不尋常的意義，我們挑幾首看：先是浙江的急口令：

天上一顆星。地下一塊冰。屋上一隻鷹。牆上一排釘。抬頭不見天上的星。乒乓乒踏碎地下的冰。啊嘘啊嘘趕走了屋上的鷹。息列忽落拔掉了牆上的釘。

星冰鷹釘，讀起來，自然有種琳琅的音響。又如：

駝子挑子一擔螺螄。鬍子騎了一匹騾子。駝子的螺螄撞啦鬍子的騾子，鬍子的騾子踏啦駝子的螺螄。駝子要鬍子賠駝子的螺螄，鬍子又要駝子賠鬍子的騾子。

騾子，鬍子，駝子也是非常有趣的對子。小時候記的繞口令有：山前有個崔粗腿，山後有個腿粗崔；一天二來來比腿，也不知是崔粗腿的腿粗，還是腿粗崔的腿粗。

順唱歌外有反唱歌，非常有詼諧性：

倒唱歌，順唱歌：河裡石頭滾上坡。先養我。後生哥。爹討媽，我打鑼。家公抓週我捧盒。我走舅爺門前過，舅爺在搖我家婆。

江蘇有一首反唱歌，和這首歌的意義大約相同：

反唱歌，倒起頭：我家園裡菜吃牛。蘆花公雞咬毛狗。姐在房中頭梳手。老鼠刁著狸貓走。李家廚子殺螃蟹，鮮血俺死王三姐。

短歌富於家庭和順的是人人知道的這首：

排排坐，吃果果，你一個，我一個，爸爸買的好果果，留給爸媽各一個。

倒唱歌，順唱歌：河裡石頭滾上坡。先養我。後生哥。爹討媽，我打鑼。家公抓週我捧盒。我走舅爺門前過，舅爺在搖我家婆。

江蘇有一首反唱歌，和這首歌的意義大約相同：

反唱歌，倒起頭：我家園裡菜吃牛。蘆花公雞咬毛狗。姐在房中頭梳手。老鼠刁著狸貓走。李家廚子殺螃蟹，鮮血俺死王三姐。

短歌富於家庭和順的是人人知道的這首：

排排坐，吃果果，你一個，我一個，爸爸買的好果果，留給爸媽各一個。

附錄

附錄：談民歌

王志健

一

詩經是孔子前，夏商周三朝民歌之總匯。詩經的風雅頌，大都是民間流傳的歌謠，是樂舞並重的。其中特別是風，是當時各國的民歌；這些民歌，才眞正是詩經的精髓。詩經中興觀群怨的詩的用途極廣，而又與日常生活密切的結合；所以，詩經不僅影響到中國詩的發展，亦且深入到我們中國人日常的生活。

在「詩經」的民歌中，最含不盡情意的，是那些男女的情歌；我們拿大家耳熟能詳的這首「子衿」來看：

「青青子衿，
悠悠我心；縱我不往，
子寧不嗣音？」
「佻兮達兮，
在城闕兮；

一日不見，

如三月兮。」

這種眞摯直率的情歌，眞的可以叫人如聽了「子兮子兮，如此良人何？」（唐風：綢繆）的動人心魄。此正合乎毛詩大序之所言：「詩者，志之所之也。在心爲志，發言爲詩。情動於中而形於言，言之不足故嗟嘆之，嗟嘆之不足故永歌之，永歌之不足不知手之舞之足之蹈之也。」就此而論，則風謠包含了心志、語言、音樂和舞蹈四事。風謠進一步發展爲詩，是文學進步的一個必然的程序。

楚辭中寫山鬼靈巫，神女宓妃，羲和鸞皇，鳳鳥飛龍，雖是想像的神奇，心靈的感應；但亦大多是民間的神話傳說的美化。楚辭中說：「陳竽琴兮浩唱……五音紛兮繁會。」漢書禮樂志說：「房中樂高祖唐山夫人所作，高祖好楚聲；故房中樂楚聲也。」這也證明了楚辭的許多篇是可歌的。而這些可歌的詩經與楚辭，其包涵情感的成份愈濃厚的，它的內容也愈能達到興觀群怨，闡發靈性；愈能以優美的質素，達到宜人感人動人的理想目的。

漢高時樂府已有令名，武帝時以李延年爲協律都尉，這是把樂歌正式列於朝廷的證明；但在此不必細論。而民間的樂歌，更因博望侯張騫通西域，把胡曲傳入，而加上了胡樂的絢麗色彩。漢鐃歌中有「上邪」之民歌：

上邪，我欲與君相知，長命無絕衰。

山無陵，江水爲竭，冬雷震夏雨雪，天地合，乃敢與君絕！

這種表現愛情的樂歌是堅決和剛烈的。

這些詩，當時是白話，且可歌。前面所舉「上邪」等，都是一種歌裡幫襯的聲音，當時稱爲散聲。漢相和曲更是一種獨唱與齊唱相合的歌聲，如采蓮曲一歌有好多種；「江南」是大家熟悉的：

江南可採蓮，蓮葉何田田；魚戲蓮葉間。
魚戲蓮葉東。魚戲蓮葉西。魚戲蓮葉南。魚戲蓮葉北。

前人便曾臆測：前面三句是一人獨唱，後四句是多人齊唱。又如蕭統「采蓮曲」：

桂檝蘭橈浮碧水，江花玉面兩相似，蓮疏藕折香風起。
香風起，白日低，采蓮曲，使君迷。
和云：采蓮歸，淥中好沾衣。

這兒的和聲就是顯而易見的。

而北方的樂歌則是剛強健美的，如：斛律金「敕勒歌」：

敕勒川，
陰山下，
天似穹窿，籠罩四野，
天蒼蒼，野茫茫，
風吹草低見牛羊。

至唐代，野史載：高適、王昌齡、王之渙三人的詩，爲旗亭歌伎所唱；李白、白居易的詩篇亦可歌，尤以王維「陽關曲」著名：

渭城朝雨浥輕塵，
客舍青青柳色新。
勸君更盡一杯酒，
西出陽關無故人。

元曲中題「陽關三疊」就是以疊唱增多唱辭，以和聲加強舊詞，以表現送別離情。李白贈汪倫：「李白乘舟將欲行，忽聞岸上踏歌聲；桃花潭水深千尺，不及汪倫送我情。」中所寫踏歌，就是民間的歌謠。後唐皇甫松的竹枝：「門前流水白蘋花，岸上無人小艇斜；商女經過江欲暮，散抛殘食飼神鴉。」自是受巴渝兒歌影響而改造的新詩。唐人詞中有無名氏醉公子的五言詩，是極上口的通俗語句：

門外猧兒吠，
知是蕭郎至，
剗襪下香階，
冤家今夜醉。
扶得入羅幃，
不肯解羅衣，

醉則從他醉，
還勝獨睡時。

宋詞中富於樂府精神的，我們可舉歐陽修的「長相思」：

花似伊，柳似伊，花柳青青人別離，低頭雙淚垂。長江東，長江西，兩岸鴛鴦兩雙飛。

以上可約略見到我國古典的民歌的風貌。

二

李抱忱博士有一首歌「你儂，我儂」在歌壇流行一時，據蔣仲舒堯山堂外紀（卷七十）說：

趙松雪欲置妾，以少詞調管夫人云：「我爲學士，你做夫人。豈不聞陶學士有桃葉、桃根，蘇學士有朝雲、暮雲。我便多娶幾個吳姬趙女，何過分！你年紀已過四旬，只管佔住玉堂春！」管夫人答云：「你儂我儂忒煞情多。情多處，熱似火。把一塊泥，捻一個你，塑一個我。將咱兩個一齊打破，用水調和，再捻一個你，再塑一個我。我泥中有你，你泥中有我。與你生同一個衾，死同一個槨！」松雪得詞，大笑而止。

北方有「掛枝兒」，王伯良曲律卷四中說：「小曲掛枝兒，即打棗竿，是北人長技，南人每不能及。昨毛允遂，貽我吳中新刻一帙，中有噴嚏、枕頭等曲，皆吳人所擬。即韻稍出入，然措意俊妙，雖北人無以加之。故知人情原相違也。」

由上所言，可知掛枝兒是流行民間的歌謠，且由來已久流行極廣的；證之沈德符「顧曲雜言」中所說：

元人小令，行於燕、趙。後浸淫日盛。自宣、正至化、治後。何大復繼至，亦酷愛之。今所傳「捏泥人」及「鞋打卦」「熬䯼髻」三闋，爲三牌名之冠，故不虛也。自兹以後，又有耍孩兒、駐雲飛、醉太平諸曲，然不如三曲之盛。嘉、隆間，乃興鬧五更、寄生草、羅江怨、哭皇天、乾荷葉、粉紅蓮、桐城歌、銀絞絲之屬，自兩淮以至江南，漸與詞曲相遠。……比年以來，又有打棗竿、掛枝兒二曲，其腔調約略相似。則不問南北，不問男女，不問老幼良賤，人人習之，亦人人喜聽之，以至刊布成帙，舉世傳誦，沁人心腑。

這裡的記載，大致說明了明代民歌的流行情形。「掛枝兒」是本民歌集子，有馮夢龍的刊本。馮夢龍是崇禎時一位風流倜儻的才子，他所集的本子，叫做「馮生的掛枝兒樂府」，就流傳下來。馮夢龍是吳縣人，是名貢生，知過壽寧縣。他喜歡改訂別人著作。合集量江記、牡丹亭（風流夢）、一捧雪及所作雙雄記、萬事足諸傳奇等作，合訂爲墨憨齋傳奇十餘種。爲我們更熟知的是他增改平妖傳，編智囊、情史，及醒世恆言、警世通言、喻世明言等；他實在是一位值得我們記念和研究的奇人。「掛枝兒」中的民歌，我想大都是他自民間蒐集來的選本，或者經過他的潤飾與改作也是可能的；而其詞句白描手法的情眞意切，活潑可愛，實實的叫人愛不釋手，如「噴嚏」：

對妝臺忽然打個噴嚏，

想是有情哥思量我，寄個信兒。
難道他思量我剛剛一次？
自從別了你日日淚珠垂。
似我這等把你思量也，
想你的噴嚏常如雨。

又如「金針兒」：

金針兒，
我愛你是針心針意。
望得你穿兒穿
你怎得知！
偶相逢，
怎忍和你相拋棄。
我時常來挑逗你，
你心腸是鐵打的？
倘一線的相通也
不枉了磨弄你。

這種情物相，語意雙關的描寫，眞是惟有中國的文字才能刻劃的如此貼切深至吧。

又據陳所聞南宮詞記卷六裡，錄有汴省時曲「鎖南枝」，其中有：

傻俊角，我的哥，
和塊黃泥兒捏咱兩個。
捏一個兒你，
捏一個兒我。
捏的來一似活托，
捏的來同床上歇臥。
將泥入兒打碎，
著水兒重和過。
再捏一個你，
再捏一個我。
哥哥身上也有妹妹，
妹妹身上也有哥哥。

這裡錄出的「掛枝兒」與管夫人所答小詞是有許多相似的句子，一樣是情眞語切。我想他們的來源，同是出自民間。

我私下認爲這種民歌，雖然不是什麼名家之作；但是仔細讀來卻又覺得篇篇的戀歌，是篇篇的珠璣；看似淺薄而實深至，看似率直而實婉曲，看似野拙而實細膩，看似粗頭亂服而實自然新鮮。有若藏寶的礦山，正待我們掘出這民歌的根苗來。我還認爲當前我們現代新詩，應該綜合三條路去走。第一條路去向傳統的「古典詩」學習其內涵的精神；第二條路在民間的廣大的「歌謠」裡去學習其生命活力；第三條路才是吸收西洋詩的優點而納爲我用。不僅新詩應如此去發展，而樂曲的歌詞，更應創作民歌自由活潑眞實生動的風味，來表現民族的特色。

民歌中，最豐富的是情歌，它永遠是民歌的主題。在情歌中，婦女的歌又佔多數，所以民初時候，「姐呀，姐在呀，房中呀，打牙牌，……」是閨中姑娘們常唱的小調。但姑娘們在閨中所唱的小調，究竟是爲偪仄的境地所範圍的；可是她們所唱出的心聲，卻是大家共同的感情。這感情的記錄，可說古今是一樣的。試看三百篇中的「野有死麕」：

> 野有死麕，白茅包之，有女懷春，吉士誘之。（一章）
>
> 林有樸樕，野有死鹿，白茅純束，有女如玉。（二章）
>
> 舒而脫脫兮，無感我帨兮，無使尨也吠！（三章）

這首詩歌，用極少的字句，說盡了女兒家的心事；她和她喜歡的男子相遇相悅相約相愛；她告訴他說：「你要慢慢的來，不要莽莽撞撞的，不要驚動了狗兒亂叫！」有一本「白雪遺音」收了不少好詞，想像的豐富，又添了許多情趣，如「變對蝴蝶」這首詞的伶俐活潑：

變對蝴蝶，在你的鞋尖上落；
變條汗巾，纏住你的腰；
變個竹夫人，常在你懷中抱；
變面鏡，常對你的面兒照；
變來變去，變上管笛簫，
嘴對嘴來把情叫；
再變個繡花鴛鴦枕兒，與你腮邊靠。

另有「南詞」中的一首「鳳凰得病」，則是掃除低級趣味，描寫手法高超的作品：

鳳凰得病在山中，
百鳥前來問吉凶。
十姊妹雙雙來看病，
八哥忙去請郎中。
請了天鵝先生來診脈，
只因想思鳥兒病體凶。
畫眉籠中乾著急，
鶯哥架上不寬鬆。
烏鴉到處來報信，

報到黃鶯道駕崩。
鷺鷥穿孝多辛苦，
苦只苦年老白頭翁。
請了一班沙和尚，
孔雀彈琴在山中。
此後孤雁再不逢。

看了上面這首詞，又覺得作者非有對自然禽鳥的認識，是絕對無法寫出這樣的作品的。「白雲遺音」中有幾首民歌和「樹枝兒」中意思相同的，我們在此亦可以做一比較；如這首「荷珠」：

白雪遺音

露如珠兒在荷葉轉，
顆顆滾圓，
姐兒一見，忙用線穿，喜上眉尖。
恨不能一顆顆穿成串，排成連環。
要成串，誰知水珠也會變，不似從前。
這邊散了，那邊去團圓，改變心田。
閃殺奴，偏偏又被風吹散，

落在河中間後悔遲，當初錯把寶貝看，叫人心寒。

掛枝兒

露水荷葉珍珠兒現，
奴家癡心腸把線來穿，
誰知你水性兒多更變；
這邊分散了，
又向那邊圓！
沒眞性的冤家也，
隨著風兒轉。

仔細整對起來，「掛枝兒」的造句用詞，似乎更加的樸實簡鍊，而「白雲遺音」的，卻似可人兒又加了些兒脂粉，妝扮更多一分綺麗俊俏。又如這首，「五更雞」：

喜只喜的今宵夜，
怕只怕的明日離別。
五更雞，
聽得我心慌撩亂。
離別後，
相逢不知那一夜？

聽了聽鼓打三更交半夜。
月照紗窗，
影兒西斜，
恨不能雙手托住天邊月！
怨老天，
爲何閏月不閏夜？

——白雪遺音馬頭調

五更雞，
叫得我心慌撩亂。
枕兒邊說幾句離別言，
一聲聲只怨著欽天監！
你做閏年並閏月，
何不閏下一更天？
日兒裡能長也
夜兒裡這末樣短！

——掛技兒雞

「白雪遺音」中的情緒似乎加一層的宛轉，而「掛枝兒」的聲調則更是直言無隱。而他們的想像的眞摯，心理的怨嘆，則是相同的。這種相同的感情，眞是「濃的化不開」。不論怎麼說，我相信這幾首民歌的產生，原來是人同此心，抵死纏綿的難割難捨，但是經過流傳，修正和潤飾過的戀歌，在最原始熱烈的情燄裡，又給予了美化；使淺薄的變得深至，使粗鄙的轉爲細膩。這是不言而喩的現象。

「白雲遺音」的編選者叫做華廣生，據其自序，此書初僅是鈔本，輯成於嘉慶甲子（西元一八〇四年）。因爲流傳日廣，便有刻本。華廣生必然就是輯者的筆名，不知他另外有什麼著作，但憑他蒐集此書的價值觀念，和見識的高明，便値得人佩服。「白雪遺音」大都爲閨怨情癡，民情風景，天然美妙，令人意醉神馳。讓我們再看這首好詩：

我今去了，你存心耐，
我今去了，不用掛懷；
我今去，千般出於無奈，
我去了，千萬莫把相思害。
我今去了，我就回來，
我回來，疼你的心腸仍然在；
若不來，定是在外把相思害！

三

我國民歌的構成博雜，山歌、漁歌、牧歌、農歌、兒歌、叙事歌、景物歌、儀禮歌、節慶歌，以及生活中的即興之歌，如走江湖賣藝、打花鼓、數蓮花落、玩花燈、彩龍船；各種各樣的素材，皆可成爲民歌的內容。

山歌是我國民歌中的大大脈流，民歌中的山歌數量最多。山東有首民歌叫做「不唱山歌心不爽」，詞兒雖然只有：「不車水來稻不長，不唱山歌心不爽，千段萬段的山歌也是唱不完。」但這兩三句詞兒，卻含有「長江不盡滾滾來」的味道，又有句俗話叫做「山歌好唱口難開」，北地「採花」的這首民謠中就有：「這山上看見那山上高喲，那山上有一樹好櫻桃，櫻桃呀好吃樹難栽，小曲子好唱啊口難開。姑娘啊！」其實，這首短歌的意思是含著對姑娘愛慕的深情，只是難於說出口罷了。但只要姑娘心中有情也有意，多半會用歌聲回答而唱出伊的心聲；貴州的山歌「金銀花」就是男女對唱的情歌：

太陽出來照白岩，
金花銀花滾下來；
金花銀花我不愛，
只愛情妹好人才。（男）
太陽出來照半坡，
金花銀花滾下坡；
金花銀花我不愛，
只愛情哥好山歌。（女）……

康定情歌：「跑馬溜溜的山上」是山歌，廣東「斑鳩食水咕咕咕呵」也是山歌。山歌不固定在山上唱，福建的山歌多半是在水邊唱，說它是船歌也未嘗不可：

太陽下山滿天霞，
小船兒搖搖在江邊；
有心搭船趕大水啊，
郎要戀妹趕少年囉。（女）……

雲南的麗江和金沙江畔都有最美麗的風景，金沙江水從橫斷山脈流來，一直要流到江南去；金沙江邊是玉龍大雪山，高聳在碧藍的天空，明月出銀峰，綠水漾清波；那眞是「雪山不老年年白，江水長流日日淸」的人間仙境，而男女對唱的情歌，聲聲相思，句句纏綿；千首萬首尙不能言其多，那眞是字字珠璣，語語金玉：

路隔千山繞得掉，
隔著長江繞不來；
隔山大鏈繞著打，
隔水姊妹繞著來。……

又如：

「天上烏雲鬧烏雲，
地上金雞鬧麒麟。
麟麒只望芭蕉樹，
小哥只望有情人。」

「初見小妹便有心，
一回相見一回親；
朵美沙糖大小扇，
這回搭你心合心。」（朵美，金沙江邊地方，出紅糖，形似窩窩頭。兩扇相合，有如心心相印。）

「金沙江情歌」說它是藝術的瓌寶也不爲過，說它是心靈的創造，似乎也甚合適，我們先看它用詞遣字的多采多姿，婉約美麗，如：

遠處唱歌不悲離，
近處唱歌不忍分；
郎你爲土妹爲水，
合來揑作一個人。

這分明是「鎖南枝」中的「掛枝兒」，從管夫人與趙松雪的身上，應用到男女的燕好。如：

郎是珍珠妹是寶，
珍珠換寶一樣好：
捨得珍珠換寶玉，
換得寶玉換瑪瑙。

說到情愁情癡，是如此的巧妙：

「焦愁更比山頭大，
眼淚更比雨點多。」
「吃飯打破蓮花碗，
玩笑打失繡花針。」
「相交莫給人曉得，
不服妹的人可多。」
「折離要等石頭開花山走路，
公雞駝米下永昌。」
「燒壺開水燒糊了，
炕個巴巴兩面生。」

想像的神奇與實生活相結合，乃有妙不可言的描述，對愛情的堅定是絕對的誓言，除非石頭開花山走路，除非公雞駝米下永昌。而對愛情的癡迷，一方面是把開水燒糊了也不知道，另方面是要炕巴巴忘了起火，所以炕了許久，巴巴還是兩面生的了。再如：

三天不吃一顆米，
風吹跌倒就問你。

這兩句詞使我想到大西廂中崔鶯鶯爲相思而茶不思飯不想的嬌癡模樣；但在這裡卻又是如此的機靈和黠慧，不免叫人覺得刁鑽古怪的有趣。他們在情歌對唱中，所表現的敏捷智慧，出口成章，尙不止此，比如吃茶吃飯之於愛情也有一套「大珠小珠落玉盤」的說詞：

吃飯想你留半碗，
吃酒想你留半盅；
吃杯開水先敬你，
吃個炒豆平半分。
相交吃了糯米飯，
糯米成團折不開。
吃茶想你茶走味，
吃飯想你飯回生；
實在想你不好說，
眼淚泡飯一齊呑。

這種靈巧的順口湊，說來眞是天衣無縫，而句句自然，實實的出之於肺腑。而在雙關語方面，又是這樣曲折離奇，叫人聽了舉一反三，心服口服的絕好詞句：

三兩棉花四兩線，
去年紡（訪）你到今年；
麻布揩臉粗（初）相會，
綢布揩臉細相交。

鸚哥落在西瓜地，
繡上加綠青（親）上青。
繡球滾在西瓜地，
有圓（緣）遇著有圓（緣）人。

「金沙江情歌」中的取材豐富，那更是洋洋大觀，舉凡唐王遊地府、桃園三結義、花木蘭、穆桂英，都可以隨口作爲曲調中的歌詞唱出來。而新的知識，無論飛機汽車，日月星辰，名勝古跡，文物風光，都可編織爲新鮮動人的句子琅琅上口，而全無斧鑿痕跡，這實在是情歌中最高的藝術。而幽默更給「金沙江情歌」帶來豐富的情趣：

帶信莫給妹妹帶，
妹妹嘴裡實話多。
帶信莫給結巴帶，
一句帶出兩句來。

「金沙江情歌」雖然代表了我國西南地區生活中情感的結晶，但是它也是我國人的寫照。我們對於他們能將生活語言活用，給我們很多的感觸，我國人的情感生活實在是活潑可愛，而其偏向文藝的心靈，更是自由奔放，如金沙江一樣的美麗迷人。這不正是我們民歌藝術中，一個發掘不盡的寶藏嗎？又據李霖燦先生蒐集到的一首情歌竟是這樣的：

三個斑鳩飛過川，

兩個成雙一個單；
兩個飛朝花山去，
一個在此好孤單。

這不是正是胡適之先生「嘗試集」中「兩個黃蝶蝴」的那首小詩的翻版作品嗎？如此看來，他的提倡白話詩，似乎也只是一種時尚的追求。

說了金沙江的情歌，我國邊疆尚有雲貴僻地的猓玀，兩廣一帶的猺獞，西南的苗民。東南沿海的蛋民等。只以蛋民而言。他們年年歲歲生活在簡陋的水泊舟船上，生活是簡單而樸拙的；他們生活中的安慰快樂，就是在工作和休息時的歌唱。最大的樂趣是節慶時的放聲歡歌；尤其是男女結婚之夕，兩家船上張燈結綵，把浪漫的氣息，借男女青年的鬥唱賽歌，作通宵之樂。他們所唱的「鹹水歌」的調子很像山歌，那眞是：

漁家燈上唱漁歌，
一帶沙磯繞内河；
阿妹喜唱鹹水調，
聲聲押尾有兄哥。

鹹水歌就是蛋歌，常布煙波深渺處，悠揚的傳過來，如：

日落西山是黃昏囉，
點起孤燈照眠床囉；

日來想兄未得晤囉，
冥來想兄到天光囉。

我在此不能說出這尾音囉字的妙處，如果這裡有廣東海陸豐一帶人，或用福佬話唱出這首歌來，你當會明白，他們方言的特色，應用到這囉字音上的表情，絕對是一種道地的，諧美悅耳的鄉音，而叫人迷戀。

「月亮出來」是首廣西的漁歌：

月亮出來亮堂堂，
照見河下打漁郎；
打魚不到早收網，
尋妹不到早回鄉。
小小船兒下陸灘，
扯根燈草做篙竿；
人人說我篙竿小，
小小篙竿撐大船。

漁歌多半是南國的歌，如本省海濱漁港就有很多的漁歌是爲寫出海打漁人唱的。北地則流行的是牧歌，如新疆和蒙古的民歌，像「小黃鸝鳥」「都達兒和瑪麗亞」等，都是牧歌，這也就是北地牧場的特色；我們舉一首「黃昏的牧場」作例子：

遠遠塵土揚起來了阿哈拉哦！（哦咿）
馬上英俊的沙里木阿哈拉哦！（哦咿）
趕著牛群回來了阿哈拉哦！（哦咿）
多麼健壯的牛群阿哈拉哦！（哦咿）
遠遠歌聲飄起來了阿哈拉哦！（哦咿）
馬上美麗的莫其瑪阿哈拉哦！（哦咿）
趕著羊群回來了阿哈拉哦！（哦咿）
多麼肥胖的羊群阿哈拉哦！（哦咿）

我國各地的農歌，大都是說播種及收穫等農事；往日逢到水旱災時，也有祈天求神的歌，也有粟祭、豐年祭等歌。我以爲最能代表農歌的一首歌，是本省的「恆春民謠」。而在福建則有「採茶歌」：

百花開放好春光，
採茶的姑娘滿山崗；
手提著籃兒將茶採，
片片採來片片香。

茶樹發芽青又青，

一顆嫩芽一顆心，
輕輕摘來輕輕採，
片片採來片片新。
採滿一筐又一筐，
山前山後歌聲響，
今年茶山收成好，
家家户户喜洋洋。

往昔太平年間，這是何等歡樂的景氣；如今，這種歡樂的景象，也只有我們在本省茶山可以欣賞到了。

抗戰期間，最流行的一首農歌，是「插秧謠」，現在似乎還可清晰的聽到那悅耳的歌聲；代表著軍民合作的力量：

布穀聲聲，
田裡水漂漂，
我們大夥兒從早到晚，
彎背插秧苗；
一排排一行行，
不要嘆辛苦，

前方的殺敵，
後方生產，
功勞一樣高。

我國風俗人情，最重視家庭倫理生活，因此，兒歌最能代表兒童的心理，和他們的家庭生活環境。

兒歌中最有趣的是群歌，所謂群歌，就是他們遊戲時所唱的歌，譬如雲南昆明有首兒歌就是群唱的形式和內容：

城門城門有多高，
八十二丈高；
三千兵馬可過得去，
有錢儘管過，無錢要大刀；
什麼刀？
春秋刀；
什麼春，草兒春；
什麼鐵？銅鐵；
什麼鍋？天八鍋；
什麼大，官定天；

什麼官；啄木官；
什麼啄？雞屎兩大撮；
什麼雞？紅冠大花雞；
什麼紅，山茶紅；
什麼山？泰華山；
什麼泰，波羅泰；
什麼波，吃飯波；
什麼池，北門望著蓮花池；
什麼連，衣裳褲子一起連。

許多兒童們分成兩隊，兩邊站著；兩個大些的兒童手兒拉著手起來作城門，兩邊兒童一問一答，相連著魚貫地唱著跳著進城門去，也就是從那兩個大個兒搭成圓圈的手臂底下鑽過去；等到結束時，大家共同唱道：

「打鼓打鼓進城門。」

還有一種兒歌，是採的大自然的花朵編成知識性的歌謠，由兒童們演唱；如浙江的「十二月花開」：

正月梅花香又香，
二月蘭花盆裡裝，

三月桃花開十里，
四月薔薇靠短牆，
五月石榴紅似火，
六月荷花滿池塘，
七月梔子頭上戴，
八月丹桂滿枝黃，
九月菊花初開放，
十月芙蓉正上妝，
十一月水仙供上案，
十二月臘梅雪裡香。

這對於兒童認識季節氣候，花朵景色，是很好的教育；這種不藉文字，而用口傳的歌謠，是自然的點綴。除此外，又有用鳥獸草木聯綴的兒歌，更使人愛不釋手，如直隸、豫魯等地流行的「隔河看見牡丹花兒開」：

隔河看見牡丹花兒開，
恨不能連枝帶葉折將來，
水仙花的姐，
丁香花的郎，

芍藥牡丹進繡房，
槐花枕頭蘭菊被，
臘梅花的被子鬧洋洋，
清早起來賽芙蓉，
梳上頭油桂花香，
玉彩簪子秋海棠，
身穿石榴紅衣裳，
雞冠裙子握地長，
紅緞小鞋扁豆花兒樣，
春布裹腳牡丹花兒長。

這是何等的美麗活躍，洋洋大觀；又是怎樣的有益於兒童身心健康。至於勉勵女孩兒作家事，將來嫁了作個好媳婦的兒歌，也有很多；這眞是家庭倫理生活上的一大助益，也是兒童文學上的一種通俗的，含有藝術的創造性的美；我們試舉湖北兒歌中的這首「巧姑娘」：

鑼鼓打得咚咚響，聽我唱個巧姑娘；一學梳妝巧打扮，二學裁剪做衣裳，三學庭前會灑掃，四學走路莫輕狂，五學知人會待客，六學作飯滿口香，七學抛梭會織絹，八學描龍繡鳳凰，九學重陽會做酒，十學賢慧李三娘。

這首歌雖然是兒歌，但是對於現代只會吃喝玩樂的女性，是很好的教育；雖然女性的報國，不只一途；但婦女們首先在家庭中盡到一個好主婦的責任，不僅對家庭是安樂窩的享受，對社會也是安定的力量。

四

許多民歌，是根據民間的故事和詞曲小調、小說唱本而構成的。如梁山伯與祝英台的故事，是人人同情、人人知道的；民歌中拿梁山伯與祝英台作素材的所在皆有，但雲南的一首「祝英臺」，卻更顯示了他的特色：

正月阿拉拉的好唱
滴哩哩的祝英咕嚕嚕的台喲
一對阿拉拉的蜜蜂
滴哩哩的採花咕嚕嚕的來。

以下說馬家逼婚二人殉情的經驗。可注意的是，方言在此的突出運用，給人以特殊的感覺。

孟姜女萬里尋夫哭倒長城的故事，在民間無地區限制，普遍流行的是「孟姜女十二月尋夫」：

正月裡來是新春，家家户户點紅燈，

別家丈夫團圓敘，　我家丈夫造長城。
二月裡來暖洋洋，　雙雙燕子到南方；
新窩做的端端正，　對對成雙在畫樑。
三月裡來是清明，　桃紅柳綠正當景；
家家墳上飄白紙，　孟姜墳上冷清清。
四月裡來養蠶忙，　姑嫂雙雙去採桑；
桑籃掛在桑枝上，　勒把眼淚勒把桑。
五月裡來是黃梅，　黃梅發水淚盈腮；
家家田裡黃秧藤，　孟姜田中是草堆。
六月裡來熱難當，　蚊子飛來寸斷腸；
寧可喫奴千滴血，　莫叮我夫萬喜良。
七月裡來七秋涼，　家家窗下作衣裳；
青紅藍綠都裁到，　孟姜家内是空箱。
八月裡來雁門關，　孤雁足下帶書來；
閒人只說閒人話，　那有人送寒衣來。
九月裡來是重陽，　重陽美酒菊花香；
滿滿篩來奴不喫，　無夫飲酒不成雙。

十月裡來上稻場，摔礱做米納官糧，
家家都有官糧納，孟姜家中身抵莊。
十一月裡雪花飛，孟姜女出外送寒衣；
前面烏鴉來領路，無奈長城冷淒淒。
十二月裡過年忙，殺豬宰羊鬧揚揚；
家家都有豬羊殺，孟姜家裡空堂堂。

「孟姜女」的故事爲人熟知，這首叙事式的民歌，更含著全民的怨恨與反抗暴政的深意。

北方又有民歌「四季相思」大多是拿西施、貂蟬、王昭君、孟姜四大美人做素材而構成其內容，主題是描寫景物與生活，而仍是情愛的重心。

西北地方有一首「四季花開」，表現女孩兒家一種佻達喜悅的心情；套句俗話是：眞眞的可愛，詞兒是這樣的：

春季裡到了，水仙花兒開；水仙花兒開，繡閣裡的女兒家，踏呀踏青來呀，小呀小阿哥哥，拖上我一把來。
夏季裡到了，薔薇花兒開；薔薇花兒開，山呀坡上的女兒家，牧呀牧羊來呀，小呀小阿哥哥，跟上我一起來。
秋季裡到了，野菊花兒開；野菊花兒開，樹呀林裡的女兒家，打呀打柴來呀，小呀阿小呀阿哥哥，陪上我一同來。

冬季裡到了，臘梅花兒開，臘梅花兒開，火呀爐邊的女兒家，烤呀烤火來，小呀阿哥哥，加上我一把柴。

這裡說的是四季裡四種不同生活的女兒家，一種相同的感情；踏青、牧羊、打柴、烤火；都有牠心中戀慕的情哥在，是不能分開的。春季裡需一同踏青，夏季裡要一同牧羊，秋季裡要一同打柴，冬季裡烤火，也要情哥加上一把柴。如果說這是絕頂高明的象徵，象徵寒冷的心境需要溫熱；在新詩裡這種不落斧鑿的表現手法，也是極少見的。

我國民歌的情調，各省都有不同的特色；主要的了解與欣賞，是在方言的趣味上，其次是在地理的背景上，如南方杏花春雨的婉約纏綿，和北國秋風駿馬的豪放熱情不同。又如「你儂我儂」是江滬人的話，中原人多說哥與妹子，陝西人說那裡，通常說阿達，山東人說我是俺，四川人說好是要得，河南人說好是中，高粱山藥蛋是北方的產物，南方則是蓮藕桂花糕等種種的區分。猶如前面所舉「祝英臺」中阿拉拉的，咕嚕嚕的助詞，正是地方語言的特徵，以此爲可貴的腔調。總之，一首民歌是綏遠的，還是廣東的；要從方言和音調上辨明他們的異點。唱歌的人也要了解這些，甚至要研究到曲子小調彈詞大鼓以及地方戲上去，才能把握各地民歌的原本精神氣質，而把一首民歌唱好，並把他內在的含意完全表達出來。有些人以爲學了西洋聲樂技巧，就算盡到了歌唱家的責任；我則以爲學了西洋技巧的音樂家，就此基礎，爲努力研究改進自己國家的音樂，使之擴大而榮耀，才算是出色當行。

我國民歌，很多是有相同的情歌內容的；山西有首民歌叫做「刮野鬼」，這是民初時候流行的民歌，所謂刮野鬼就是到異鄉去找生活，也可說是到四方流浪；有「怨」的一種含義在內，原詞是這樣的：

烏拉山的鸕鴣，瓦瓦灰；
誰想起我那明鏡哥哥，刮了野鬼！
你刮你的野鬼，
奴在奴的個家；
你當你的光棍兒呀啊，
奴守奴的個寡。

鸕鴣就是野鴿子，也是象徵去流浪的男子的；瓦瓦灰的意思，是說野鴿子的顏色是像屋頂上的瓦的灰色，灰色是令人喪氣的顏色，是冷酷而孤寂單調的色彩；灰的諧音又象徵壞，說男人離妻去流浪，是位女人心目中的壞男人。抗戰時候，這首民歌，曾被塡上「日本鬼子的大砲，毀掉了我的家。」的歌詞而流行廣泛。

陝西有首民歌叫做「想情哥」，歌詞是這樣的：

東山上那個點燈呀，西山上那個明；
四十里那個平川呀呵，瞭也瞭不見人。
你在你家得病呀，我在我家哭；

秤上的那個梨兒呀，送也送不上門。

瞭這個字在山陝一帶的詞意，就是瞭望，望眼欲穿的意思。第二段詞裡的梨兒，是雙關的語句，一者是他病了，要送梨給他吃；一者是梨是離的象徵語，不得相見也。這首歌是與前一首的意思，有異曲同工之妙的。

山西另有首民謠叫做「一根扁擔」又叫「走絳州」，音樂界和編書的人常誤會它是河南民謠；這就是人們一知半解不求其詳的毛病。我在此再鄭重的請求那些自以爲是的人，改改罷。

晉北和綏遠的民謠，許多都是相似的，因爲語言習慣大都相同。在離別曲中，我最欣賞的一首歌是「走西口」，其中細膩的情味，不是口裡可以說出的：

哥哥你走西口哎喲，
小妹妹我實在難留，
手拉住哥哥的手，
送哥送到大門口。
哥哥你走西口喲，
小妹妹我送你走；
懷抱你那衣帽匣，

兩眼淚雙流。

送哥送到大門口喲，
小妹妹我不丟手；
有兩句知心話，
說與哥哥記心頭。

走路你要走大路喲，
萬不要走小路；
大路上人兒多，
拉話解憂愁。

住店你要住大店喲，
萬不要住小店；
大店裡客人多，
小店裡怕賊偷。

睡覺你要睡當中喲，
萬不要睡兩邊；
操心那個挖牆根，
挖到你跟前。

坐船你要坐船後喲，
萬不要坐船頭；
船頭上風浪大，
怕掉水裡頭。

喝水要喝長流水喲，
萬不要喝泉眼水，
怕的是泉眼水上，
是蛇擺尾。

哥哥呀你走西口約
萬不要交朋友；

交下的朋友多，生怕忘了我。

有錢時他是朋友喲，

沒錢時他兩眼瞅；

惟有小妹妹我，天長又日久。

這篇叮嚀了又叮嚀，安頓了又安頓的詞兒，眞是活托托把一個農業社會中聰明乖巧的女兒家的心事，說的有聲有色，明白透澈，幾乎可以照見她那顆玲瓏的心肺，輕聲細語生風的口角了。在我的記憶中，這詞兒裡好像還有：「吃菜要吃白菜心，吃麵要吃大白麵」的話；如果把這些詞兒塡進去，唱來亦不嫌多。

五

回憶抗戰時期，重慶是抗戰的精神堡壘，抗戰時期的重慶精神，就是「國家至上，民族至上，意志集中，力量集中，軍事第一，勝利第一。」不畏一切艱難困苦，自顧犧牲奮鬥，有敵無我，有我無敵，採只有前進，沒有後退，愛國救國的精神並發諸爲歌。

民國四十五年時，大陸民歌有「竹簫謠」，經黃友棣編曲，歌詞是：

一枝青竹造管簫，

簫聲吹出嗚嗚調；

東家姦淫西家殺，
南家搶掠北家燒。

一枝青竹造管簫，
夜半偷偷把魂招；
父母兄弟皆慘死，
路旁白骨一條條。

最可恨，賊王朝，
凶過豺狼惡過梟，
待得大軍歸來日，
一刀殺盡決不饒。

我覺得把民歌創作成爲一種反共的力量，才算盡了我們作曲家的責任；因爲，民歌潛在民間人心的意識，正是發展正常人性，開放自由胸懷的最可珍貴的寶藏。

在本省民歌中，我覺得極富教育性的一首歌是「天黑黑」：

天黑黑，欲落雨，
阿公仔舉鋤頭欲掘芋，

掘呀掘，掘呀掘，
掘到一尾鱵鰡鼓，
伊呀嗨著眞正趣味。

天黑黑，欲落雨，
阿公仔舉產鋤頭欲掘芋，
掘呀掘，掘呀掘，
掘到一尾鱵鰡鼓，
伊呀嗨著眞正趣味。

阿公仔欲煮鹹，
阿媽欲煮淡，
阿公仔欲煮鹹，
阿媽欲煮淡，
二人相打弄破鍋，
伊呀嘿著隆咚叱咚嗆，
哇哈哈！

為什麼說這首歌有著很大的啓示性呢？它告訴我們，兩個不合作的人在一起，往往因為爭吵打鬧，互不相讓的結果，造成你爭我奪，可口的一道菜，二人皆吃不成。這也就是不團結的一個隱喻。抗戰初期有首歌，是述：成吉斯汗去逝前，幾個兒子守在身邊，他要兒子們每人折斷一支箭，但要他們折斷一把箭時每人都不能；他告訴說，分散則各人皆被敵人消滅，團結則任何敵人都無法把他們打倒。

當則，我們的歌星中，能夠把一首民歌唱好的不多；主要的原因，恐怕是他們認為，青春貌美才是做一個歌星的根本條件，而不知創造歌唱境界的一種勤奮的努力，才是百尺竿頭更進一步的原動力。那些稍有一點名氣的所謂歌星，生活中能夠按步就班練習歌唱，而不去聲色場中攀援逢迎的，恐怕也是鳳毛麟角。有的乾脆走奇裝異服。怪腔怪調，以色情動作迷惑觀衆，更是等而下之的途徑。凡是，歌星能夠屹立歌壇飲譽久長的，莫不是自己敦品勵學，辛勤得來的成果。而那些只為名利打滾，出賣青春的歌星，則多是在歡樂場中載浮載沈，不久便消滅了蹤影。

在聲樂家中，兩位唱民歌皆有成就而享大名，為我敬佩的人物是費明儀和姜成濤。他倆都是學成西洋發聲法，轉用為民歌演唱，費女士的咬字和曲詞詮釋的完美技法，特別是方言的把握和腔調的運用自如，已至爐火純青，無人可及的地步。姜成濤則本其渾厚的音域，山東人本色的士氣，欲融鼓曲快書的脈流於一爐，紮根深遠，而發展宏闊的志向，令人尊敬。這都是民歌演唱進程中，一般歌星們應該皈依虔誠地學習模仿的師範。

在民歌的創作中，黃友棣和何志浩二位的功勞很大。「道情」是江浙的屬於追求自然境界的民歌，原是出之於鼓兒詞。「道情」的第一首詞，是「老漁翁」：

老漁翁，一釣竿，
靠山崖，傍水灣；
扁舟來往無牽絆。
沙鷗默默輕波遠，
荻港蕭蕭白晝寒；
高歌一曲斜陽晚。
一霎時，波搖金影；
驀抬頭，
月上東山。

以下九首詞，依次是老樵夫、老頭陀、老道人、老書生、小乞兒、怕出頭、邈唐虞、羨莊周、撥琵琶。最後的尾聲是：「風流世家元和老，舊曲翻新調，扯碎狀元袍，脫卻烏紗帽，俺唱這道情兒，歸山去了。」

在「金元散曲」中我們也可以找到許多和上面意念相似的詞曲，含有一種閒雲野鶴，放任自然，遨遊山水，嚮往無爲的境地，但也眞摯灑脫。據黃友棣教授言，他取此易唱的曲調新編鋼琴伴奏，再改編爲同聲三部合唱，爲費明儀小姐指揮明儀合唱團女聲三部合唱，演出成績甚佳，爲聽衆交口讚美。故在「老樵夫」一段外，另加第十首詞「撥琵琶」以臻餘音之不絕，回味無窮。

撥琵琶，續續彈，
喚庸愚，警懦頑；
四條弦上多哀怨。
黃沙白草無人跡，
古戍寒雲亂鳥還；
虞羅慣打孤飛雁。
收拾起，漁樵事業；
任從他，
風雪關山。

「彌度山歌」是一首豪放的雲南民歌，其情境有如「金沙江情歌」的熱烈眞摯。是黃友棣教授所編「雲南民歌組曲」中的主題曲，亦由明儀合唱團所演唱，何志浩先生配了新詞名「彌度春色」；現在拿舊詞和新詞作一對照：

山對山來崖對崖，蜜蜂採花深山來。
蜜蜂本爲採花死，梁山伯爲祝英臺。
山對山來崖對崖，小河隔著過不來。

哥抬石頭妹兜土，花橋造起來過來。（舊詞）
山對山來崖對崖，門對門來街對街。
芭蕉葉上鴛鴦字，只勞喜鵲啣過來。
山對山來崖對崖，花帽恰配鳳頭鞋。
繡球拋落粉牆外，願借東風吹過來。（新詞）

民歌有它特殊的地域性，民歌中的方言，是其特殊色彩的一種惟一絕對的本質，此一特性是不可改變的；如一改變則就要喪失了它的特殊吸引力。如很多歌星唱過晉北的民歌「繡荷包」，但大都不求瞭解其中「捎書書，帶信信」和「你依依，我靠靠」殷勤綢繆，叮嚀再叮嚀、依靠再依靠的眞情，和纏綿再纏綿的蜜意的。如果，我們曾細聽過費明儀小姐的「繡荷包」，才知道晉北婦女的咬字和音調的懇切婉轉的心向與氣質，雖然以方言的聲口唱出，但其深入聽衆心靈，是更加的感人的。

由於黃友棣教授關照到民歌的創作改編，使我們想到馬思聰和林聲翕教授等對「西藏組曲」「邊疆組曲」的創作的不遺餘力和水準的高超。我們知道世界上無論那一國的不朽的音樂家，他創作的主調，永遠是他自己國家以民歌爲基本的心聲，他發揚的樂曲，永遠是他自己國家以民族爲靈魂的精神。除此而外，可說就沒有那一種音樂是民族的音樂。這是我們要確認的一種神聖崇高的意識、振興我們民族音樂的心聲。

有人錯認民歌是中共的東西，這是不對的。所謂民歌是我們中華民族自詩經以來民風歌謠的傳統，各地的民歌是民族心靈和同胞情感的匯聚。中共利用民歌來壯大它統戰陰謀、迷惑人心的是事實；但是他利用我國民歌，是把原有民歌的純樸眞誠的氣質去掉，換上了虛僞惡毒的糖衣，來做統戰活動，或清算鬥爭的工具。因此，那原本富有親切情味的民歌，是被中共污染和利用了。它絕對是無法將那樣爲同胞喜愛的民歌，霸佔爲放蠱的疫器的。

我們相信，發自民族內心的同胞們自有的民歌，是有頑強的生命的，必須突破中共的羅網，來顯示堅強的自由的藝術生命，放出永恆的光輝。

民歌是屬於我們整個中華民族的花朵，在我們悠久仁愛的文化軀幹上，用我們音樂界園丁們勤勞的懇植與灌溉，不斷的整理創新，發揚光大的智慧與雙手，必能在民歌的廣大無垠的天地中，結成纍纍芳香的果實。不僅因爲歌唱者的優美的播唱，可使聽衆有美不勝收的感覺。亦且在我中華燦爛的樂史上，留下歷久彌新而永恆的紀錄。

（本文自六十八年三月二十一年起至二十八日止，刊於民生報）